高等学校经济管理类专业系列教材

统计基础项目化教程

主　编　苏玲利　傅　兰　樊　奇
副主编　费晓丹　顾秋琴
　　　　张　薇　尚云霞

西安电子科技大学出版社

内 容 简 介

本书以"理论以必需、够用为度,重视实践,重视应用能力培养"为编写原则,以项目为导向,围绕统计工作过程展开。全书分为九大模块,分别为认识统计、统计调查、统计整理、静态数据特征分析、动态数据特征分析、统计指数分析、统计数据抽样估计、相关分析与回归分析、统计调查报告撰写。

本书结构新颖,每个模块分为若干项目,每个项目均给出了思政素材、能力目标、知识目标、素质目标、项目概述与分析,并由预备知识、任务实施和实训等内容组成。

本书可作为高职高专非统计专业的统计基础教材,也可作为相关专业人员的培训教程及自学用书。

图书在版编目(CIP)数据

统计基础项目化教程 / 苏玲利,傅兰,樊奇主编. —西安:西安电子科技大学出版社,2023.3
ISBN 978 - 7 - 5606 - 6724 - 9

Ⅰ. ①统… Ⅱ. ①苏… ②傅… ③樊… Ⅲ. ①统计学—教材 Ⅳ. ①C8

中国版本图书馆 CIP 数据核字(2022)第 235771 号

策　　划　李鹏飞
责任编辑　李鹏飞
出版发行　西安电子科技大学出版社(西安市太白南路 2 号)
电　　话　(029)88202421　88201467　　邮　　编　710071
网　　址　www.xduph.com　　　　　电子邮箱　xdupfxb001@163.com
经　　销　新华书店
印刷单位　陕西天意印务有限责任公司
版　　次　2023 年 3 月第 1 版　2023 年 3 月第 1 次印刷
开　　本　787 毫米×1092 毫米　1/16　印张 14.25
字　　数　335 千字
印　　数　1～3000 册
定　　价　40.00 元
ISBN 978 - 7 - 5606 - 6724 - 9/C

XDUP 7026001 - 1

＊＊＊ 如有印装问题可调换 ＊＊＊

前　　言

本书是编者根据"三教统筹"改革的基本要求，总结多年的教学实践经验，以统计工作过程为主线进行编写的。本书包括认识统计、统计调查、统计整理、静态数据特征分析、动态数据特征分析、统计指数分析、统计数据抽样估计、相关分析与回归分析、统计调查报告撰写等九大模块。每个模块分为若干个情景化项目，将职业岗位需要的职业能力、职业素养与具体的实务结合起来。学生在完成每个项目具体任务的过程中应以教师指导为主，掌握相关理论知识，学中做，做中学，提升实践能力，培养职业能力与职业素养。

本书在编写过程中力求突出以下几个方面的特点。

1. 教学内容体系清晰

本书以统计工作过程为导向，以项目引导、任务驱动的理念设计教学内容体系。

2. 结构新颖

每一单元的内容与任务实施中需要完成的活动一一对应，有利于教师的教学实施。学生通过完成任务可掌握相关理论知识，并提升相应的学习能力和操作能力。

3. 突出实用性和适用性

项目的内容设置贴合实际的经济发展，对统计中涉及的公式强调实用，语言表达力求通俗易懂、精练准确。每个项目末还安排了相应的实训内容，以培养学生独立分析问题的能力，实现知识、能力、素质协调发展。

4. 注重教学评价过程

本书设置了相关的实训任务，根据学生的学习态度、职业素养、完成任务情况进行成绩评定，有利于教师在项目化教学中对学生进行课程考核。

5. 注重 Excel 软件操作

每一项目中涉及的数据处理都与 Excel 的软件操作相联系，使学生在掌握统计数据收集、整理、分析的过程中学会使用 Excel 完成工作。

6. 融入思政元素

每个项目从统计学家的故事，我国经济发展，统计相关制度、规范等知识点中发掘思政元素，并与教材内容有机融合。思政素材的融入，可激发学生的民族自豪感，为培养学生的理论自信、道路自信、制度自信和文化自信奠定基础，向学生传达法治、创新思维。

本书由苏玲利、傅兰和樊奇担任主编，费晓丹、顾秋琴、张薇、尚云霞担任副主编。在本书的编写过程中，编者参考了大量的文献资料及网络资源，引用了一些专家学者的研究成果和一些公司的案例资料，在此对这些文献的作者和相关人员表示崇高的敬意和诚挚的谢意！

由于编者水平有限，书中如有不足之处敬请读者批评指正，以便修订时改进。

编　者

2022 年 9 月

目　　录

模块一

认识统计

项目一　认识统计工作岗位

思政素材

许宝騄——一个把生命托付给数学王国的数学家

许宝騄(1910—1970)是我国最早在概率论与数理统计方面达到世界先进水平的杰出数学家。许宝騄 1910 年出生于北京，1928 年考入燕京大学理学院，由于对数学的浓厚兴趣，1929 年转入清华大学攻读数学，1936 年赴英国伦敦大学留学，在统计系学习数理统计并攻读博士学位，1938—1940 年分别获得哲学博士和科学博士学位。抗日战争爆发后，他决定回到战火纷飞的祖国，为国效劳，1940 年回到昆明，执教于西南联合大学。1945—1947年，许先生应邀到美国加州大学等名校任教，1947 年，他不顾美国大学的多方挽留，毅然回到祖国，之后一直在北京大学任教，为国家培养新一代数理工作者作出了突出的贡献。许宝騄在中国开创了概率论、数理统计的教学与研究工作，在内曼-皮尔逊理论、参数估计理论、多元分析、极限理论等方面取得了卓越成就，是多元统计分析学科的开拓者之一。

能力目标

(1) 能够根据统计的内容明确统计工作岗位要求；
(2) 能够根据日常生活中的现象理解统计学与生活的关系。

知识目标

(1) 认识一般企业统计岗位的设置；
(2) 理解统计的含义、研究对象及其工作过程；
(3) 理解和掌握统计学中的几个基本概念及其相互关系。

素质目标

(1) 了解我国统计学发展史，通过对中外统计学发展史的比较，培养学生的创新思维；

（2）通过对《中华人民共和国统计法》和《统计职业道德规范》的了解，培养学生对数据敬畏的态度，规范良好的职业行为。

项目概述与分析

某市电脑经销商 A 公司欲招聘销售统计员一名，在人才招聘网站上发布招聘信息，职位描述如下：

（1）岗位职责。

① 完成具体指定的数据统计分析工作；

② 编制并上报统计表，建立和健全统计台账制度；

③ 协调管理统计信息系统，维护和更新统计数据平台；

④ 做好统计资料的保密和归档工作；

⑤ 结合统计指标体系，完善和改进统计方法。

（2）任职资格。

① 统计、会计学等相关专业大专以上学历；

② 有数理统计、会计等相关领域工作经验者优先；

③ 了解相关统计分析软件的操作和使用方法，具有一定编程、建模能力者优先；

④ 工作认真负责，承压能力较强，具有良好的团队合作精神。

刚刚毕业的大学生小张和小李看到此招聘信息后，觉得该公司招聘统计员的条件太高，他们认为统计员只要能够收集或者录入资料就可以了，不需要如此高的素质要求。请你分析电脑经销商 A 公司的招聘信息中的岗位职责及任职资格，为小张和小李答疑解惑。

要解答小张和小李的疑惑，首先必须让其对统计工作有一个清晰的认识：在实践中，统计工作岗位有哪些，各个不同的岗位分别需要完成什么任务；在理论上，什么是统计，统计所要研究的对象是什么，统计任务是什么，统计工作过程是什么。只有认识了以上的基本问题后，才能为小张和小李答疑解惑，因此，本项目设置了如下任务：

任务　认识统计工作岗位。

❖ 预 备 知 识 ❖

单元一　统计工作岗位

一、统计工作岗位的设置

统计工作是实行科学决策和管理的重要基础，对于初学统计的人来说，对统计工作重要性的理解，首先要从统计工作角度去了解统计工作的岗位职责，了解统计部门的基本情况。

（一）统计工作岗位的一般设置

◆ **思考**

查询统计员招聘网站上的统计工作招聘信息，阅读招聘岗位及岗位职责。想一想，在企业实践中，企业一般会设置哪些统计岗位？这些岗位的职责要求有哪些？

统计工作对企业有着非常重要的意义，它可以为企业的生产经营管理、决策、考核等提供依据。在企业中，各个职能部门都设置了相应的统计岗位来提供专门的统计信息。一般情况下，企业设置的统计岗位有：财务统计、采购统计、生产统计、销售统计、仓储统计。

（二）统计岗位职责

统计岗位的一般职责如下：

（1）填制进货、发货、退货、调货等业务单据，及时协调解决问题；

（2）准确、及时地输入和核对企业在采购、生产、仓储、销售等环节的数据；

（3）对在采购、生产、销售等过程中出现的问题，及时上报沟通；

（4）建立和登记统计工作台账，做到准确、及时，日清月结；

（5）负责企业仓库存货等财产物资的盘点、核对工作，完成盘点统计报告，及时发现和报告，做到账实相符；

（6）认真做好统计报表的编制工作，及时提供统计日报、周报及月报；

（7）做好统计资料的保密和归档工作；

（8）每月底对生产、销售、库存、退货等数据进行分析，完成统计报表的分析报告工作和指定的数据统计分析工作；

（9）结合统计指标体系完善和改进统计方法；

（10）完成领导交付的其他统计工作。

二、统计工作的基本要求

为了更好地完成统计工作的任务，实现统计的岗位职责，统计工作必须达到以下几点要求。

1. 准确性

统计资料的准确性是统计工作的生命。统计所提供的资料只有准确可靠，才能据以编制切实可行的计划，正确地进行宏观调控，科学地管理经济和企业。

为了保障统计资料的准确性，要求统计工作人员必须实事求是，做好原始记录，反对弄虚作假。

2. 客观性

要正确发挥统计在经济管理中的作用，就必须做到客观性。一方面，在收集、提供统计资料时，统计工作要客观地反映情况，按照事物的本来面目描述；另一方面，在分析问题时，要从客观实际出发，对具体情况进行具体分析，不能从主观愿望出发，不能带有任何的主观随意性。

3. 科学性

统计工作要以正确的理论为基础，运用科学的方法论，分析研究社会经济现象之间的数量关系，为企业的经营管理提供决策依据。

4. 及时性

及时性是指及时地提供统计资料和统计信息。如果提供不及时，那么再好的统计资料和统计信息也不起作用了。

统计工作只有做到准确、客观、科学、及时，才能充分发挥统计认识社会的作用，才能成为管理经济和管理企业的重要工具。

单元二 统计的内涵

一、什么是统计

日常生活中，我们经常接触到"统计"这一词。例如，开学时，班主任要统计一下到校的学生人数；报刊也经常看到"据统计"这样的字眼；有人从事的工作就是统计员；等等。

◆　即问即答——判断以下"统计"的含义

（1）某统计师在回答自己的工种时，会说我是搞统计的。

（2）电视台、电台和报刊报道："据统计：上海港集装箱吞吐量2020年全年达到4350万标准箱，连续11年居世界第一。"

（3）这个学期我们有一门新的课程——统计课。

（4）请统计一下我班同学暑期参加实践活动情况。

"统计"一词的含义从不同的角度，有不同的理解，可以指统计工作的成果，可以指统计实践活动，也可以指统计理论。那么作为一种专业用语，什么是统计？

我们一般从以下三个方面来理解统计。

(一)统计工作

统计工作即统计实践，是统计工作者运用科学的方法，对社会经济现象客观存在的现实数量方面进行收集、整理、计算分析或推断的工作过程，其成果是统计资料。

(二)统计资料

统计资料是统计工作过程中所取得的各项数字资料和与之相关的其他实际资料的总称。其表现形式有各种统计表、统计图、统计分析报告、统计公报、统计年鉴及其他有关统计数字信息的载体等。

(三)统计学

统计学是一门研究搜集、整理、分析或推断统计资料的方法论性质的科学，是长期统计工作实践的经验总结和理论概括。

统计的三种含义之间具有密切的联系，它们之间的关系如图1-1-1所示。

图 1-1-1　统计的三种含义之间的关系

首先，统计工作与统计资料是过程与成果的关系。其次，统计工作与统计学是实践活动与理论的关系。三者中最基本的是统计工作，没有统计工作就不会有统计资料，没有丰富的统计实践经验就不会产生统计学。统计的含义既反映了人们运用统计认识社会的一般过程，又揭示了理论和实践的辩证关系。统计工作只有在统计科学理论方法及其他社会经济科学和方法的指导下进行，才能取得符合客观实际的、在数量上和质量上能够满足要求的统计资料，从而正确反映研究对象。而在对大量统计资料的比较鉴别和分析研究的基础上，通过长期反复的统计工作实践，不断总结，必将形成统计理论与方法，从而建立和发展统计科学。由于统计工作、统计资料、统计学三者之间具有如此密切的联系，所以习惯上把它们统称为"统计"。

◆ **练一练**

利用网络等资源查找统计的产生与发展，了解统计实践活动的产生与发展以及统计学的发展过程。

二、统计的研究对象及特点

（一）研究对象

统计学的研究对象是大量社会经济现象总体的数量方面，运用科学的方法收集、整理、分析现象的数据资料，认识现象的内部结构、发展规模、发展趋势等。

社会经济现象包括自然现象以外的社会的政治、经济、文化和人民生活等领域的各种现象，比如国民财富与资产、生产与消费、财政与金融、教育与科技发展状况和人民物质文化生活水平等。通过对这些基本的社会经济现象的数量方面的认识，可以达到对整个社会的基本认识。

（二）特点

统计以社会经济现象为研究领域，研究的对象是大量社会经济现象总体的数量方面，具有以下特点。

1. 数量性

统计最基本的研究特点就是以数字为语言，用数字说话。具体来说，是用规模、水平、速度、结构和比例关系等，去描述和分析社会经济现象的数量表现、数量关系和数量变化。

2. 总体性

总体性又称大量性或综合性。统计研究的着眼点是大量社会经济现象总体，而不是少量或个别现象。

3. 具体性

统计研究的总体数量是一个有具体时间、具体地点、具体条件限定的数量。如利润额1500万元，单纯来看，它只是一个毫无意义的抽象数量，如果说2021年6月某企业利润额1500万元，这就是统计中的具体数量了。

4. 客观性

统计资料是人们有意识地进行调查、整理、分析的结果，但在统计工作中必须遵循实事求是的原则，反映事物的本来面目，保证统计资料真实、可靠，维护统计资料的客观性。

三、统计学中的基本概念

(一) 总体与总体单位

1. 总体的概念及特点

统计总体简称总体，是由客观存在的、具有某一相同性质的许多个别单位所构成的整体，是统计研究的对象。例如，要研究全国所有的国有企业的效益情况，那么统计总体是全国所有的国有企业。

统计总体具有大量性、同质性、差异性三个特点。

(1) 大量性。由于统计研究的社会经济现象是多元复杂的，因而统计总体就不能只是个别的、少数的事物，而是由足够多的单位所组成的集合体，而且只有具备大量性才能反映总体的一般特征。例如，研究某个城市居民的基本情况时，该城市所有居民构成统计总体，这个统计总体由客观存在的许多居民组成。

(2) 同质性。同质性是指构成总体的各个总体单位必须在某一方面具有共同的性质，这是构成统计总体的前提条件。例如，一个城市中的每个居民学历、收入、年龄等不同，但是有一点相同，就是他们都居住在同一城市。

(3) 差异性。差异性即变异性，是指构成总体的个别单位在某些方面是相同的，但在其他方面的性质又是有差异的。差异性是统计研究的重点，同质性是构成总体的基础，差异性使统计研究成为必要。例如一个城市的居民只具有都居住在同一城市这一共同点，他们在籍贯、收入、性别等方面存在差异。

根据总体构成的单位数的情况来分，可以将总体分为有限总体和无限总体。

(1) 有限总体：总体中的单位数是有限的，是可以计数的。例如，全国所有的国有企业构成的总体；企业所有的职工构成的总体。不论它们的单位数量有多大，都是有限的，可以计量的。

(2) 无限总体：总体中的单位数是无限。例如海里的水产资源，其数量可认为是无限的。

2. 总体单位

总体单位是指构成统计总体的个别事物，也称作单位或个体，它是构成总体的最基本的单位。例如，研究某个城市居民的基本情况时，该市所有居民构成统计总体，该城市每一位居民是总体单位；研究全国所有的国有企业的效益情况时，统计总体是全国所有的国有企业，每一个国有企业就是总体单位。

3. 总体与总体单位的相对性

总体与总体单位不是固定不变的，随着研究目的和范围的改变，原来的总体(总体单位)可以转变为总体单位(总体)，即同一事物可以是总体，也可以是总体单位，取决于研究目的和范围。例如：要研究全国所有的国有企业的效益情况，那么每一个国有企业就是总体单位；如果要研究某一个国有企业的职工收入情况，则该国有企业所有职工就是统计总体。

◆ **练一练**

(1) 研究城镇居民的生活状况时，总体是什么？总体单位是什么？该总体是有限总体还是无限总体？总体的同质性和差异性有哪些？

(2) 研究我们班学生的学习情况时，总体和总体单位是什么？总体的同质性和差异性有哪些？

（二）标志与指标

1. 标志

标志是说明总体单位属性或特征的名称。例如：对于全国所有的国有企业构成的总体，国有企业的规模、职工人数、业务范围、利润等都是标志。标志按其性质不同可分为品质标志和数量标志，如表 1 - 1 - 1 所示。

表 1 - 1 - 1　标志分类表

类　别	含　义	特　点	举　例
品质标志	表明总体单位品质属性或特征的名称	不能用数值表示，只能用文字来进行表示	企业的性质、职工的文化程度、籍贯、民族
数量标志	说明总体单位数量特征的名称	用数值表示	企业的利润、职工的年龄、收入

2. 标志表现

标志的表现是指标志特征在各总体单位的具体表现。标志表现分为品质标志表现和数量标志表现。例如，职工的文化程度是品质标志，其特征只能用文字来表现，表现为小学、初中、高中、中专、大专、本科、研究生等，"小学""高中"就是品质标志表现。职工收入是数量标志，具体表现为 3000 元/月、5000 元/月等，这些数值是数量标志表现。数量标志表现是用数值来表现的，故又称标志值或变量值。例如，某企业职工年龄为 36 岁，工资为 5200 元，这里的数值就是标志值。

3. 变量和变量值

变量是指可变的数量标志。变量的具体数值就是变量值或标志值。变量按照数值是否连续分为离散变量和连续变量，如表 1 - 1 - 2 所示。

表 1 - 1 - 2　变量分类表

类　别	含　义	特　点	举　例
离散变量	两个变量值之间取值不连续	数值都以整数断开，只能用计数的方法取得，只能用整数表示，不可能有小数	企业职工人数、企业数、机器设备数
连续变量	两个变量值之间取值连续不断，即可取无限多个数值	数值连续，可取到小数点以后的任意一个位数	企业的销售额、职工的收入、人的身高

4. 指标

指标是说明统计总体数量特征的名称和数量表现。例如：国内生产总值、总产值、人口数量等，用于反映一定统计总体的数量时就是统计指标。

一个完整的统计指标应该由时间、空间、指标名称、指标数值和计量单位等构成。比如，2020 年我国粮食种植面积为 11 677 万公顷。但有时也将指标名称作为统计理论研究中的指标概念。

1）种类

指标按照其说明总体现象内容的不同，分为数量指标和质量指标。

数量指标是反映社会经济现象总体的总规模、总水平或总数量的统计指标，又称为总量指标，一般用绝对数表示。例如人口总数、企业总数、国内生产总值等都是数量指标。其特点是指标数值随总体范围的增减而增减。

质量指标是反映总体相对水平或平均水平的指标，一般用相对数或平均数表示。例如职工的男女比例、平均收入等是质量指标。

2）指标体系

指标体系是指具有内在联系的一系列指标所组成的整体。一般有两种表现形式：一是用数学公式联系起来的指标体系，如：销售额＝销售量×销售价格；二是以间接的架构联系起来的指标体系，如衡量企业经济效益的评价指标体系。

5．指标与标志的关系

1）指标与标志的区别

指标是说明总体的数量特征的名称和数值，标志是说明总体单位特征的名称。指标用数值来表示，标志可以用数值表示，也可以不用数值表示。

2）指标与标志的联系

指标数值是通过总体单位的数量标志值综合汇总而来的。由于统计研究目的或范围可能会发生变化，因而指标和标志可以相互转化。

统计中上述基本概念的关系可用图1-1-2表示。

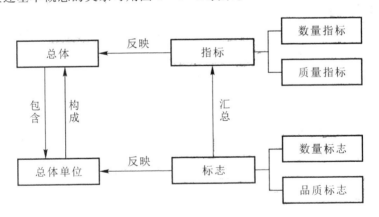

图1-1-2 统计中各概念之间的关系

◆ **练一练**

研究某高校的学生消费情况时，品质标志、数量标志有哪些？数量指标、质量指标有哪些？

四、统计研究的基本方法

统计学作为一门方法论科学，具有较完善的方法体系，其基本研究方法有大量观察法、统计分组法、综合指标法、统计模型法和归纳推断法等，如表1-1-3所示。

表 1 - 1 - 3   统计研究的主要方法

方　法	含　义	内容描述
大量观察法	对所研究对象总体中足够多的单位进行观察、分析，以反映总体特征的一种统计方法	社会经济现象各单位的特征及数量表现有很大差别，不能任意抽取个别或少数单位进行观察。必须在对所研究对象进行充分分析的基础上，确定调查对象的明确范围，观察全部或足够多数的调查单位，借以认识其规律
统计分组法	根据事物的特点和统计研究目的，将总体各单位按照某种标志划分为若干组成部分的一种研究方法	构成总体的各个部分，既有共性又有个性。通过分组可以将相同的部分归于一组，组与组之间有明显区分
综合指标法	用综合反映和研究社会经济现象总体的数量特征和数量关系的指标来进行统计分析的方法	对原始资料进行汇总整理，计算出各种综合指标，可以反映现象在具体时间、地点、条件下的总规模、相对水平等
统计模型法	根据一定的理论和假定条件，用数学方法去模拟现实经济现象相互关系的一种研究方法	利用统计模型法可以对客观现象及其发展变化过程中存在的数量关系进行比较完整和近似的描述，凸显所研究的综合指标之间的关系，从而简化客观存在的、复杂的其他关系，以便利用模型对所关心的现象进行数量上的评估和预测
归纳推断法	以一定的置信标准要求，根据样本数据来判断总体数量特征的归纳推理方法	推断法可以用于总体数量特征的检验和对总体某些假设的检验。这是由个别到一般、由具体事实到抽象概括的推理方法

以上这五种统计学研究的基本方法并不是所有的方法，在运用上应注意多种方法的结合。在调查方法上，要注意把大量观察法和典型调查法相结合。统计研究社会经济现象及其变化过程，运用大量观察法从整体上考察事物变化的规模和趋势，使我们的认识有一个充分的事实基础。但对于新生的个别事物则必须运用典型调查法，了解它的生长过程，总结先进经验。在分析方法上，要把综合指标分析和具体情况分析相结合，这样才能使我们的认识更加全面深入。

❖　任 务 实 施　❖

任务　认识统计工作岗位

在掌握相关知识的基础上，分析小张、小李提出的问题，为其答疑解惑。

（1）学生分组，每组5～6人，小组成员进行角色定位及工作分工；

（2）小组成员利用网络资源收集统计学的发展过程，讨论统计的内涵及统计岗位的职责要求；

（3）小组成员通过充分讨论，确定本组的调查结论；

（4）各小组派代表发言；

（5）各组相互提问及建议；

（6）教师点评。

❖　　实　　训　　❖

1．实训目的

（1）通过实训，使学生理解和掌握统计总体、总体单位、统计指标等概念。

（2）培养学生根据实际问题进行统计相关概念分析的能力，从而能够开展统计工作。

2．实训内容

为研究新时代大学生的消费情况，现以我校在校大学生为研究对象，调查并了解他们的消费水平和结构。请为此次开展的统计调查工作确定统计总体、总体单位，并找出各种标志（区分品质标志和数量标志）和统计指标（区分数量指标和质量指标）。

3．实训要求

（1）学生分组，每组5～6人，小组成员进行角色定位及工作分工；

（2）小组成员讨论分析，明确本次统计调查的目的和研究对象的特点；

（3）小组成员分析该项统计工作中的总体、总体单位、各种标志和统计指标；

（4）小组成员讨论确定本组的调查结论；

（5）小组派代表发言；

（6）各组互评和教师点评。

4．实训评价

认识统计技能训练评价表如表1-1-4所示。

表1-1-4　认识统计技能训练评价表

考评标准	内　容	分值	教师评价
	统计总体和总体单位准确	40	
	各种标志表述准确、全面	20	
	各种指标表述准确、全面	20	
	小组成员分工操作合理，积极参与操作	20	
	合计	100	

注：实际得分＝自我评价×20％＋他人评价×30％＋教师评价×50％。

项目二 设计统计指标体系

思政素材

50、60、70、80、90 *五代统计人的心声*

回望 50 后的执着与奉献 50 后统计人 伍祥（原江苏省统计局巡视员）

"记得到省统计局上班的第一天，领到一支圆珠笔、一根直尺、一把算盘，开启了我的统计生涯。当时统计数据的收集、整理、分组、汇总基本是靠这些工具手工完成的。"

聆听 60 后的奋斗与忠诚 60 后统计人 康长进（江苏省统计局党组成员 总统计师）

"统计是经济社会发展的晴雨表，多年来，全国统计系统，上到国家统计局领导，下到乡镇、企业统计人员都在干着一件事，那就是让这个晴雨表更加准确，能真正成为党政决策的可靠依据。"

感悟 70 后的责任与使命 70 后统计人 吴琪（江苏省统计局执法监督局）

"二十年的时间，我见证了统计法律制度的日臻完善，见证了依法统计机制的日趋成熟，见证了全社会、全系统统计法治意识的日益增强。"

思考 80 后的幸运与担当 80 后统计人 赵莹莹（江苏省统计局服务业统计处）

"随着社会经济高速发展和转型，新兴产业快速成长，统计指标对社会变革的反应速度越来越灵敏，统计内容与时俱进，但对统计工作也提出更高要求。"

展望 90 后的传承与发扬 90 后统计人 张婧琛（江苏省统计局数据管理中心）

"随着工作的开展，逐渐明白了数据背后蕴藏的意义和规律，不仅是统计人撰写调查信息和分析过程中的冷静思考和深入解读，更是关国情、系民生的有力依据。"

（来源：江苏统计局）

能力目标

（1）能针对某一具体问题进行统计指标体系的框架设计；

（2）能够具备应用统计指标认识和分析问题的意识。

知识目标

（1）了解统计工作的流程、工作内容和职能；

（2）掌握统计指标体系设计方法。

素质目标

（1）通过对指标体系的设计培养学生的逻辑思维能力；

（2）通过对统计职能的了解培养学生的专业素养和法治意识。

❯❯ 项目概述与分析

　　第四次全国经济普查是中国特色社会主义进入新时代后的一次重大国情国力调查，是在决胜全面建成小康社会，开启全面建设社会主义现代化国家新征程中对国民经济进行的一次"全面体检"。2019年1月1日至4月30日，全国160多万基层普查人员克服重重困难，对我国境内从事第二产业和第三产业的法人单位、产业活动单位和抽取的个体经营户逐一入户完成了数据采集。通过这次普查，既摸清了我国第二产业和第三产业的发展规模、布局和效益，了解了我国产业组织、产业结构、产业技术、产业形态的现状以及各生产要素的构成，也掌握了全部法人单位资产负债状况和新兴产业发展情况，进一步查实了各类单位的基本情况和主要产品产量、服务活动，全面准确地反映了供给侧结构性改革、新动能培育壮大、经济结构优化升级等方面的新进展。

　　为了达到第四次全国经济普查分析研究的目的，需要建立这次经济普查的指标体系。

　　（注：以上资料来源于国家统计局2019年11月公布的第四次全国经济普查资料，有部分删改。）

　　要完成经济普查工作，必须要明确建立统计指标的目的、设计要求及方法。因此，本项目设置了如下任务：

　　任务　设计统计指标体系。

❖　预　备　知　识　❖

单元一　统计工作过程及方法

一、统计的任务及工作过程

（一）统计任务

　　《中华人民共和国统计法》第二条规定：统计的基本任务是对经济社会发展情况进行统计调查、统计分析，提供统计资料和统计咨询意见，实行统计监督。也就是通过统计调查，收集统计数据资料，计算统计一系列指标并进行分析，为国民经济调控、企事业单位管理决策提供依据。

（二）统计工作过程

　　统计工作过程包括统计设计、统计调查、统计整理、统计分析和统计报告。

　　1. 统计设计

　　统计设计是指根据统计研究的目的，对完成任务的统计工作的各个方面及环节所做的整体性的规划，包括统计指标体系的设计、统计调查的设计、统计整理的设计等。

　　2. 统计调查

　　统计调查是指运用科学的统计调查的专门方法收集完成统计研究任务所需要的统计资

料的过程。统计调查是统计整理和统计分析的基础。

3. 统计整理

统计整理是指根据统计研究的目的，将统计调查所获得的数据资料运用科学的统计整理专门方法进行处理，获得统计分析所需要的反映总体特征的统计资料的过程。

4. 统计分析

统计分析是指对统计整理所获得的统计资料运用统计专门的分析方法进行科学的分析，完成统计研究的目的。

5. 统计报告

统计报告是指将统计分析的结果以统计分析报告的形式为国家、企事业单位进行决策提供依据。

二、统计的职能

统计的基本职能是指统计本身所固有的内在职能，统计具有信息、咨询、监督三大职能。

（一）信息职能

信息职能是指统计具有一整套科学的统计指标体系和统计调查方法，能够灵敏、系统地为决策和管理服务，采集、处理、传递、存储和提供大量综合反映客观事物总体数量特征的社会经济信息。

信息职能是统计最基本的职能，是保证咨询和监督职能得以有效发挥的前提。统计信息是按国家统计制度采集的规范的、系统的信息，是覆盖面最广、综合性最强的信息，因而是社会经济信息的主体，是党政机关和企业、事业各级领导了解情况、研究问题、进行科学决策和管理的重要依据。

（二）咨询职能

统计的咨询功能，是指统计机构和统计人员利用已经掌握的丰富的统计信息，运用先进的技术手段和科学的方法，深入开展综合分析和专题研究，为领导和有关部门提供可供选择的各种咨询建议和对策方案，对科学决策和管理发挥参谋和助手的作用。统计信息咨询还必须面向许多部门、研究机构、社会团体、基层企业、个人和国内外多类用户。只有大力发展统计信息咨询业，建立公共统计信息咨询服务机构，培育统计信息市场，统计才具有旺盛的生命力和广阔的前景。

（三）监督职能

统计的监督职能是指通过统计调查和统计分析，及时、准确地从总体上反映经济、社会和科技运行状态，并对其实行全面、系统的定量检查、监测和预警，以促进国民经济按照客观规律的要求持续、稳定、协调地发展。因此，可以说统计是观测社会、经济、科技发展状况的"仪表"。

统计的这三种职能是互相联系、相互作用的有机整体，其中信息职能是统计的基本职能，是统计咨询和监督的基础，统计咨询、监督职能是信息职能的进一步深化和拓展。

单元二 统计指标的体系设计

一、统计指标的设计要求

由于统计指标是用来反映现象总体数量特征的，因而也是统计设计的主要内容。设计统计指标应符合以下基本要求。

（一）符合统计研究目的

设计统计指标的目的是要完成统计任务，实现统计研究目的。所以在设计统计指标之前，先要明确本次统计研究的目的，围绕研究目的来设计统计指标。

（二）反映统计研究对象的特征

设计的统计指标要反映统计研究对象的特点及本质特征，才能实现统计研究的目的，所以在设计统计指标之前，先要熟悉所研究的统计对象，才能设计出反映统计对象本质特征的统计指标。

二、统计指标的内容设计

统计指标的内容包括指标名称、指标的计算方法等方面。

（一）确定统计指标的名称和含义

确定统计指标的名称和含义要以相应学科的理论为依据，如国内生产总值、国民收入、工资、利润等统计指标的概念，就离不开经济学的有关理论。但是，某些学科的概念是通过科学抽象得出的理论概念，这时就需要在设计统计指标时对其加以"改造"，结合统计对象和统计指标的特点，准确界定指标的内涵，使之成为可以计量的数量概念。

（二）确定统计指标的空间标准和时间标准

空间标准主要指地区范围，也包括组织系统的范围，这些都应在设计统计指标时预先规定好。时间标准有两种：以一般时期（日、月、季、年）为界限；以某一标准时刻为界限，如以某年初、年末、月初、月末等为时间标准。时间标准是由统计指标的性质、特点、需要等来决定的。

（三）确定统计指标的计量单位和计算方法

统计指标的含义一经确定，就明确了如何对现象进行测度的问题。现象的大多数计算单位是自然形成的，完全可以依据现象的计量标准来确定。如钢材产量以"吨"计量、汽车产量以"辆"计量、利润额以"元"计量等。但有的统计指标是利用两个或两个以上特征通过一定计算形式结合而成的，这时它的计量单位应是结合在一起的那些特征的计量单位，因而多数使用复合单位计量，也有使用单一单位计量或无名数计量的。

统计指标的计算方法有的比较简单，在确定了总体范围和指标口径之后，并不需要再规定具体的计算方法。因为统计指标的计算表现为点数、测量、登记和汇总等。如产品产量、职工人数等统计指标计算方法就是如此。有的统计指标计算方法则比较复杂，它必须以现象性质的理论剖析作为依据。当一个指标有几种可供选择的计算方法时，应比较哪种方法更符合这些理论剖析而决定取舍。当需考虑采取简便变通的计算方法时,应以不违背这个基本原理为前提。

三、统计指标的体系设计原则

统计研究的对象是社会经济现象总体的数量方面,而一个总体往往具有多种数量表现和数量特征,因此,必须借助统计指标体系,从不同的视角、不同的层面揭示现象总体的特征及其发展变化的规律性。设计指标体系应遵循以下原则(以企业生产经营活动统计指标体系为例)。

(一)全面系统与简明扼要相结合,突出重点指标

在设计统计指标体系时,应尽可能地从各个方面、各个环节反映企业生产经营活动的全貌。既要有投入方面的内容,也要有产出方面的成果;既要反映当前的生产经营状况,也要反映长远的发展问题。同时,还应保持指标的系统性和指标间的逻辑性,并尽可能减少指标数,本着少而精的原则进行筛选,选出其中富有综合性、代表性、实用性和可操作性的指标。

(二)静态分析与动态分析相结合,突出动态分析

静态分析着重于企业的现实状况,反映企业生产经营活动在现阶段达到的水平、规模和发展程度。动态分析则着重于揭示企业生产经营活动发展变化的过程和趋势。静态分析的结果为动态分析提供基础,动态分析的成果可以指导和影响企业生产经营决策,这在一定程度上决定了企业的生存和发展。

(三)定性分析与定量分析相结合,突出定量分析

一个产品的上线,一种营销方式的诞生,一个重大决策的形成等,都是大量的定性分析和定量分析综合而成的结果。由于企业的生产经营活动过程具有渐进性和微观性的特点,因而定量分析显得特别重要。企业的生产经营活动大多需要量化而且可以量化,这种量化是内部分析和外部判断的重要依据。

(四)微观分析与宏观分析相结合,突出微观分析

企业生产经营活动是构成国民经济运行的基本要素,国民经济总体运行会对企业生产经营活动产生影响。因此,在建立指标体系时不仅要了解本企业,还要了解同行业、相关行业以至整个国民经济;不仅要观察国内市场,还要观察国际市场;不仅要分析生产、流通,还要分析科技进步;不仅要研究经济因素,还要研究非经济因素。当然,在微观与宏观结合的过程中要突出为微观服务,围绕微观看宏观,以便分析企业的利弊得失。

四、统计指标的体系设计

我国实行的是社会主义的市场经济,企业是国民经济的细胞,企业生产经营活动是社会再生产运行的基本组成部分。为了便于国家宏观调控,也为了企业对自身的行为作出校正,以适应市场经济的需要,必须对企业的产销情况、经济效益和外部环境进行分析研究。故此,需要建立一套完整的企业生产经营统计指标体系。由于影响企业生产经营活动的因素是多种多样的,除了本企业的内部状况以外,还有许多与本企业生产经营活动有关的外部因素,这决定了企业生产经营活动统计指标体系内容的广泛性和复杂性。为此,设计统

计指标体系时，应抓住主要因素进行。在综合考虑以上设计原则的基础上，设计企业生产经营活动统计指标体系的基本框架如图1-2-1所示。

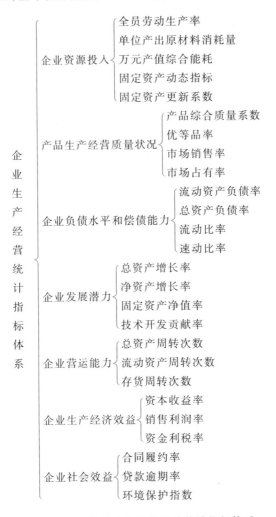

图1-2-1 企业生产经营活动统计指标体系

❖ 任 务 实 施 ❖

任务 设计统计指标体系

1. 分析任务

根据任务可知本次经济普查主要是了解我国产业组织、产业结构、产业技术、产业形态的现状以及各生产要素的构成，进一步查实各类单位的基本情况和主要产品产量以及服务活动，全面准确反映供给侧结构性改革、新动能培育壮大、经济结构优化升级等方面的新进展。因此经济普查指标体系设计应主要围绕为了企业生产、经营管理而设置的一套相互配套的指标，包括企业的基本情况、生产活动、财务状况和经济效益以及人员构成情况。

2. 设立指标体系

1）反映企业基本情况的指标

（1）基本标识指标。基本标识指标包括组织机构代码、单位名称、法定代表人、单位所在地及行政区划、联系方式五项。

（2）主要属性指标。主要属性指标包括产业活动单位数、行业类别、登记注册类型、机构类型、企业控股情况和隶属关系六项。

（3）基本状况指标。基本状况指标包括开业（成立）时间、企业营业状态、执行会计制度类别、企业集团情况四项。

（4）主要数据指标。主要数据指标包括年末从业人员数和企业主要经济指标两项。

这些指标的作用，一方面可以反映一个企业的基本概况，另一方面可以利用属性指标对企业进行各种分组，反映复杂经济现象之间的相互联系，以满足各级党政领导和经济管理部门分析研究与指导经济工作的需要，同时还可以利用这些指标，通过计算机进行各种数据处理，取得较为系统的详细资料。

2）反映企业生产活动的指标

（1）反映生产、销售总值方面的指标。反映生产、销售总值方面的指标包括规模以上工业企业主要经济指标中的工业总产值（当年价格）、工业销售产值（当年价格）、出口交货值三项指标和规模以下工业企业填报的工业总产值指标。

（2）关于产品实物量方面的指标。关于产品实物量方面的指标包括规模以上工业企业的本年生产量、本年销售量、本年销售额、本企业自用量及其他和年初库存量、年末库存量等六项指标；规模以下工业企业的生产、销售、库存，只有本年生产量、本年销售量、本年销售额三项指标。

（3）主要产品的生产能力指标。工业产品生产能力是我国宏观管理中的重要指标，它是反映一个国家经济实力和企业生产能力水平的重要标志。具体指标为：年初生产能力、年末生产能力以及附报的产品产量。

3）反映企业财务状况和经济效益的指标

根据企业规模的不同，财务指标统计的繁简程度也不同，规模以上工业企业为40多个指标；规模以下工业企业为不到30个指标。规模以上工业企业财务指标分为以下几个部分。

（1）反映资产、负债和所有者权益类的指标。资产类指标包括流动资产、应收账款、存货、产成品、固定资产、折旧、资产总计；

负债类指标包括流动负债、应付账款、长期负债、负债合计；

所有者权益类指标包括所有者权益合计、实收资本、国家资本、集体资本、法人资本、个人资本、港澳台资本、外商资本。

（2）反映损益及分配类的指标。反映损益及分配类的指标包括主营业务收入、主营业务成本、主营业务税金及附加、其他业务收入、其他业务利润、营业费用、管理费用、财务费用、营业利润、投资收益、补贴收入、营业外收入、营业外支出、利润总额、应交所得税等。

（3）反映劳动所得和增值税类的指标。反映劳动所得和增值税类的指标包括本年应付工资总额、本年应付福利费总额、本年应交增值税、本年进项税额、本年销项税额。

4）反映工业企业人员结构的指标

反映工业企业人员结构的指标主要包括全部从业人员年末数和平均数，以及按学历、按专业技术职称、按技术等级、按性别分组的各种人员数。

（注：以上资料根据国家统计局 2019 年 11 月公布的第四次全国经济普查资料适当进行了部分删改。）

❖ 实 训 ❖

1. 实训目的

（1）培养学生根据统计调查目的完成一组统计指标的设计能力。

（2）培养学生与人协作、沟通、团队合作的能力。

2. 实训内容

为研究新时代大学生的消费情况，现以我校在校大学生为研究对象，调查了解他们的消费水平和结构。在项目一实训项目完成的基础上设计统计指标体系，要求能满足本次统计调查的需要，为以后的统计分析奠定基础。

3. 实训要求

（1）学生分组，每组 5～6 人，小组成员进行角色定位及工作分工；

（2）小组成员讨论分析，明确本次统计调查的目的和调查对象的特点；

（3）小组成员讨论分析设立本次统计调查的核心指标；

（4）小组成员讨论设立核心指标的相关指标；

（5）小组成员讨论确定最终的结论并进行汇总；

（6）各小组派代表发言；

（7）各组互评与教师点评。

4. 实训评价

统计指标体系设计技能训练评价表如表 1－2－1 所示。

表 1－2－1　统计指标体系设计技能训练评价表

	内　　容	分值	教师评价
考评标准	设立的核心指标能反映统计总体实质	30	
	设立的指标体系科学完整	30	
	小组成员分工操作合理	20	
	各成员课堂讨论热烈、积极回答课堂问题、积极参与操作	20	
合计		100	

注：实际得分＝自我评价×20％＋他人评价×30％＋教师评价×50％。

模块二

统 计 调 查

项目一　收集一手数据资料

思政素材

开展第七次全国人口普查有什么重大意义？

定期开展人口普查，是《中华人民共和国统计法》和《全国人口普查条例》的明确规定。第七次全国人口普查是在中国特色社会主义进入新时代开展的一次重大国情国力调查，具有重要而深远的意义。

开展第七次全国人口普查，是摸清我国人口家底的重要手段。我国已进行过六次人口普查，世界各国也都定期开展人口普查。当前，中国特色社会主义进入新时代，及时开展人口普查，全面查清我国人口数量、结构、分布等方面的最新情况，既是制定和完善未来收入、消费、教育、就业、养老、医疗、社会保障等政策措施的基础，也为教育和医疗机构布局、儿童和老年人服务设施建设、工商业服务网点分布、城乡道路建设等提供决策依据。

开展第七次全国人口普查，是推动经济高质量发展的内在要求。当前，我国经济正处于转变发展方式、优化经济结构、转换增长动力的攻关期。及时查清人口总量、结构和分布这一基本国情，摸清人力资源结构信息，才能够更加准确地把握需求结构、城乡结构、区域结构、产业结构等状况，为推动经济高质量发展，建设现代化经济体系提供强有力的支持。

开展第七次全国人口普查，是完善人口发展战略和政策体系，促进人口长期均衡发展的迫切需要。2010年第六次全国人口普查以来，我国人口发展的内在动力和外部条件发生了显著改变，出现重要转折性变化，人口总规模增长惯性减弱，劳动年龄人口波动下降，老龄化程度不断加深。开展人口普查，了解人口增长、劳动力供给、流动人口变化情况，摸清老年人口规模，有助于准确分析判断未来我国人口形势，准确把握人口发展变化的新情况、新特征和新趋势，深刻认识这些变化对人口安全和经济社会发展带来的挑战和机遇，对于调整完善人口政策，推动人口结构优化，促进人口素质提升具有重要意义。

能力目标

（1）能根据实际统计工作岗位的需要登记统计台账及编制简单的统计报表；

（2）能根据统计任务的不同选择最佳的专门调查方式；

（3）能根据统计调查目的、要求，设计完整的统计调查方案；

（4）能根据统计调查目的、要求，设计统计调查问卷。

知 识 目 标

（1）掌握统计台账的登记方法及统计报表的编制方法；

（2）熟悉重点调查、典型调查和抽样调查的区别与联系；

（3）理解和掌握统计调查方案的重要性及主要内容；

（4）熟悉问卷调查的意义及问卷设计的基本要求。

素 质 目 标

（1）通过设计调查方案等任务，培养学生与人协作、沟通、团队合作的能力。

（2）在收集数据资料的过程中，培养学生诚实守信的职业素养。

项目概述与分析

（1）根据《全国经济普查条例》的规定，国务院决定于 2018 年开展第四次全国经济普查。根据《国务院关于开展第四次全国经济普查的通知》（国发〔2017〕53 号）和《全国经济普查条例》，需要制定第四次全国经济普查方案。

（2）2021 年初，某市计算机经销商 C 公司为了研究细分市场，制订营销策略，公司销售部经理需要对 2021 年 1 月份的销售资料进行了解，小王作为销售统计员如何把 2021 年 1 月份的销售资料提交销售经理？

以下是计算机经销商 C 公司 2021 年 1 月份的计算机销售业务：

① 2021 年 1 月 2 日业务员刘辉销售给客户明信公司 10 台品牌 A 计算机，单价 5000 元；

② 2021 年 1 月 4 日业务员陈忠销售给客户华兴公司 5 台品牌 B 计算机，单价 8000 元；

③ 2021 年 1 月 10 日业务员张强销售给客户科杰公司 3 台品牌 C 计算机，单价 10 000 元；

④ 2021 年 1 月 15 日业务员陈忠销售给客户华源公司 4 台品牌 B 计算机，单价 8100 元；

⑤ 2021 年 1 月 23 日业务员张强销售给客户明达公司 8 台品牌 C 计算机，单价 10 500 元；

⑥ 2021 年 1 月 25 日业务员刘辉销售给客户明信公司 5 台品牌 A 计算机，单价 5000 元；

⑦ 2021 年 1 月 30 日业务员刘辉销售给客户明达公司 2 台品牌 A 计算机，单价 5000 元。

统计调查是指在统计设计完成指标体系设计的基础上获得统计的数据收集，是进行统计资料整理和分析的基础环节。统计数据的来源渠道很多，不同的统计数据可通过不同渠道获得。对于计算机经销商 C 公司而言，要获得销售数据，需要直接统计销售信息，要获得需求信息，需要直接进行调查，这些数据称为一手或直接的统计数据。

对于 C 公司的销售人员小王来说，要完成销售资料的信息提供，必须明确什么是企业的统计台账、统计报表，以及如何登记统计台账，如何编制统计报表；针对全国经济普查，必须知道什么是统计调查，什么是统计调查方案，制定统计调查方案的目的是什么，它包括哪些内容，以及如何制定统计调查方案。因此，本项目需要通过以下两个任务来完成：

任务 1　设计调查方案；

任务 2　填报统计报表。

❖ **预 备 知 识** ❖

单元一 专门调查

一、统计调查的概念及要求

（一）统计调查的概念

统计调查就是按照预定的统计工作任务和研究目的，运用各种科学的调查方法，有计划、有组织地对调查对象进行资料收集的工作过程。统计调查的基本任务是按照所确定的指标体系，通过深入具体的调查，取得反映社会经济现象总体全部或部分单位的以数字资料为主体的调查信息。

统计调查所涉及的资料有两种：一种是直接向调查单位收集的未加工、整理的资料，一般称为原始资料；另一种是根据研究目的，收集经初步加工、整理的能够在一定程度上说明总体现象特征的资料，一般称为次级资料，也称第二手资料。统计调查一般是指对原始资料的收集，并将其加工、整理、汇总，使其成为从个体特征过渡到总体特征的资料，但有时也包括对次级资料的收集。

统计调查是整个统计工作的基础环节，如果调查工作做不好，得到的资料残缺不全或有错误，就会影响整个统计工作。

（二）统计调查的基本要求

统计调查必须遵循实事求是的基本原则，统计调查所收集的资料必须准确、及时、全面。

1. 准确性

准确性是指统计调查所收集的资料符合实际情况，真实可靠。准确性是衡量统计调查工作质量的重要标志。统计工作能否顺利完成任务，在很大程度上取决于所收集的资料是否准确。统计资料的准确性是统计工作的生命。

2. 及时性

及时性是指各调查单位都应在统计调查方案规定的时间内，及时提供和上报资料，从时间上满足各部门对统计资料的要求。如果调查资料收集不及时，就会贻误统计整理与分析的时间，失去应用的作用。

3. 全面性

全面性是指按照调查计划的规定，对要调查的单位和项目的资料，毫无遗漏地进行收集。如果调查资料残缺不全，就不能反映调查对象的全貌，从而给统计整理和统计分析带来困难，直接影响统计工作的进程和质量。

（三）统计调查的分类

统计调查方法很多，根据不同的划分标准，主要有以下几种分类，见表2-1-1。

表 2-1-1 统计调查分类

分类标准	统计调查类型	定义描述
按组织形式的不同	统计报表	按照一定的表式和要求，自上而下地统一布置，自下而上地逐级提供基本统计资料的一种统计调查方式
	专门调查	为了研究某项问题而专门组织的调查方式，包括普查、重点调查、典型调查和抽样调查等
按调查对象包括的范围	全面调查	对构成调查对象总体的所有单位都进行调查，如普查
	非全面调查	对构成调查对象总体的一部分单位进行调查，包括重点调查、典型调查和抽样调查
按调查登记的时间是否连续	经常性调查	也称连续性调查，是指随着调查对象的发展变化，连续不断地进行调查登记
	一次性调查	也称不连续调查，是指间隔一段相当长的时间所进行的登记调查
按资料收集方法的不同	直接观察法	调查者亲临现场，对调查对象进行实际观察，并进行计量、清点、记录，以获得所需要的第一手资料的方法
	报告法	由被调查单位以各种原始记录和核算凭证为调查资料来源，依据统一的表格形式和要求，按照隶属关系，逐级向有关部门提供资料的方法
	采访法	调查者向被调查者通过访谈、询问等方式获得一手数据资料的方法。可以通过面谈询问、邮寄、留置问卷、电话等方法进行
	网络调查法	利用互联网来收集统计一手资料的方法，主要是调查者在网上直接发布调查问卷或调查表，被调查者在网上递交调查信息来收集资料的一种方法

二、专门调查方式

（一）普查

普查是为了某一特定目的而专门组织的一次性全面调查。例如：全国人口普查、农业普查、经济普查等。普查有如下几个特点：

（1）普查是一次性或周期性调查。普查由于涉及面广、调查内容多、工作量大，需要大量的人力、物力和财力才能完成，所以一般间隔若干年进行一次。

（2）普查需要规定统一的标准调查时点。为了避免调查数据的重复或遗漏，普查一般需要规定统一的标准调查时间，一般定在调查对象比较集中，变动相对较小的时间上。

（3）普查比其他调查方式所获得的资料更准确、更全面、更系统。

（二）抽样调查

抽样调查是一种非全面调查，是从总体中随机抽取一部分单位进行调查，根据这部分单位的调查结果推断总体数量特征的一种调查方法。

抽样调查在社会经济生活中被广泛应用，对于需要了解总体情况，但在实际上不可能或时间、人力、物力等方面不允许进行全面调查的情况下，都可采用抽样调查方法。

抽样调查方法在本书中有专门的模块阐述，故此处不再赘述。

（三）重点调查

重点调查是一种非全面调查，是在调查研究的总体的全部单位中，选择少数重点单位进行调查，以了解总体的基本情况的一种调查方式。

凡是在统计研究的对象中存在重点单位，同时统计研究的目的又只是需要大致地了解统计总体的基本情况，那么都可采用重点调查的方式。例如：要了解我国的粮食生产的基本情况，选取甘肃、陕西等几个重点粮食生产基地进行调查，就可获得我国粮食生产的基本情况。

重点单位的选择一般应尽可能少，但这些重点单位的标志值在总体标志总量中所占的比重应尽可能大。

（四）典型调查

典型调查是一种非全面调查，是从统计研究总体的全部单位中选取一个或几个具有代表性的单位进行全面深入的调查，以了解总体的本质规律性的一种调查方式。

凡在统计研究的总体中，存在具有较大代表性的典型单位，希望达到以点带面，那么均可采用典型调查方式。例如：要研究某地区的国有企业的经济效益问题，那么可在该地区选择一个或几个经济效益突出的国有企业作为典型单位进行调查，总结经济效益好的原因和经验，并加以推广。

◆ **思 考**
根据不同的统计研究目的，如何来选择最佳的调查方式？要完成项目中的任务，选择何种调查方式最佳？

三、统计调查方案

统计调查方案是在统计调查工作正式开始之前，对统计工作过程所做的切实可行的总体设计与安排，它是指导整个调查过程的纲领性文件。一份完整的统计调查方案应包括以下内容。

（一）调查目的

制订统计调查方案时首先要解决的问题就是明确本次调查的目的和任务。调查的目的就是通过调查所要达到的目标，要解决的问题等，只有明确了这点，才能进一步确定调查的对象、调查的内容及调查方法等。

（二）调查对象和调查单位

调查对象和调查单位的确定就是要解决向谁来调查和由谁来提供统计调查资料的问题。调查对象就是根据调查目的所确定的统计调查总体，调查单位就是统计调查的总体单位。例如：要了解全国国有企业工人薪酬情况，则全国所有的国有企业就构成了调查对象，每一个国有企业则是调查单位。同时每一个国有企业还是报告单位。报告单位就是负责提交调查资料的单位。

（三）调查项目

调查项目就是调查的具体内容，一般以调查问卷等为载体。

（四）调查的方式方法

调查的方式方法就是统计调查的专门方式和收集资料的具体方法，具体采用何种方式方法，应根据调查目的和调查对象的特点来决定。

（五）调查时间

调查时间包括时期资料所属的时期、时点资料所属的时点和调查工作的期限。调查资料如果是时期资料，则要明确调查资料的起讫时间，例如：确定调查企业 2020 年 1 月 1 日到 1 月 31 日一个月的销售量。

（六）调查的组织实施计划

调查的组织实施计划主要包括成立调查工作的组织机构、确定调查人员、印刷调查问卷、准备调查工具等内容。

单元二　统 计 报 表

一、统计报表的意义

统计报表是依据国家统计法规，按照国家统一规定的表格形式、指标内容、报送程序和报送时间，由报送单位自下而上定期逐级提供统计资料的一种调查方式，它是一种具有法律性质的报表制度，是我国取得国民经济和社会发展基本情况的重要手段。

统计报表是各级业务部门为了了解本系统内所有单位的生产技术水平和经营管理发展情况的重要途径，也是企业获得实现资源合理有效配置的经营管理信息的重要手段。

二、统计报表的种类

统计报表从不同的角度来看，可以有不同的认识。

（一）从内容和实施范围看

1. 基本统计报表

基本统计报表是为了搜集国民经济和社会发展情况的基本统计资料，由国家统计系统负责制发、在全国范围内执行的统计报表。

2. 专业统计报表

专业统计报表是为了搜集各个业务部门专业管理需要的统计资料，由有关业务部门负责制发、在本部门内执行的统计报表。

（二）从填报单位看

1. 基层报表

基层报表是由基层企事业单位根据原始资料填报的统计报表。

2．综合报表

综合报表是由上级主管部门根据基层报表逐级汇总填报的统计报表。

（三）从填报范围看

1．全面统计报表

全面统计报表是调查对象的全部单位填报获得全面统计资料的报表。

2．非全面统计报表

非全面统计报表是由调查对象的部分单位填报获得非全面资料的报表。

此外，从报送的方式看，有电讯报表和书面报表；从报送的周期看，有日报、旬报、月报、季报、半年报、年报等。

三、统计报表的基本内容

一般来说，统计报表包括以下基本内容。

（一）报表表式

报表表式是统计报表的具体的格式。报表表式包括表名、表号、填报单位、报送日期、主词项目、宾词指标、填报单位负责人和填报人签章、制表部门等。

（二）填表说明

填表说明是对统计报表的填制方法所做的规定，包括统计的范围、指标的解释等。

四、统计报表的资料来源

统计报表的资料来源于企业基层单位的原始记录。

（一）原始记录

原始记录是企业基层单位对生产经营活动所做的数字和文字的记载，通常以表格的形式进行记录，例如企业的领料单、发货单、考勤单、设备维修单等。

（二）统计台账

统计台账是原始记录到统计报表的中间环节，是将杂乱无章的原始记录按时间先后顺序集中登记所形成的表册，例如企业的生产台账、销售台账等。

❖ 任 务 实 施 ❖

任务 1　设计调查方案

1．普查目的

全面调查我国第二产业和第三产业的发展规模、布局和效益，了解产业组织、产业结构、产业技术、产业形态的现状以及各生产要素的构成，摸清全部法人单位资产负债状况和新兴产业发展情况，进一步查实各类单位的基本情况和主要产品产量、服务活动，全面准确反映供给侧结构性改革、新动能培育壮大、经济结构优化升级等方面的新进展。通过普查，完善覆盖国民经济各行业的基本单位名录库以及部门共建共享、持续维护更新的机制，进一步夯实统计基础，完善"三新"统计，推进国民经济核算改革，推动加快构建现代化统计调查体系，为加强和改善宏观调控、深化供给侧结构性改革、科学制定中长期发展规划、推进国家治理体系和治理能力现代化提供科学准确的统计支持。

2. 普查对象

1）普查对象

普查对象是我国境内从事第二产业和第三产业的全部法人单位、产业活动单位和个体经营户。

法人单位、产业活动单位和个体经营户按照《普查单位划分规定》进行界定。

2）普查范围

根据《国民经济行业分类》(GB/T4754—2017)和《三次产业划分规定》，普查范围具体包括：采矿业，制造业，电力、热力、燃气、水生产和供应业，建筑业，批发和零售业，交通运输、仓储和邮政业，住宿和餐饮业，信息传输、软件和信息技术服务业，金融业，房地产业，租赁和商务服务业，科学研究和技术服务业，水利、环境和公共设施管理业，居民服务、修理和其他服务业，教育，卫生和社会工作，文化、体育和娱乐业，公共管理、社会保障和社会组织，以及农、林、牧、渔业中的农、林、牧、渔专业及辅助性活动。

为保证统计单位的不重不漏，普查对包括农业、林业、畜牧业和渔业在内的全部法人单位和产业活动单位进行全面清查。

3. 普查时点

普查的标准时点为 2018 年 12 月 31 日。普查登记时，时点指标填写 2018 年 12 月 31 日数据，时期指标填写 2018 年 1 月 1 日—12 月 31 日数据。

4. 普查内容

普查的主要内容包括单位基本情况、组织结构、人员工资、财务状况、能源生产与消费、生产能力、生产经营和服务活动、固定资产投资情况、研发活动、信息化和电子商务交易情况等。根据不同的普查对象，其普查内容也有所不同。

5. 普查方法

1）清查方法

采取"地毯式"清查的方法，对辖区内全部法人单位、产业活动单位和从事第二、三产业的个体经营户进行全面清查，具体按照《普查单位清查办法》组织实施。

2）普查登记方法

对法人单位和产业活动单位在全面清查的基础上进行普查登记。对个体经营户在全面清查的基础上，按照《第四次全国经济普查个体经营户抽样调查方案》进行抽样调查。

各地区普查机构原则上按行政区域组织实施普查。对从事第二、第三产业的法人单位、产业活动单位和个体经营户在其主要经营活动所在地进行普查登记，对建筑业法人单位在其注册地进行普查登记。多法人联合体不得作为一个普查单位，应分别对每个法人单位进行登记。

3）数据报送方式

在单位清查阶段，普查员使用 PAD（手持移动终端）采集清查对象数据；在普查登记阶段，采取网上直报、PAD 采集、部门报送及其他方式相结合的方式获取普查对象数据。

6. 普查组织实施

1）全国统一领导

国务院第四次全国经济普查领导小组负责普查组织和实施中重大问题的研究和决策。领导小组办公室设在国家统计局，具体负责普查的宣传动员、方案设计、培训和部署、单位清查、普查登记、数据处理、资料开发、普查总结和日常组织协调等工作。

2）部门分工协作

编制、民政、税务、市场监管等部门，要及时提供行政记录和相关资料，协助开展单位清查、普查和数据评估认定工作；金融、铁路部门成立普查机构，负责提供本系统单位名录资料和相关统计数据，分别开展金融业和铁路运输业法人单位、产业活动单位的普查工作，金融部门还需参与本行业普查数据审核；军队系统的普查工作由中央军委战略规划办公室负责组织实施；领导小组办公室的其他成员单位按照各自职责，配合地方各级普查机构开展对本系统法人单位和产业活动单位的清查和普查登记工作，提供普查所需的单位名录资料。各相关成员单位还需提供业务统计资料。

3）地方分级负责

地方各级人民政府设立相应的普查领导小组及其办公室，负责组织好本地区普查实施工作，解决普查中遇到的困难和问题。国家统计局各级调查队参加地方普查领导小组及其办公室，并按照统一布置开展相关工作。街道办事处、居（村）民委员会和社区基层组织，要动员组织社会力量积极参与并认真做好经济普查工作。

4）各方共同参与

各地区、各部门要按照第四次全国经济普查的统一要求和各自职能，各负其责，统筹协调，优化方式，突出重点，创新手段，认真做好普查的宣传动员、条件保障和组织实施等工作。

（注：以上资料根据 2018 年 11 月国家统计局公布的第四次全国经济普查资料，适当进行了部分删改）

任务 2 填报统计报表

统计报表一般由政府编制，要求下级部门按照表中所需信息如实填报。企业在管理过程中，根据企业实际情况，同样编制销售台账与销售统计报表，要求一线相关人员实时填写并按月、季度上报。对于本任务，应在掌握相关知识的基础上，针对计算机经销商 C 公司的实际经营状况，分析 2021 年 1 月份的销售信息，根据销售台账等信息填制统计报表。

1. 销售台账

C 公司销售台账见表 2-1-2。

表 2 - 1 - 2　C 公司销售台账

序号	日期	产品名称	品牌	数量/个	单价/元	销售总额/元	备注
1	2021 - 1 - 2	计算机	A	10	5000	50 000	
2	2021 - 1 - 4	计算机	B	5	8000	40 000	
3	2021 - 1 - 10	计算机	C	3	10 000	30 000	
4	2021 - 1 - 15	计算机	B	4	8100	32 400	
5	2021 - 1 - 23	计算机	C	8	10 500	84 000	
6	2021 - 1 - 25	计算机	A	5	5000	25 000	
7	2021 - 1 - 30	计算机	A	2	5000	10 000	

2. 销售统计报表

C 公司 2021 年 1 月计算机销售统计月报表见表 2 - 1 - 3。

表 2 - 1 - 3　2021 年 1 月计算机销售统计月报表

某市 C 计算机销售公司　　　　　　　　　　　　　　　　　　　表号：10ZY201

主管部门：销售部　　　　　　　　　　　　　　　　　　　制表单位：

____1____月份

项　目	产　品		
	A	B	C
销售数量/个	17	9	11
销售金额/元	85 000	72 400	114 000
销售均价/元	5000	8044	10 364

主管负责人签章：　　　　　　　　　　　　　　　企业负责人签章：

制表人签章：　　　　　　　　　　　　　　　　　报出日期：2021 年 1 月 31 日

以上销售统计报表的填制可以在 Excel 表格中完成，可以利用 Excel 的计算与数据汇总的功能。

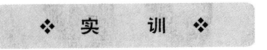

❖　实　训　❖

1. 实训目的

（1）培养学生根据实际统计工作岗位的需要登记统计台账及编制简单的统计报表的能力。

（2）培养学生根据统计调查目的、要求，设计一份完整的统计调查方案的能力。

（3）培养学生与人协作、沟通、团队合作的能力。

2. 实训内容

◆ **实训 1**

以下是某市计算机经销商 A 公司 2020 年 1 月份销售业务，该公司销售统计员需要对此填制产品出库单、登记统计台账并做成统计报表。

① 2020 - 1 - 3 日业务员陈辉强销售给客户远光公司 13 个 CPU（AMD 闪龙 3000 ＋（盒装）），单价 320 元。

② 2020 - 1 - 3 日业务员陈辉强销售给客户灵光公司 30 个内存条（DDR - 1 代 512MB），单价 190 元。

③ 2020 - 1 - 3 日业务员陈辉强销售给客户华科电子公司 23 个主板（技嘉 GA - 6BXC 440BX），单价 340 元。

④ 2020 - 1 - 5 日业务员何建立销售给客户远光公司 20 个内存条（DDR - 2 代 1G），单价 540 元。

⑤ 2020 - 1 - 11 日业务员王海春销售给客户浩扬电脑公司 20 个打印机（HP 1020），单价 1020 元。

⑥ 2020 - 1 - 19 日业务员刘大川销售给客户浩扬电脑公司 52 个内存条（DDR - 1 代 512MB），单价 140 元。

⑦ 2020 - 1 - 21 日业务员刘大川销售给客户灵光公司 10 个硬盘（SD160GB），单价 480 元。

⑧ 2020 - 1 - 23 日业务员李忠新销售给客户浩扬电脑公司 10 个主板（华硕 P5LD2 - SE），单价 540 元。

⑨ 2020 - 1 - 25 日业务员王海春销售给客户浩扬电脑公司 18 个 CPU（P4 - 533B（BOX）），单价 910 元。

⑩ 2020 - 1 - 27 日业务员王海春销售给客户华科公司 12 个打印机（CANON 460），单价 1020 元。

◆ **实训 2**

某市计算机经销商 A 公司现需要对太仓"00 后"在校大学生购买计算机需求情况进行一次统计调查，为其研究细分市场，确定目标市场和目标消费群及制订营销策略提供参考依据。

请以该公司销售统计员的身份策划制订统计调查方案。

3. 实训要求

（1）学生分组，每组 5～6 人，小组成员进行角色定位及工作分工；

（2）小组成员利用各种资源完成各自工作任务（填制产品出库单）；

（3）汇总产品出库单后每人登记统计台账；

（4）每人根据完成的统计台账填制统计报表；

（5）小组成员根据调研目的，利用各种资源各自完成调查方案和调查问卷的设计；

（6）小组成员讨论分析各自的成果，组长带领成员分析各自成果的优缺点并整合成最后的小组成果；

（7）各组互评与教师点评；

（8）各小组修改完善。

4. 实训评价

收集一手数据资料技能训练评价表如表 2-1-4 所示。

表 2-1-4　收集一手数据资料技能训练评价表

	内　容	分值	教师评价
考评标准	统计报表填制规范，数据准确	30	
	统计调查方案内容全面，可操作性强	30	
	调查问卷的设计科学、规范	20	
	各成员课堂讨论热烈、积极回答课堂问题、积极参与操作	20	
合计		100	

注：实际得分＝自我评价×20％＋他人评价×30％＋教师评价×50％。

项目二　收集二手数据资料

思政素材

一位耄耋老人的调查情缘

在常州，有一位醉心于民生调研的老人，他叫朱明法，今年已经 80 多岁了，曾经从事过 40 多年供销社和物价管理工作，亲身经历了由计划经济到市场经济的变化。退休后，老朱"退而不休"，凭借多年积累的经验，练就了一双慧眼，特别善于从旁人不经意的统计调查数据中发现有价值的"线索"。看似枯燥乏味的数据，往往能激发他探究的"灵感"和责任心，从而积极投身社会，自主开展与老百姓衣食住行有关的社情民意调研，向政府部门提供意见建议。老朱特别关注年鉴里涉及的人口变化、工资收入、教科文卫、物价指数等和群众生活息息相关的民生指标，并从中找到数据背后所蕴含的社会经济发展的特点，继而从统计调查数据的金山上挖到他需要的"宝贝"。老朱说，拿到他需要的统计调查数据后，等于吃了一颗"定心丸"，然后顺着调查数据的"航标灯"，访部门、走街区，贴近群众，了解有关情况，并形成了许多大大小小的民情调研报告，提交到有关部门。这些部门拿到老朱撰写的调研报告后都高度重视，邀请老朱参加相关座谈，专题研究解决老朱提出的涉及民生中的相关问题。很多部门本着"马上办"的工作态度，有的随后不久就投入人力、物力和财力积极解决困扰群众生活的难处，为老百姓带来了实惠，取得了很好的社会反响。耄耋之年的朱明法，从统计调研中获得了一份沉甸甸的成就感。

能 力 目 标

（1）能够针对实际问题运用统计调查技术获取数据资料；

（2）能够针对具体问题正确处理二手数据资料。

知 识 目 标

（1）掌握二手数据资料的收集方法；

（2）了解二手数据的来源。

素 质 目 标

（1）通过对二手数据资料的收集，使学生能够辨别数据的真实有效性，培养学生的法治思维。

（2）通过对数据的评价，使学生能够关注数据来源的合法性，培养学生尊重客观事实，诚实守信的职业素养。

项目概述与分析

小王是一名刚毕业的大专生，在某外资公司任该公司华东销售区域经理的销售助理。在熟悉了一周的公司制度之后，小王接到的第一个工作任务是区域经理交代的比较华东地区浦东、浦西和浙江三个办事处2021年上半年的销售状况。小王知道公司的销售状况是通过 SAP 系统实时记录的，她应如何完成这个任务？

要完成上述任务，必须要明确二手数据资料的来源渠道，以及如何选择调研所需要的资料。因此，本项目设置了如下任务：

任务 1　收集二手数据资料；

任务 2　评价二手数据资料。

❖ 预 备 知 识 ❖

单元一　二手数据资料的收集

一、二手数据

二手数据，是指因为其他目的已经被收集好了的资料。与原始数据相比，二手数据收集起来更快、更容易，所需的费用和时间也相对少得多。

二、二手数据的来源

二手数据有两个基本来源：内部数据和外部数据。

（一）内部数据

内部二手数据是从被调查单位内部直接获取的与调查有关的信息数据资料，如资产负债表、现金流量表、各种统计台账、统计报表等等。另外，对于今天的企业来说，面对计算机网络的发展，一些企业已经或正在着手建立现在的和潜在的消费者以及内部生产、销售管理的信息数据库，利用已有的企业信息数据库，优秀的调查人员可以调查现有的市场营销活动和预测未来调查销售状况等。

（二）外部数据

外部数据可从以下几个渠道获取。

1.《中国统计年鉴》

《中国统计年鉴》是一部反映我国经济和社会发展情况的资料性年刊，收录了当年全国和各省、自治区、直辖市每年经济和社会各方面大量的统计数据，以及历史重要年份和近二十年的全国主要统计数据，由国家统计局每年出版发行，是我国最全面、最具权威性的综合统计年鉴。

2.专业统计网站

现在的专业统计网站有很多，最好选择政府机构或一些知名公司专门网站，这些网站提供的数据准确、及时、权威。例如：全国的或地方的统计局网站，可以提供全国或地区的月度数据、季度数据、年度数据、部门数据等。

3.搜索引擎

利用公共搜索引擎进行搜索获得的间接数据资料相对来说没有官方网站的数据权威，调查者在收集时需要对其进行审核。

单元二 二手数据资料的评价

一、二手数据的特点

（一）二手数据的优点

二手数据可以弥补收集原始数据成本高、时间长和不方便的缺点，因此调查人员可以广泛地使用二手数据。使用二手数据还有如下优点：

（1）二手数据有助于规范问题的表达形式，指明调查的方法，提供解决问题所需的其他数据。

（2）二手数据可以帮助调研人员了解如何去接近调研对象，了解调研对象在市场所处的位置，并以此作为同其他数据比较的基础。

（二）二手数据的缺陷

虽然二手数据具有显著的优点，但是它也存在一些缺陷，比如难以获得、相关性差和不准确等。

（1）难以获得。对一些调查项目来说，其二手数据无法提供。如果要调查某组织在各地区的形象，那么只能通过原始数据的调查而完成。

（2）相关性差。二手数据不是为当前的问题所收集的，因此在现实中，调查人员往往因为信息数据抽样单元或测量方法不符，而无法使用该信息数据。而类似统计年鉴的发表往往在时间上也要滞后许多，一般是1～2年左右，数据已经过时。

（3）不准确。二手数据的使用者应该经常质疑信息数据的准确性，在研究者收集、编码、分析和表现信息数据时往往可能潜藏许多错误。没有提及误差和误差范围的报告是值得怀疑的。

二、二手数据的评价

二手数据具有降低成本、节省时间等优点，但是同样有不准确等缺陷，所以在使用二手数据的时候要注意对搜集的二手数据进行评价。一般来说，二手数据的评价可以从以下几方面进行：

（1）谁收集的？数据的来源是关系到数据准确程度的最关键因素。政府、大的市场调查机构等权威性较高的部门较为值得信赖。

（2）研究的目的是什么？弄清研究的动机，有助于判断数据的质量。为了某一团体的利益而收集的数据是令人怀疑的，例如企业自身所作的媒体调查和广告公司对广告效果的自我测量等。

（3）什么内容？研究者一定要时时注意辨明数据的内容，即使二手数据的质量可以让人接受，但也可能难于使用或不能适应需要。

（4）何时收集的？过时的数据是没有什么用处的，在收集二手数据时，一方面要注意其发表的时间，更重要的是要注意其实施调查的时间，因为调查结果发表和数据收集的真正时间常常是相隔很长的。

❖ 任务实施 ❖

任务 1 收集二手数据资料

小王所需的资料是公司内部的二手数据，可以利用公司的 SAP 系统获得。她通过系统调出华东地区浦东、浦西和浙江三个办事处的销售额，见表2-2-1。

表2-2-1 华东地区各办事处 2021 年上半年销售额

办事处	上半年完成销售额/万元
浦东办事处	9600
浦西办事处	7320
浙江办事处	6620
合计	23 540

小王同时通过公司销售部资料查找到三个办事处的 2021 年度工作计划，发现在2021 年度工作计划中，浦东办事处、浦西办事处和浙江办事处的计划分别是 15 000 万元、12 000 万元和 10 000 万元。比较已经完成的销售额与计划销售额，发现 2021 年公司的销售业绩较好。小王将资料整理好后提交给经理。

任务 **2**　评价二手数据资料

在销售数据收集过程中，小王是通过公司的 SAP 系统收集的，该系统会实时记录销售数据，因此数据准确、及时、全面。

收集的数据为 2021 年 1 月 1 日至 2021 年 6 月 30 日三个办事处的销售数据，同时，小王将已经完成的销售额与 2021 年度销售计划进行比较，可看出销售完成情况，为经理对这三个办事处的销售评价提供一定的依据。

❖　实　　训　❖

1. 实训目的

(1) 培养学生能利用网络资源搜集二手数据资料的能力。

(2) 培养学生与人协作、沟通、团队合作的能力。

2. 实训内容

某市计算机经销商 A 公司现需要收集 2020 年该地区居民收入、消费，特别是计算机消费需求情况，为其确定目标市场和产品定位及制订营销策略提供参考依据。现以该公司销售统计员的身份通过网站查询收集上述调查所需要的资料。

3. 实训要求

(1) 学生分组，每组 5～6 人，小组成员进行角色定位及工作分工；

(2) 小组成员根据调研目的，利用各种资源各自完成项目任务中的二手数据资料的收集；

(3) 小组派代表发言并展示成果；

(4) 其他小组提问、建议并进行打分；

(5) 各组互评与教师点评；

(6) 各小组修改完善。

4. 实训评价

收集二手数据资料技能训练评价表如表 2-2-2 所示。

表 2-2-2　收集二手数据资料技能训练评价表

	内　　容	分值	教师评价
考评标准	二手数据资料具有有效性	30	
	二手数据资料客观准确	30	
	各组成员岗位分工合理	20	
	各成员课堂讨论热烈、积极回答课堂问题、积极参与操作	20	
合计		100	

注：实际得分＝自我评价×20％＋他人评价×30％＋教师评价×50％。

模块三

统 计 整 理

项目一　统计资料的整理

第七次全国人口普查公报[1]（第五号）——人口年龄构成情况

根据第七次全国人口普查结果，现将 2020 年 11 月 1 日零时我国大陆 31 个省、自治区、直辖市（以下简称省份）和现役军人的人口年龄构成情况公布如下：

一、全国人口年龄构成

全国人口[2]中，0—14[3] 岁人口为 253 383 938 人，占 17.95%；15—59 岁人口为 894 376 020 人，占 63.35%；60 岁及以上人口为 264 018 766 人，占 18.70%，其中 65 岁及以上人口为 190 635 280 人，占 13.50%。与 2010 年第六次全国人口普查相比，0—14 岁人口的比重上升 1.35 个百分点，15—59 岁人口的比重下降 6.79 个百分点，60 岁及以上人口的比重上升 5.44 个百分点，65 岁及以上人口的比重上升 4.63 个百分点。全国人口年龄构成如表 3-1-1 所示。

表 3-1-1　全国人口年龄构成

年　　龄	人口数/人	比重/%
总　　计	1 411 778 724	100.00
0～14 岁	253 383 938	17.95
15～59 岁	894 376 020	63.35
60 岁及以上	264 018 766	18.70
其中：65 岁及以上	190 635 280	13.50

二、地区人口年龄构成

31 个省份中，15—59 岁人口比重在 65% 以上的省份有 13 个，在 60%～65% 之间的省份有 15 个，在 60% 以下的省份有 3 个。

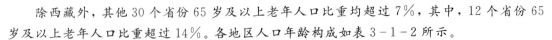

除西藏外，其他 30 个省份 65 岁及以上老年人口比重均超过 7%，其中，12 个省份 65 岁及以上老年人口比重超过 14%。各地区人口年龄构成如表 3-1-2 所示。

表 3-1-2　各地区人口年龄构成　　　　　　　　单位：%

地区	比　重			
	0～14 岁	15～59 岁	60 岁及以上	其中：65 岁及以上
全国	17.95	63.35	18.70	13.50
北京	11.84	68.53	19.63	13.30
天津	13.47	64.87	21.66	14.75
河北	20.22	59.92	19.85	13.92
山西	16.35	64.72	18.92	12.90
内蒙古	14.04	66.17	19.78	13.05
辽宁	11.12	63.16	25.72	17.42
吉林	11.71	65.23	23.06	15.61
黑龙江	10.32	66.46	23.22	15.61
上海	9.80	66.82	23.38	16.28
江苏	15.21	62.95	21.84	16.20
浙江	13.45	67.86	18.70	13.27
安徽	19.24	61.96	18.79	15.01
福建	19.32	64.70	15.98	11.10
江西	21.96	61.17	16.87	11.89
山东	18.78	60.32	20.90	15.13
河南	23.14	58.79	18.08	13.49
湖北	16.31	63.26	20.42	14.59
湖南	19.52	60.60	19.88	14.81
广东	18.85	68.80	12.35	8.58
广西	23.63	59.69	16.69	12.20
海南	19.97	65.38	14.65	10.43
重庆	15.91	62.22	21.87	17.08
四川	16.10	62.19	21.71	16.93
贵州	23.97	60.65	15.38	11.56
云南	19.57	65.52	14.91	10.75
西藏	24.53	66.95	8.52	5.67

续表

地区	比重			
	0～14 岁	15～59 岁	60 岁及以上	其中：65 岁及以上
陕西	17.33	63.46	19.20	13.32
甘肃	19.40	63.57	17.03	12.58
青海	20.81	67.04	12.14	8.68
宁夏	20.38	66.09	13.52	9.62
新疆	22.46	66.26	11.28	7.76

注释：

[1] 本公报数据均为初步汇总数据。部分数据因四舍五入的原因，存在总计与分项合计不等的情况。

[2] 全国人口是指大陆 31 个省、自治区、直辖市和现役军人的人口，不包括居住在 31 个省、自治区、直辖市的港澳台居民和外籍人员。

[3] 0～15 岁人口为 268 707 162 人，16～59 岁人口为 879 052 796 人。

（以上数据来源于国家统计局国务院第七次全国人口普查领导小组办公室 2021 年 5 月 11 日发布的第七次全国人口普查公报（第五号））

能力目标

（1）具有对统计数据进行统计分组的能力；

（2）具有编制统计分布数列的能力；

（3）具有应用 Excel 工具编制频数分布数列的能力。

知识目标

（1）了解统计整理的含义与意义；

（2）掌握统计分组的意义和种类；

（3）掌握分布数列的编制方法。

素质目标

（1）通过对统计数据的整理，培养学生诚实守信的精神；

（2）通过对数据的分组整理，培养学生的社会责任感和使命感。

项目概述与分析

某高职学校正在施行教学改革，为改变教学方法，提高教学效果，现在需要对某班学生的统计学成绩进行整理分析，进而了解课程的学习情况。某班学生的统计学成绩如表 3-1-3 所示。

表 3－1－3　某班学生的性别和统计学成绩

学号	性别	统计学分数	学号	性别	统计学分数	学号	性别	统计学分数
1	男	93	13	女	85	25	男	85
2	男	49	14	女	78	26	女	77
3	女	78	15	男	82	27	女	70
4	男	85	16	男	80	28	女	86
5	女	66	17	女	90	29	女	70
6	女	71	18	女	85	30	男	75
7	女	63	19	男	90	31	男	69
8	男	83	20	男	80	32	男	89
9	女	56	21	男	55	33	男	98
10	男	95	22	女	91	34	女	90
11	男	66	23	男	67	35	女	86
12	男	72	24	女	72	36	男	78

　　从表 3－1－3 的数据中不能够直接看出该班统计学的成绩状况，所以对这些数据进行整理是对数据加工利用的必要环节。根据项目要求，本项目要解决的问题是按性别和成绩进行分组，从分组的情况得出该班学生的成绩分布情况。因此，本项目通过以下三个任务来完成：

　　任务 1　统计资料整理方案设计；

　　任务 2　统计数据分组；

　　任务 3　应用 Excel 工具对统计数据分组。

❖　预　备　知　识　❖

单元一　统计数据整理的步骤

一、统计整理的意义

　　统计整理就是对搜集得到的初始数据进行审核、分组、汇总，使之条理化、系统化，变成能反映总体特征的综合数据的工作过程。对于已整理过的初级资料进行再整理，也属于统计整理。

　　统计调查取得的是总体各单位的原始资料，是分散的、不系统的感性材料，只能表明各个被调查单位的具体情况，反映事物的表面现象或一个侧面，不能说明事物的总体情况与全貌。因此，只有对这些资料进行加工、整理，才能认识事物的总体及内部联系。例如，工业企业普查中，所调查的每个工业企业资料，只能说明每个工业企业的经济类型、职工人数、工业总产值、工业增加值等具体情况。因此，必须通过对所有资料进行分组、汇总等加工处理后，才能得到全国工业企业的综合情况，从而分析工业企业的构成、经营状况等，达到对全国工业企业的全面、系统的认识。

统计数据整理，是统计由对个别现象的认识上升到对总体现象认识的一个重要阶段，在统计研究工作中起着承先启后的作用，它既是数据搜集的继续和深化，又是数据分析的基础和前提。因此，资料整理是否正确，直接决定着整个统计研究任务能否成功完成。不恰当的加工整理、不完善的整理方法，往往会使调查得来的丰富、完备的资料失去价值。因此，必须十分重视统计整理工作。

二、统计整理的步骤

（一）统计整理的内容

统计整理的内容通常包括：

（1）根据研究任务的要求，选择应整理的指标，并根据分析的需要确定具体的分组。

（2）对统计资料进行汇总、计算。

（3）通过统计表描述汇总的结果。

在统计整理中，抓住最基本的、最能说明问题本质特征的统计分组和统计指标对统计资料进行加工整理，这是进行统计整理必须遵循的原则。

（二）统计整理的步骤

统计整理的步骤由内容来决定，大体分为以下几个步骤。

1. 制订统计整理方案

统计整理方案是根据统计研究的目的和要求，事先对整理工作做出全面安排，制订周密的工作计划，是有计划、有组织地进行统计资料整理的保证。

整理方案与调查方案应紧密衔接。整理方案中的指标体系与调查项目要一致，或者是其中的一部分，绝不能矛盾、脱节或超越调查项目的范围。整理方案是否科学，对于统计整理乃至统计分析的质量都是至关重要的。

2. 对调查资料进行审核、订正

在汇总前，要对调查得来的原始资料进行审核，审核它们是否准确、及时、完整，发现问题时要加以纠正。统计资料的审核也包括对整理后次级资料的审核。

3. 进行科学的统计分组

用一定的组织形式和方法，对原始资料进行科学的分组，是统计整理的前提和基础。只有进行统计分组和依据相应的统计指标对统计资料进行加工整理，才能对被研究的社会经济现象进行准确的数量描述和数量分析。因此，统计分组是统计整理的基础，是统计整理的关键环节。统计分组的科学与否直接影响到统计整理工作的质量。

4. 统计资料汇总

统计资料汇总是指选择适当的汇总组织形式和技术方法，按分组要求对原始资料进行汇总，计算各组及总体的单位数和标志总量。统计资料汇总是统计整理的中心内容。

5. 编制统计表和统计图

对整理好的资料再次进行审核，将整理结果编制成统计表或绘制成统计图，这是表达统计资料的重要形式，也是统计整理的成果。统计表和统计图是统计资料整理的结果，反映了社会经济现象在数量方面的具体表现和有关联系。根据研究的目的可编制各种统计表和统计图。

6. 统计资料的保管与积累

应将纸质或电子统计资料分门别类地汇编与归档，系统地保管，作为研究社会经济发展规律的重要依据。

单元二　统计分组

统计研究的目的，在于反映所研究总体的状况和特征。为了认识总体，不仅要研究总体的一般特征，还需要对总体内所有单位在质量与数量上存在的差异进行分析。统计分组就是基于这种需要而产生的。

一、统计分组的概念

统计分组是指根据统计研究的目的和要求，将总体单位或全部数据按照一定的标志划分成若干类型（组），使组内的差异尽可能小，组间的差别尽可能明显，从而使大量无序的、混沌的数据变为有序的、反映总体特征的资料。

二、分组标志的选择

分组标志的选择是统计分组的核心问题，分组标志就是对统计总体进行分组的标准或依据。选择正确分组标志，是统计分组能充分发挥其作用的前提。总体单位一经分组，就突出了各单位在分组标志下的差异，同时则掩盖了总体单位在其他标志下的不同。所以，同一总体由于选择的分组标志不同，对其的认识可能会得出不同甚至相反的结论。为了保证统计分组科学合理，选择分组标志必须遵循穷尽、互斥和反映事物本质的原则。

◆　**练一练**

对工业企业根据企业经济类型和企业职工人数进行分组有什么不同的结果？

三、分配数列的种类

统计分组的目的是为了进一步汇总计算各组的总体单位数和指标数值，以说明总体的分布情况和内部构成，这就需要编制分配数列。

分配数列是将总体按某一标志进行分组，并按一定顺序排列出每组的总体单位数，用来反映总体单位在各组中的分布状况的数列，又称分布数列。在分配数列中，分布在各组的总体单位数叫做次数，又称频数。各组单位数与总体单位数之比称为比重，又称频率。由此可见，分配数列有两个组成要素：一个是分组，另一个是次数或频率。

分配数列中分布在各组的总体单位数叫做次数，又称频数，用 f 表示。各组单位数与总体单位数之比称为比重，又称频率，用 $f/\sum f$ 表示。

标志值构成的数列表示标志值的变动幅度，而频数构成的数列则表示相应标志值的作用程度。频数越大则组的标志值所起的作用越大。因此，在整理和分析的时候，我们不但要注意各组标志值的变动范围，也要注意各组标志值的作用大小，即频率的大小。任何一个频率的分布都必然满足以下条件：

（1）各组的频率大于等于0；

（2）各组的频率总和等于1（或100%）。

分配数列根据分组标志的性质不同，可以分为品质数列和变量数列。变量数列又分为单项式变量数列（简称单项式数列）和组距式变量数列（简称组距式数列）。分配数列的种类如图3-1-1所示。

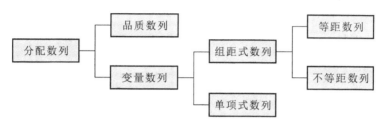

图3-1-1　分配数列的种类

（一）品质数列

品质数列是按品质标志分组形成的分配数列，用来观察总体单位中不同属性的单位的分布情况。

例如，我国2018年第四次全国经济普查中，全国从事第二、三产业的法人单位按照企业类型、地区等分组形成的数列都属于品质数列。表3-1-4所示就是第二、三产业按企业类型形成的品质数列。

表3-1-4　按登记注册类型分组的企业法人单位和从业人员

企业类型	单位数/万个	从业人员/万人
内资企业	336.4	9651.4
国有企业	1.1	179.2
集体企业	2.6	53.9
股份合作企业	0.9	18.5
联营企业	0.2	2.6
有限责任公司	34.2	2627.1
股份有限公司	3.9	738.4
私营企业	291.2	5979.4
其他企业	2.2	16.2
港澳台商投资企业	4.3	940.8
外商投资企业	4.4	965.3
合计	345.1	11 557.5

品质数列的编制比较简单，但要注意在分组时，应**包括分组**标志的所有表现，不能有遗漏，各种表现要互相独立，不得相融。

(二)变量数列

变量数列是按数量标志分组形成的分配数列,用来观察总体中不同变量值在各组的分布情况。变量分为离散型变量和连续型变量,因此,在编制变量数列时,其方法是不同的。变量数列按各组表现形式的不同又可分为单项式数列和组距式数列。

1. 单项式数列

单项式数列是以一个变量值为一组编制的变量频数分布,表3-1-5就是一个单项式数列。单项式数列一般在离散型变量分组且变量值变动幅度小、个数不多时采用。

表3-1-5 某高校在校学生年龄分布

按年龄分组	学生人数/人	比重/%
17	54	5.4
18	189	18.8
19	228	22.7
20	283	28.1
21	131	13.0
22	97	9.6
23	24	2.4
合计	1006	100.0

2. 组距式数列

组距式数列是以表示一定变动范围的两个变量值构成的组所编制的变量频数分布,表3-1-6就是一个组距式数列。在实际应用时,如按离散型变量分组且变量值变动幅度很大、个数很多时采用;而连续型变量分组时由于不能一一列举它的变量值,所以只能采用组距式数列。

表3-1-6 某集团公司职工基本工资分组表

按月工资分组/元	职工人数/人	比重/%
2000 以下	50	4.0
2000～2100	72	5.7
2100～2200	105	8.3
2200～2300	487	38.6
2300～2400	368	29.2
2400～2500	121	9.6
2500 以上	59	4.6
合计	1262	100.0

在组距式变量数列中，需要明确以下要素：

1）组限

在组距式变量数列中，各组的界限称为组限。其中，每一组中最小的变量值为下组限，简称为下限；最大的变量值为上组限，简称为上限。如在表 3－1－6 的"2100～2200"这一组中，2100 为该组的下限，2200 为改组的上限。如果该组的组限都齐全，称为闭口组；组限不齐全，即最小组缺下限或最大组缺上限的组，称为开口组。当变量出现极大值或极小值时，可采用开口组，即用"××以下"或"××以上"表示，如表 3－1－6 中的"2000 以下""2500 以上"这两组。组限的表达形式与变量的特点密切相关，一般按以下原则来进行划分。

（1）划分连续型变量的组限时，采用"重叠分组"和"上限不在内"原则。即在划分相邻两组的组限时，前一组的上限与后一组的下限采用同一数字，而且将该数字归到其为下限的组中。

（2）划分离散型变量的组限时，相邻组的上下限应当间断，但在实际中为求简便也可采用"重叠分组"。

2）组距

组距是指一组变量值的区间长度，也就是每一组的上限与下限之间的距离。即：组距＝上限－下限。

例如，表 3－1－6 中第二组的组距＝2100 元－2000 元＝100 元。

按照每组的组距是否相等，组距式变量数列可分为等距数列和不等距数列（或异距数列）。各组组距都相等的数列称为等距数列，适用于现象的变动比较均匀的情况，如表 3－1－6 基本工资分组表。各组组距不相等的数列则称为异距数列，或称不等距数列。

3）组数

组数指某个变量数列共分多少组。在所研究总体一定的情况下，组数的多少和组距的大小是紧密联系的。一般说来，组数和组距呈反比关系，即组数少，则组距大；组数多，则组距小。如果组数太多，组距过小，会使分组资料烦琐、庞杂，难以显现总体现象的特征和分布规律；如果组数太少，组距过大，可能会失去分组的意义，达不到正确反映客观事实的目的。在确定组距和组数时，应注意保证各组都能有足够的单位数，组数既不能太多，也不宜太少，应以能充分、准确体现现象的分布特征为宜。

4）组中值

每组上限与下限之间的中点数值称为组中值，即

$$组中值＝\frac{上限＋下限}{2}$$

在开口组中计算组中值的公式如下：

$$缺下限组的组中值＝该组上限－\frac{相邻组组距}{2}$$

$$缺上限组的组中值＝该组上限＋\frac{相邻组组距}{2}$$

应当指出，在组距式分组中，组距掩盖了分布在组内各单位的实际变量值，因此需要用组中值来代表该组的一般水平，这就是组中值在统计分析中被广泛采用的原因。

◆ **练一练**

试计算表 3－1－6 中各组的组中值。

四、分配数列的编制

任何分配数列都是在统计分组的基础上归类汇总的结果。从这个意义上来说，数列的编制过程实质上是分组与汇总的过程。

（一）品质数列编制

第一步：按品质标志对总体做属性分组。

第二步：划分各组界限。

属性分组有时比较简单，分组标志一经确定，组名称和组数也就确定，不存在组与组之间界限划分的困难。例如，人口按性别分组，工业企业按经济类型分组等。有时属性分组则很复杂，组别繁多，界限不清，例如人口按城乡、职业分类等。实际工作中，对于这些比较复杂的分组往往根据分析任务的要求，经过研究，规定统一的划分标准或分类目录，如《关于城乡划分标准的规定》《工业部门分类目录》等，具体规定各组名称、顺序、计量单位、计算标准作为分组的统一依据，供长期使用。

第三步：分组确定后，再汇总各组单位数，并编成统计表，即得品质数列。

（二）变量数列编制

变量数列的编制比较复杂，一般来说，在编制数列时要按照以下几个步骤进行。

第一步：将原始资料按数值大小的顺序排列，确定最大值、最小值和全距。

第二步：确定变量数列的形式，也就是确定编制单项式数列还是组距式数列。

第三步：确定组数、组距和组限。

第四步：分组计算次数。

具体的编制过程通过单项式数列的编制和组距式数列的编制来详细说明。

1. 单项式数列的编制

对于离散型变量，如果变量值种类较少且变动范围较小，可编制单项式数列。编制单项式数列时，首先将各种变量值按大小顺序排列，其次计算各变量值的频数和频率，最后将结果以表格的形式表现出来，如表 3-1-7 所示。

表 3-1-7 某班学生年龄分组表

按年龄分组/岁	学生数/人	比重/%
16	2	5.56
17	9	25.00
18	13	36.10
19	10	27.78
20	2	5.56
合计	36	100.0

2. 组距式数列的编制

对于离散型变量，若变动范围较大，变量值种类较多，则宜编成组距式数列。由于连续型变量取值不能一一列举，只能编制组距式数列，如表 3-1-3 中的统计学成绩即是连续型变量，故应编制组距式数列。其编制过程如下：

（1）数据排序。

将原始数据按大小顺序排列，并确定最大值、最小值和全距 R。

（2）确定组距式数列的类型。

（3）确定组数和组距。

组数的多少和组距的大小是相互制约的。组数越多，组距越小；组数越少，组距越大。等距数列组距＝全距÷组数。确定组数和组距时，一般应遵循以下几条原则：

① 考虑到组距内的同质性。

② 要能反映总体分布规律，即要体现原始数据分布的集中趋势或离中趋势。

③ 组距不能太大或太小。经验表明，组数一般应在 5～15 组，组距最好是 5 的整数倍数。

④ 在等距数列情况下，如果总体单位数不是很多，变量变动范围不是很大时，可用斯特吉斯（H. A. Sturges）经验公式计算出一个参考组距，公式为

$$K = 1 + \frac{\lg n}{\lg 2}$$

式中：K——组数；

n——总体单位数。

（4）确定组限。

确定组限时应遵循以下几条原则：

① 最小组下限低于或等于最小变量值，最大组上限应大于最大变量值。

② 如果有极端值，可用开口组。

③ 组限应有利于表现总体单位分布规律。

④ 对于等距数列，如果组距是 5 的倍数，则每组下限也最好是 5 的倍数。

此外，还应确定组限的表示法是用同限，还是用异限。

（5）计算频数和频率。

在分组的基础上，从最小组起依次排列，并分别计算各组频数和其他有关指标，形成分组统计表。

（6）计算累计频数和累计频率。

为了更详细地认识变量的分布特征，还可以计算累计频数和累计频率，编制累计频数和累计频率数列。

计算累计频数（频率）的方法有两种：一种是向上累计，即将各组频数或频率由变量值低的组依次向变量值高的组累计，它表明从第一组下限开始到本组上限为止的累计频数或累计频率；另一种是向下累计，即将各组频数或频率由变量值高的组依次向变量值低的组累计，它表明从最末一组的上限开始到本组下限为止的累计频数或频率。

变量数列的编制，特别是组距式变量数列的编制，其灵活性较大，即使对于同一研究目的和同一原始资料，由于认识水平和工作习惯不同，也会得出不同的结果。但必须强调，编制组距式变量数列时一定要客观反映现象的总体特征。

单元三　Excel 在统计数据整理中的运用

在 Excel 的统计函数中有一个专用于统计分组的 FREQUENCY 函数。另外在数据分

析工具中有一个"直方图"工具，因此通过 Excel 可以一次完成分组、计算频数、频率、绘制直方图和累计频率折线图等全部操作。

一、定量分析数据

(一) 使用频数函数(FREQUENCY)编制频数分布表

1. 频数函数介绍

频数分布函数(FREQUENCY)的语法形式为：FREQUENCY(Data array，Bins array)。

其中：Data array 为需要编制频数分布的数据，为一数组或对一组数据的引用。Bins array 是设定对 Data array 进行频率计算的分段点，为频数或次数的接收区间，为一数组或对数组区域的引用。

2. 建立频数分布的步骤

第一步：输入数据。

第二步：数据排序。

应用"数据"中的排序选项，找出数据中的最大值和最小值，计算全距，确定数据项数、组数、组距和组限。

第三步：确定分段点。

分段点即为每组的上限，FREQUENCY 函数要求按上限分组，其统计结果包括上限不包括下限。

第四步：确定频数放置区域。

选取结果存放的区域，并同时将该区域全部选中。

第五步：计算频数。

从"公式"菜单中选择"插入函数"，在弹出的"插入函数"对话框中点击"或选择类别"栏中的下拉箭头，选择"常用函数"，再在"选择函数"栏中选择"FREQUENCY"函数，单击"确定"按钮后弹出"FREQUENCY"函数参数设置对话框，如图 3-1-2 所示。

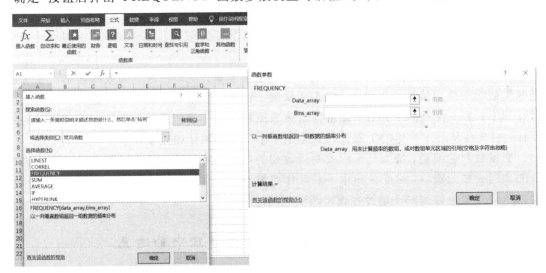

图 3-1-2 打开"FREQUENCY"函数对话框

在函数参数对话框中的数据区域 Data_array 文本栏中输入待分组的原始数据区域,在数据接受区间 Bins_array 栏中输入组限。最后按 Shift+Ctrl+Enter 组合键,即可得到各组相应的频数。

第六步:计算频率。

频率的计算主要是使用 Excel 的填充柄和 SUM 求和功能,计算累计频数和累计频率同样利用填充柄和 SUM 求和的功能。

(二)使用数据分析工具编制频数分布表

第一步:打开"数据分析"对话框。

打开"数据"菜单,选择"数据分析"选项。

如果没有此选项,必须在 Microsoft Excel 中安装"分析工具库"。方法是:鼠标右键单击"文件"菜单,选中"自定义功能区",在弹出界面中点击"加载项",点击"转到",就会弹出"加载项"对话框,勾选"分析工具库",单击"确定"按钮,即完成了 Excel 数据分析程序的安装。在 Excel 的"数据"菜单里将出现"数据分析"的命令。

第二步:打开"直方图"对话框。

从上步打开的"数据分析"对话框中的"分析工具"列表框中选择"直方图",打开"直方图"对话框,如图 3-1-3 所示。

图 3-1-3 打开"直方图"对话框

第三步:输入数据。

在"输入区域"中填入数据范围,在"接收区域"填入分组的范围。接收区域指的是分组标志所在的区域,注意这里只能输入每一组的上限值。选择"输出区域"和"图表输出",得到次数分布和直方图。

注意:在完成接收区域的选定后,也可以在直方图中选择输出选项,可选择"输出区域""新工作表组"或"新工作簿"。

二、定性分析数据

1. 利用频数函数

在数据整理过程中，不仅需要整理以变量数列形式表现的资料，有时也需要整理以文字形式表现的品质数列资料，如性别、职业、文化程度等。在整理这些资料时，可将其转化为数据型资料，再依照前述方法进行操作处理。例如，在对品质标志"性别"的文字资料进行处理时，确定标志表现的数字代码(此代码并非统一规定)，可令男性＝"0"，女性＝"1"，这样就可将文字资料转化为数据资料，再来编制频数分布表。

2. 利用"数据透视表"

第一步：编码。

给品质标志赋予数字代码，将数据输入 Excel 表。

第二步：打开"数据透视表"菜单。

(1)单击"插入"菜单，选择"数据透视表"菜单，就会弹出"数据透视表"对话框，选择"表格和区域"，就会出现如图 3-1-4 所示的对话框；

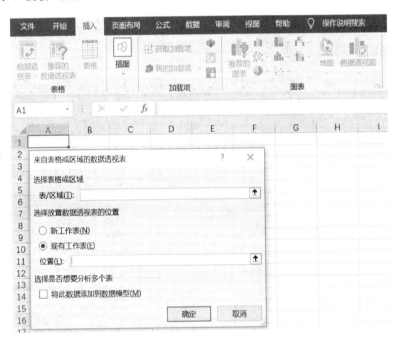

图 3-1-4　打开"来自表格或区域的数据透视表"对话框

(2)在"表/区域"中用鼠标选中源数据，在"选择放置数据透视表的位置"中选择"现有工作表"，选择完成后单击"确定"按钮；

(3)在"数据透视表字段"对话框中，将右侧的"标志"拖至"行"的位置，将源数据名拖至"值"的位置；单击"值"的位置，选中出现的"值字段设置"对话框，在"计算类型"中，将"求和"改为"计数"；单击"确定"按钮，出现频数分布结果。

第三步：添加文字、计算频率。

计算频率，在相应单元格中输入文字，完成频数分布表。

❖ 任务实施 ❖

在掌握相关知识的基础上,对该班学生按照性别和统计学成绩进行分组。

任务 1 统计资料整理方案设计

1. 资料审核

对该班学生的信息数据进行审核,审核提供的数据是否清晰、完整。

2. 资料分类原则

在资料分类过程中,按照性别分类是属于按品质标志分组;按照成绩分组是属于按数量标志分组。

3. 数据录入

将该班信息直接录入 Excel 软件中,在数据录入过程中要注意数据录入的准确性,此外,为了保证数据处理方便,要给数据编号,同时对文字信息建立代码。给性别赋予数字代码,0 代表男性,1 代表女性。具体的 Excel 表如图 3-1-5 所示(图 3-1-5 中部分编号隐藏)。

	A	B	C
1	学号	性别	统计学分数
2	1	0	93
3	2	0	49
4	3	1	78
5	4	0	85
6	5	1	66
27	26	1	77
28	27	1	70
29	28	1	86
30	29	1	70
31	30	0	75
32	31	0	69
33	32	0	89
34	33	0	98
35	34	1	90
36	35	1	86
37	36	0	78

图 3-1-5 某班学生性别和成绩表

任务 2 统计数据分组

1. 品质数列编制

按照性别分组,并计算频率,得品质数列如表 3-1-8 所示。

表 3 - 1 - 8　某班学生按性别分组

按性别分组	学生数/人	比重/%
男	19	52.78
女	17	47.22
合计	36	100.0

2. 变量数列编制

1）数据排序

将原始数据按大小顺序排列，并确定最大值、最小值和全距 R。表 3 - 1 - 3 中统计学成绩全距 $R=98-49=49$ 分。

2）确定组距数列的类型

由于统计学考分分布比较均匀，可编制等距式数列。

3）确定组数和组距

将表 3 - 1 - 3 资料代入公式，则 $K=1+\dfrac{\lg 36}{\lg 2}\approx 6$（组）。

故可定组数为 5 组。组距 $=\dfrac{49}{5}\approx 10$（分）。

4）确定组限

因为学生统计学成绩都是整数，所以既可用同限，也可用异限。若选用同限，则组限可表示为：60 分以下、60～70、70～80、80～90、90～100 五个组。

5）计算频数和频率

在分组的基础上，从最小组起依次排列，并分别计算各组频数和其他有关指标，形成分组统计表，如表 3 - 1 - 9 所示。

表 3 - 1 - 9　某班学生统计学考试成绩分组表

按考分分组/分	学生人数/人	频率/%
60 以下	3	8.33
60～70	5	13.89
70～80	10	27.78
80～90	11	30.56
90～100	7	19.44
合计	36	100.0

6）计算累计频数和累计频率

现根据表 3 - 1 - 9 的资料计算累计频数和累计频率，如表 3 - 1 - 10 所示。

累计频数和累计频率的意义很明显。例如，从表 3-1-10 向上累计一栏中，第一组资料说明在 36 个学生中，成绩在 60 分以下的有 3 人，占总数 8.33%；第三组资料说明分数在 80 分以下的有 18 人，占总数 50%。从向下累计一栏中，第二组资料说明在 36 个学生中，成绩在 60 分以上的有 33 人，占总数 91.67%；第四组资料说明分数在 80 分以上的有 18 人，占总数的 50%。

表 3-1-10 某班学生统计学考试成绩累计分布表

按考分分组/分	学生人数/人	频率/%	向上累计		向下累计	
			频数/人	频率/%	频数/人	频率/%
60 以下	3	8.33	3	8.33	36	100.0
60～70	5	13.89	8	22.22	33	91.67
70～80	10	27.78	18	50.0	28	77.78
80～90	11	30.56	29	80.56	18	50.0
90～100	7	19.44	36	100.0	7	19.44
合计	36	100.0	—	—	—	—

任务 3 应用 Excel 工具对统计数据分组

1. 使用 FREQUENCY 函数编制变量数列

第一步：输入数据。

将学生成绩的原始数据输入 Excel 的单元格中的 B 列（B2:B37），如图 3-1-6 所示（图中部分数据隐藏）。

	A	B
1	学号	统计学分数
2	1	93
3	2	49
4	3	78
5	4	85
6	5	66
7	6	71
28	27	70
29	28	86
30	29	70
31	30	75
32	31	69
33	32	89
34	33	98
35	34	90
36	35	86
37	36	78

图 3-1-6 某班学生统计学成绩表

第二步：数据排序。

应用"数据"中的排序选项，找出数据中的最大值和最小值，计算全距，确定数据项数、组数、组距和组限。

全距＝98－49＝49，数据项数为36，可分5组，组距＝全距÷组数＝49÷5≈10，组限依次为60以下、60～70、70～80、80～90、90以上。

第三步：确定分段点。

分段点即为每组的上限，FREQUENCY函数要求按上限分组，其统计结果是包括上限不包括下限的，为了与我们常用的分组办法协调，应处理为：以数组形式输入5个组限，且每个组限小半个单位（分段点可以结合实际数据的特点，目的是把上限值排除），即输入"59、69、79、89、100"（此例中第一个分段点只要排除60即可，所以只要是大于等于59小于60的数据都可以作为分段点）。

第四步：确定频数放置区域。

即选取结果存放的区域，本例中选取结果存放的单元格区域G2:G6，并同时将该区域全部选中。

第五步：计算频数。

从"公式"菜单中选择"插入函数"，在弹出的"插入函数"对话框中点击"选择类别"栏中的下拉箭头，选择"统计"，再在"选择函数"栏中选择"FREQUENCY"函数，单击"确定"按钮弹出"FREQUENCY"函数参数设置对话框。

在函数参数对话框中的数据区域Data_array文本栏中输入待分组的原始数据区域，本例应输入"B2:B37"；在数据接受区间Bins_array栏中输入组限"F2:F6"，如图3－1－7所示。最后按Shift＋Ctrl＋Enter组合键，即可得到各组相应的频数，如图3－1－8所示。

图3－1－7 "FREQUENCY"函数参数设置对话框

	A	B	C	D	E	F	G
1	学号	统计学分数		按成绩分组	每组上限	分段点	频数放置区域
2	1	93		60以下	60	59	3
3	2	49		60～70	70	69	5
4	3	78		70～80	80	79	10
5	4	85		80～90	90	89	11
6	5	66		90以上	100	100	7

图 3 - 1 - 8　频数分布

第六步：计算频率。

为了使计算出的分布表清晰，需要输入相应的文字，并计算频率。

频率的计算主要是使用 Excel 的填充柄和求和功能。

（1）合计频数。单击 E8 单元格，输入"＝SUM(E9：E13)"，按下回车键确认，得到结果为 36 人(SUM 是求和函数)。或选定 E9 至 E13 单元格，点击常用工具栏的"∑"按钮，即得到这一栏的合计数。

（2）计算频率。单击 F9 单元格，输入"＝E9＊100/＄E＄14"，按下回车后得出本组频率为 8.33％；然后，点击 F9，将鼠标移至单元格右下角的小黑方块上，鼠标变成黑十字形，利用填充柄功能按住鼠标左键向下拖至 F13，松开鼠标即得到各组频率；最后，使用 SUM 函数或按"∑"按钮，得到 F14 的频率总和为 100％或 1。结果如图 3 - 1 - 9 所示。

	A	B	C	D	E	F	G
1	学号	统计学分数		按成绩分组	每组上限	分段点	频数放置区域
2	1	93		60以下	60	59	3
3	2	49		60～70	70	69	5
4	3	78		70～80	80	79	10
5	4	85		80～90	90	89	11
6	5	66		90以上	100	100	7
7	6	71					
8	7	63		按成绩分组	频数（人）	频率（%）	
9	8	83		60以下	3	8.33	
10	9	56		60～70	5	13.89	
11	10	95		70～80	10	27.78	
12	11	66		80～90	11	30.56	
13	12	72		90以上	7	19.44	
14	13	85		合计	36	100.00	

图 3 - 1 - 9　某班学生成绩频数分布表

2. 数据透视表编制品质数列

第一步：编码。

给性别赋予数字代码，0 代表男性，1 代表女性。将数据输入 Excel 表。

第二步：打开"数据透视表"菜单。

（1）单击"插入"菜单，选择"数据透视表"菜单，选择"表格和区域"，如图 3 - 1 - 10 所示，弹出数据透视表对话框。

（2）在"表/区域"中用鼠标选中源数据 A1：B37，在"选择放置数据透视表的位置"中选择"现有工作表"，并输入任一空单元格，此例选位置 E5，如图 3 - 1 - 11 所示，然后单击"确定"按钮。

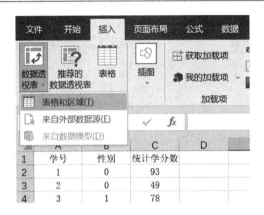

图 3-1-10　打开数据透视表对话框

图 3-1-11　区域选择

（3）在"数据透视表字段"对话框中，将右侧的"性别"拖至"行"的位置，将"学号"拖至"值"的位置，如图 3-1-12 所示；单击"求和项：学号"的位置，选中出现的"值字段设置"对话框，在"计算类型"中，将"求和"改为"计数"，单击"确定"，出现频数分布结果，如图 3-1-13 所示。

图 3-1-12　值字段设置

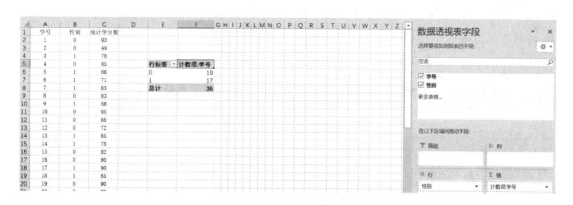

图 3-1-13 频数分布计算结果

第三步：添加文字、计算频率。

在相应单元格中输入文字，计算频率，完成频数分布表，如图 3-1-14 所示。

I	J	K
按性别分组的频数分布		
按性别分组	学生数（人）f	比重（%）f/∑f
男	19	52.78
女	17	47.22
合计	36	100

图 3-1-14 按性别分组的频数分布

通过对学生的成绩进行整理，即按照性别和成绩分组之后，可以看出该班学生中男生的比重略高于女生，其中男生占全班人数的 52.78%，女生占全班人数的 47.22%。

从图 3-1-9 中可以看出该班的统计学成绩分布比较集中，大多数都是中等以上，说明学生的统计学成绩普遍不错。成绩主要集中在 70～80，80～90 之间，其中 70～80 的学生共 10 人，占全班人数的 27.78%；80～90 的学生共 11 人，占全班人数的 30.56%。该班统计学的考试成绩显示有 7 人在 90 分以上，占班级人数的 19.44%。

❖ 实 训 ❖

1. 实训目的

（1）培养学生对统计分组与汇总的应用能力；

（2）培养学生应用 Excel 进行数据整理的能力；

（3）培养学生的团队合作协调能力。

2. 实训内容

某公司经理想了解一下本公司员工的教育程度和工资收入情况。人事部小李将 45 名员工的学历资料和月收入资料从计算机中调出来，准备整理一下交给经理。表 3 - 1 - 11 是 45 名员工未整理的学历构成和月工资资料。

表 3 - 1 - 11　某公司员工教育程度与工资水平表

编号	教育程度	工资水平	编号	教育程度	工资水平	编号	教育程度	工资水平
1	本科	7900	16	大专	3000	31	大专	2700
2	高中	3700	17	本科	6500	32	高中	2700
3	高中	3000	18	大专	6000	33	大专	6400
4	本科	3800	19	研究生	8900	34	初中	4900
5	初中	5000	20	高中	4900	35	本科	4900
6	高中	4100	21	大专	4500	36	本科	6300
7	高中	5200	22	本科	5500	37	本科	5400
8	高中	2800	23	高中	9400	38	研究生	7500
9	高中	3500	24	高中	3500	39	初中	5800
10	大专	4400	25	高中	4700	40	初中	4600
11	高中	2500	26	大专	8200	41	本科	3100
12	高中	4600	27	大专	2300	42	大专	11 700
13	大专	2400	28	初中	3400	43	研究生	12 999
14	大专	5700	29	本科	3300	44	大专	2600
15	大专	3400	30	高中	2500	45	高中	3600

请帮助小李将员工按照学历和工资进行分组，并编制数列来展示员工的学历和工资水平的分布。

3. 实训准备

学生应掌握相关的统计数据整理知识，实训应在机房进行。

4. 实训步骤

(1) 学生分组，每组 5～6 人，查阅相关数据分组知识；

(2) 设计和编制统计资料的整理方案；

(3) 对提供的资料进行审核；

(4) 对资料进行分组和编码；

(5) 利用 Excel 工具建立数据库；

（6）根据分组资料编制分布数列；

（7）小组派代表发言；

（8）教师点评。

5. 实训评价

统计资料整理技能训练评价表见表 3 - 1 - 12。

表 3 - 1 - 12　统计资料整理技能训练评价表

	内　　容	分值	教师评价
考评标准	资料整理方案设计合理	20	
	分组标志选择正确	20	
	分布数列编制规范、正确	40	
	各成员课堂讨论热烈、积极回答课堂问题、积极参与操作	20	
	合计	100	

注：实际得分＝自我评价×20％＋他人评价×30％＋教师评价×50％。

项目二　统计数据显示

思政素材

第七次全国人口普查公报(第二号)——全国人口情况

根据第七次全国人口普查结果，现将 2020 年 11 月 1 日零时我国人口的基本情况公布如下。

一、总人口

全国总人口[2]为 1 443 497 378 人，其中：

普查登记的大陆 31 个省、自治区、直辖市和现役军人的人口共 1 411 778 724 人；

香港特别行政区人口[3]为 7 474 200 人；

澳门特别行政区人口[4]为 683 218 人；

台湾地区人口[5]为 23 561 236 人。

二、人口增长

全国人口[6]与 2010 年第六次全国人口普查的 1 339 724 852 人相比，增加 72 053 872 人，增长 5.38％，年平均增长率为 0.53％。历次人口普查全国人口及年均增长率如图 3 - 2 - 1 所示。

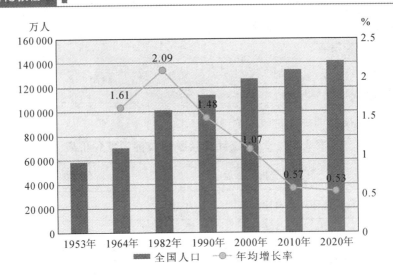

图 3-2-1 历次人口普查全国人口及年均增长率

三、户别人口

全国共有家庭户[7] 494 157 423 户，集体户 28 531 842 户，家庭户人口为 1 292 809 300 人，集体户人口为 118 969 424 人。平均每个家庭户的人口为 2.62 人，比 2010 年第六次全国人口普查的 3.10 人减少 0.48 人。

四、民族人口

全国人口中，汉族人口为 1 286 311 334 人，占 91.11％；各少数民族人口为 125 467 390 人，占 8.89％。与 2010 年第六次全国人口普查相比，汉族人口增加 60 378 693 人，增长 4.93％；各少数民族人口增加 11 675 179 人，增长 10.26％。

注释：

[1] 本公报数据均为初步汇总数据。

[2] 全国总人口包括大陆 31 个省、自治区、直辖市和现役军人的人口、香港特别行政区人口、澳门特别行政区人口和台湾地区人口。

[3] 香港特别行政区的人口数为香港特别行政区政府提供的 2020 年底的数据。

[4] 澳门特别行政区的人口数为澳门特别行政区政府提供的 2020 年底的数据。

[5] 台湾地区的人口数为台湾地区有关主管部门公布的 2020 年底的户籍登记人口数据。

[6] 全国人口是指大陆 31 个省、自治区、直辖市和现役军人的人口，不包括居住在 31 个省、自治区、直辖市的港澳台居民和外籍人员。

[7] 家庭户是指以家庭成员关系为主、居住一处共同生活的人组成的户。

（以上数据来源于国家统计局国务院第七次全国人口普查领导小组办公室 2021 年 5 月 11 日发布的第七次全国人口普查公报（第二号））

能力目标

（1）具有应用 Excel 编制统计表的能力；

（2）具有根据数据应用 Excel 绘制统计图的能力。

❯❯ **知 识 目 标**

（1）统计表的含义、种类及其设计要求；

（2）Excel 的图表绘制功能。

❯❯ **素 质 目 标**

（1）在绘制统计图表的任务中，培养学生遵守科学研究中的技术规范的意识；

（2）在整理统计资料的过程中，培养学生的科学精神。

❯❯ **项目概述与分析**

在项目一的基础上按照性别和统计学成绩分组，分组的结果如图 3-2-2 所示。

I	J	K
按性别分组的频数分布		
按性别分组	学生数（人）f	比重（%）f/∑f
男	19	52.78
女	17	47.22
合计	36	100

D	E	F
按成绩分组	学生人数（人）	频率（%）
60以下	3	8.33
60～70	5	13.89
70～80	10	27.78
80～90	11	30.56
90以上	7	19.44
合计	36	100

图 3-2-2　某班学生按性别和成绩分组的频数分布表

分组后结果应如何呈现？如何选择合适的图形展示学生的性别和成绩分布？

本项目要解决的问题是将分组的结果以正确的表格和图形呈现，可以分解为如下几项任务来完成：

任务 1　统计表的编制；

任务 2　统计图的绘制；

任务 3　应用 Excel 编制频数分布表和绘制统计图。

❖ **预 备 知 识** ❖

单元一　统　计　表

一、统计表的作用

统计表是用数字来表示统计的一种最常用的形式。把搜集到的数字资料，经过汇总整理后，得出一些系统化的统计资料，将其按一定顺序填列在一定的表格内，这个表格就是统计表。统计表有以下几方面作用：

（1）能使大量的统计资料系统化、条理化，因而能更清晰地表述统计资料的内容。

（2）利用统计表便于比较各项目（指标）之间的关系，而且也便于计算。

（3）采用统计表表述统计资料显得紧凑、简明、醒目，使人一目了然。

（4）利用统计表易于检查数字的完整性和正确性。

统计表既是调查整理的工具，又是分析研究的工具，广义的统计表包括统计工作各个阶段中所用的一切表格，如调查表、整理表、计算表等，它们都是用来提供统计资料的重要工具。

二、统计表的结构

（一）从统计表的形式看

从统计表的形式看，统计表由四部分构成，如表3-2-1所示。

（1）总标题。总标题是统计表的名称，也称表头，表头应放在表的上方，它所说明的是统计表的主要内容。

（2）横行标题。横行标题是各组的名称，反映总体单位的分组情况。

（3）纵栏标题。纵栏标题是统计指标的名称，说明纵栏所列的各项资料的内容。

（4）数字资料。数字资料也称指标数值，它是统计表的具体内容，每一项指标数值都由相应的横行标题和纵栏标题加以限定。

此外，表外附加内容通常放在统计表的下方，主要包括资料来源、指标的注释和必要的说明等。

（二）从统计表的内容看

从统计表的内容看，统计表包括主词和宾词两个部分，如表3-2-1所示。主词是统计表所要说明的总体以及总体的各单位、各组的名称，或者各个时期。宾词是统计表用来说明主词的各个指标，包括指标名称、指标数值和计算单位。

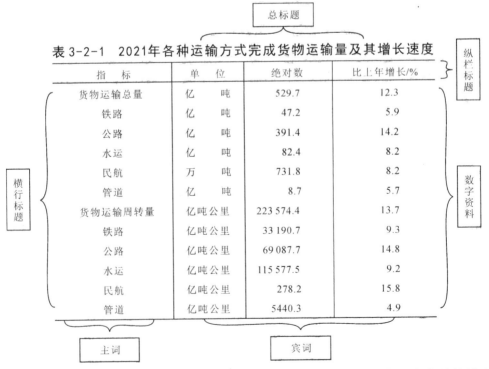

表3-2-1 2021年各种运输方式完成货物运输量及其增长速度

指　标	单　位	绝对数	比上年增长/%
货物运输总量	亿　吨	529.7	12.3
铁路	亿　吨	47.2	5.9
公路	亿　吨	391.4	14.2
水运	亿　吨	82.4	8.2
民航	万　吨	731.8	8.2
管道	亿　吨	8.7	5.7
货物运输周转量	亿吨公里	223 574.4	13.7
铁路	亿吨公里	33 190.7	9.3
公路	亿吨公里	69 087.7	14.8
水运	亿吨公里	115 577.5	9.2
民航	亿吨公里	278.2	15.8
管道	亿吨公里	5440.3	4.9

（资料来源：中华人民共和国2021年国民经济和社会发展统计公报）

三、统计表的种类

统计表的种类可根据主词的结构来决定，按照主词是否分组和分组的程度，分为简单表、简单分组表和复合分组表。

（一）简单表

表的主词未经任何分组的统计表为简单表。简单表的主词一般按时间顺序排列，或按总体各单位名称排列，通常是对调查来的原始资料初步整理所采用的形式，如表 3 - 2 - 2，即为按总体各单位名称排列的简单表。

表 3 - 2 - 2　2021 年对主要国家和地区货物进出口额及其增长速度

国家和地区	出口额/亿元	比上年增长/%	占全部出口比重/%	进口额/亿元	比上年增长/%	占全部进口比重/%
东盟	31 255	17.7	14.4	25 489	22.2	14.7
欧盟	33 483	23.7	15.4	20 028	12.1	11.5
美国	37 224	19.0	17.1	11 603	24.2	6.7
日本	10 722	8.5	4.9	13 298	10.1	7.7
韩国	9617	23.5	4.4	13 791	15.1	7.9
中国香港	22 641	20.3	10.4	627	30.2	0.4
中国台湾	5063	21.7	2.3	16 146	16.5	9.3
巴西	3464	43.4	1.6	7138	20.3	4.1
俄罗斯	4364	24.7	2.0	5122	28.2	2.9
印度	6302	36.6	2.9	1819	25.1	1.0
南非	1365	29.4	0.6	2147	49.4	1.2

（资料来源：中华人民共和国 2021 年国民经济和社会发展统计公报）

（二）简单分组表

表的主词按照某一标志进行分组的统计表称为简单分组表，用于利用分组来揭示现象的不同特征，研究总体的内部构成，分析现象之间的依存关系，如表 3 - 1 - 9 所示。

（三）复合分组表

表的主词按照两个或两个以上标志进行复合分组的统计表称为复合表，如表 3 - 2 - 1 所示。复合表能更深刻更详细地反映客观现象，但使用复合表应恰如其分，并不是分组越细越好。因为复合表中多进行一次分组，组数将成倍增加，分组太细反而不利于研究现象的特征。

四、统计表的编制规则

为使统计表的设计合理、科学、实用、简明、美观，在编制统计表时，必须遵守以下规则：

(1) 要合理安排统计表的结构，比如行标题、列标题、数字资料的位置应安排合理。当然，由于强调的问题不同，行标题和列标题可以互换，但应使统计表的横竖长度比例适当，避免出现过高或过长的表格形式。

(2) 表头一般应包括表号、总标题和表中数据的单位等内容。总标题应简明确切地概括出统计表的内容，一般需要表明统计数据的时间(When)、地点(Where)以及何种数据(What)，即标题内容应满足 3W 要求。

(3) 如果表中的全部数据都是同一计量单位，可放在表的右上角标明；若各指标的计量单位不同，则应放在每个指标后或单列出一列标明。

(4) 表中的上下两条线一般用粗线，中间的其他线要用细线，这样使人看起来清楚、醒目。通常情况下，统计表的左右两边不封口，列标题之间一般用竖线隔开，而行标题之间通常不必用横线隔开。总之，表中尽量少用横竖线。表中的数据一般是右对齐，有小数点时应以小数点对齐，而且小数点的位数应统一。对于没有数字的表格单元，一般用"—"表示，填好的统计表不应出现空白单元格。

(5) 在使用统计表时，必要时可在表的下方加上注释，特别要注意注明资料来源，以表示对他人劳动成果的尊重，方便读者查阅使用。

单元二　统　计　图

一、统计图的概念

用来表现统计数据的各种几何图形，具体事物的形象、符号等都叫统计图。用统计图来显示统计数据，具有直观、生动、形象、易懂的优点。统计图没有冗长的数据和呆板的表格形式，易为一般人接受和理解。不同的统计图绘制方法不同，但都必须遵守如实反映、便于比较、通俗易懂、鲜明醒目、灵活机动的原则。

统计图可以表明现象的规模、水平、结构、对比关系、依存关系、发展趋势和分布情况，有利于进行统计分析和研究。目前主要利用 Excel 绘制统计图。

二、统计图的种类

(一) 直方图和条形图

1. 直方图

直方图是用矩形的宽度和高度来表示频数分布的图形。在平面直角坐标系中，横轴表示数据分组，纵轴表示频数或频率，这样各组与相应的频数就形成了一个矩形，即直方图。如根据表 3-2-3 可绘制成如图 3-2-3 所示的直方图。

表 3 - 2 - 3 某村人口按年龄分组统计表

按年龄分组/岁	2以下	2~4	4~6	6~8	8~10	10~12	12~14	14~16	16~18	18~20
各组人数/人	50	70	100	110	140	150	165	170	185	200
按年龄分组/岁	20~22	22~24	24~26	26~28	28~30	30~32	32~34	34~36	36~38	38~40
各组人数/人	210	225	235	240	250	265	270	275	283	295
按年龄分组/岁	40~42	42~44	44~46	46~48	48~50	50~52	52~54	54~56	56~58	58~60
各组人数/人	300	294	285	270	260	250	240	230	215	200
按年龄分组/岁	60~62	62~64	64~66	66~68	68~70	70~72	72~74	74~76	76~78	78~80
各组人数/人	190	185	170	160	150	145	120	105	80	45

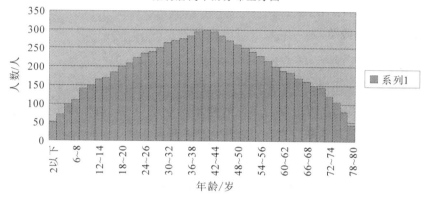

图 3 - 2 - 3 直方图

2. 条形图

条形图是用宽度相同的条形的高度或长度来表示数据变动的图形。条形图可以横置和纵置，纵置时也叫柱形图。例如根据表 3 - 2 - 4 资料可绘制如图 3 - 2 - 4 所示的条形图。

表 3 - 2 - 4 某学院职工按工作岗位分组资料

按劳动岗位分组	人数/人	比重/%
专职教师	600	42.86
教辅人员	150	10.71
管理人员	100	7.14
服务人员	200	14.29
其他人员	50	3.57
附属机构人员	400	28.57
合计	1400	100.00

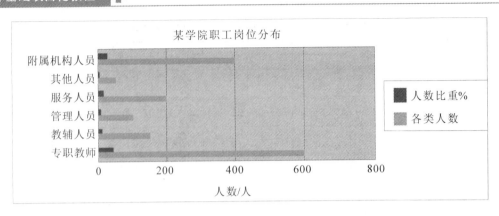

图 3-2-4 条形图

条形图和直方图不同，条形图用条形的长度（横置时）表示各类别数量的多少，其宽度（表示类别）是固定的，直方图是用面积表示数量的多少。直方图各矩形通常是连续排列的，而条形图则是分开排列的。

（二）折线图和曲线图

1. 折线图

折线图也称频数多边图，它是在直方图的基础上把相邻矩形的顶边中点连接成一条折线，再把折线两端与横轴上矩形两侧延伸的假象组中点相连，就形成了频数分布折线图。折线图也可以用组中值与次数求坐标点连接而成，如图 3-2-5 所示。

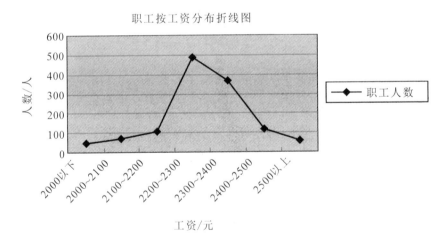

图 3-2-5 折线图

2. 曲线图

曲线图是用曲线的升降起伏来表示被研究现象的变动情况及其趋势的图形。曲线图根据所示数据的性质和作用不同，可分为频数分布曲线图、动态曲线图和依存关系曲线图。

在频数分布折线图的基础上，当变量数列的组数无限增多时，折线图便近似地表现为一条平滑的曲线，折线图就变成了频数分布曲线图。例如，根据表 3－2－3，可绘制出如图 3－2－6 所示的频数分布曲线图。

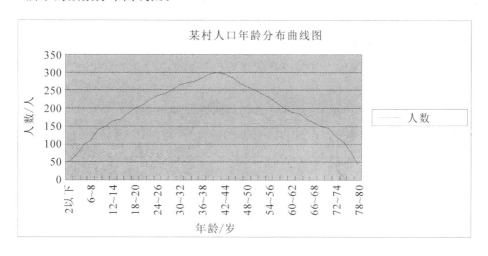

图 3－2－6　频数分布曲线图

（三）圆形图和环行图

1. 圆形图

圆形图又称饼图，它是以圆的面积或圆内各扇形的面积来表示数值大小或总体内部结构的一种图形。根据作用的不同，圆形图可分为圆形比较图、圆形结构图和圆形结构比较图。这里主要介绍圆形结构图。

圆形结构图通过圆内各扇形的面积来反映总体中各组成部分所占的比例，对于研究结构性问题十分有用。绘制圆形结构图的关键是正确计算各扇形的面积。由于在相同半径条件下，扇形面积与圆心角成正比，且圆心角度数为 360°，故各扇形的中心角度为 360°×各组频率。例如，在表 3－2－4 中，专任教师占 42.86%，那么扇形的中心角度数应为 360°×42.86%＝154.296°，其余类推。根据表 3－2－4 绘制的圆形结构图如图 3－2－7 所示。

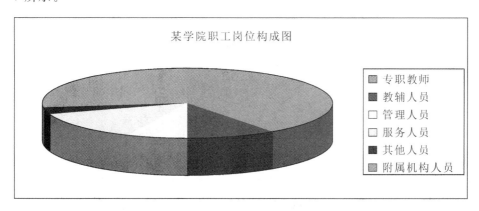

图 3－2－7　圆形结构图

2. 环形图

环形图中间有一个"空洞"，总体中的每一个部分数据用环中的一段表示。环形图可以同时绘制多个总体的数据系列，每一个数据系列为一个环，可以显示多个总体各部分所占的相应比例，从而有利于进行比较研究。

设甲、乙两个教学班学生对某门课程教学评价资料如表 3 - 2 - 5 所示，据此资料作环形图，如图 3 - 2 - 8 所示。

表 3 - 2 - 5 课程教学情况评价表

班　　别	很不满意	不满意	一般	满意	很满意
甲班	2％	5％	20％	50％	23％
乙班	5％	10％	30％	40％	15％

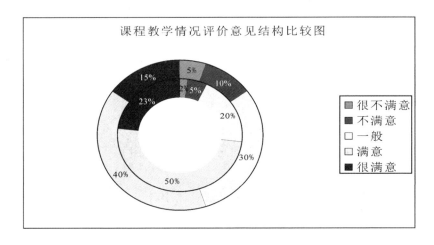

图 3 - 2 - 8　环形结构比较图

单元三　Excel 在统计数据显示中的运用

Excel 提供的统计图有多种，包括柱形图、条形图、折线图、饼图、散点图、面积图、环形图、雷达图和圆柱图等等，各种图形的绘制方法大同小异，操作十分简单，具体步骤如下。

第一步：输入数据，以表 3 - 2 - 4 数据为例，在 Excel 中输入表格中的数据。

第二步：打开"图表"对话框。

"图表"对话框的打开有两种方式。打开方式一是选中表格中需要绘制图表的数据，单击"插入"菜单中的"图表"选项，有"推荐的图表"和"所有图表"，根据数据特点选择你所需要绘制的图表，如图 3 - 2 - 9 所示，本例选择"簇状柱形图"。打开方式二是选中表格中需要绘制图表的数据，此时在选中的数据右下角点击快速分析工具图标"📊"，选择"图表"，如图 3 - 2 - 10 所示，本例选择"簇状柱形图"。

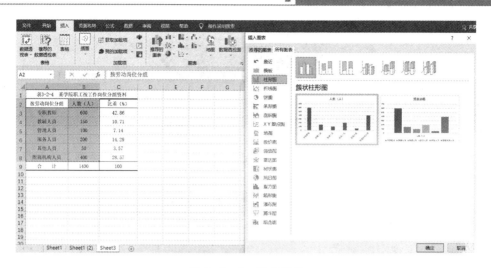

图 3-2-9　插入图表

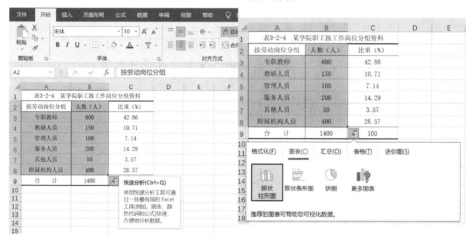

图 3-2-10　快速分析工具

第三步：完成统计图绘制。

第二步操作中选好图表类型后，只需要修改图表标题、样式等，如图 3-2-11 所示。

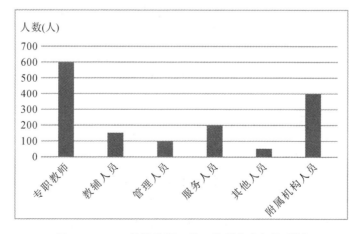

图 3-2-11　某学院职工按工作岗位分组柱形图

❖ **任 务 实 施** ❖

任务 **1**　　统计表的编制

按照统计分组的结果，遵循统计表的编制规则，将某班学生按照性别和统计学成绩形成分组表，见表 3 - 2 - 6 和表 3 - 2 - 7。

表 3 - 2 - 6　某班学生按性别分组

性别	学生人数/人	比重/%
男	19	52.78
女	17	47.22
合计	36	100.0

表 3 - 2 - 7　某班学生统计学考试成绩分组表

成绩/分	学生人数/人	频率/%
60 以下	3	8.33
60～70	5	13.89
70～80	10	27.78
80～90	11	30.56
90 以上	7	19.44
合计	36	100.0

任务 **2**　　统计图的绘制

在前一项目的基础上统计数据已经按照性别和统计学成绩分组，并且分组结果(分组表)在任务 1 中已经完成。现在需要将统计表以统计图的形式显示。在统计图绘制过程中需要选择合适的图形进行显示。本任务中为了体现总体中各部分的比例，所以对于学生的性别分组选择饼图；为了体现各组学生考试成绩分布情况，对统计学考试成绩分组选择柱形图。具体操作见任务 3。

任务 **3**　　应用 Excel 编制频数分布表和绘制统计图

1. 绘制成绩分组的柱形图

将表 3 - 2 - 7 的数据应用 Excel 绘制柱形图，具体操作如下。

第一步：输入数据。

打开 Excel，将表 3 - 2 - 7 的频数分布资料输入。

第二步：打开"图表"对话框。

选中表格中需要绘制图表的数据,如图3-2-12中灰色数据区域所示,单击"插入"菜单中的"图表"选项,选择"推荐的图表"中的"簇状柱形图",完成后单击"确定"按钮,如图3-2-12所示。

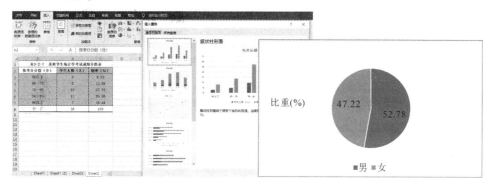

图3-2-12 数据选择与"插入图表"对话框

第三步:完成柱形图绘制。

添加图表标题等,对图表进行修饰完善,得到如图3-2-13所示的柱形图。

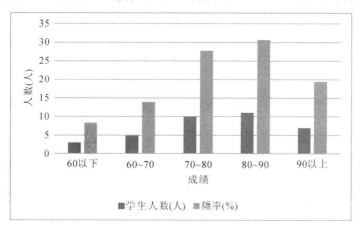

图3-2-13 某班学生统计学成绩分布柱形图

2. 绘制性别分组的饼图

将表3-2-6中的数据绘制成饼图,如图3-2-14所示。

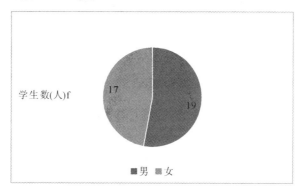

图3-2-14 某班学生性别分布饼图

❖ 实 训 ❖

1. 实训目的

(1) 培养学生对统计表格的设计与整理分析的能力；

(2) 培养学生绘制统计图的能力；

(3) 培养学生应用 Excel 编制统计表和绘制统计图的能力；

(4) 培养学生团队合作协调能力。

2. 实训内容

在项目一实训内容中，已完成按照学历和工资进行分组。在分组的基础上设计正确的统计表，同时绘制合适的统计图。

3. 实训准备

学生应掌握相关的统计数据整理知识，实训应在机房进行。

4. 实训步骤

(1) 学生分组，每组 5～6 人，查阅相关数据显示知识；

(2) 利用 Excel 工具设计统计表；

(3) 根据统计表绘制合适的统计图；

(4) 小组派代表发言；

(5) 各组互评与教师点评。

5. 实训评价

统计资料显示技能训练评价表见表 3－2－8。

表 3－2－8 统计资料显示技能训练评价表

	内　容	分值	教师评价
考评标准	制作的统计表规范、准确	30	
	统计图绘制正确	30	
	各成员课堂讨论热烈、积极回答课堂问题、积极参与操作	20	
	按时完成操作	20	
合计		100	

注：实际得分＝自我评价×20％＋他人评价×30％＋教师评价×50％。

模块四

静态数据特征分析

项目一 规模与对比关系的描述

 思政素材

西部大开发 20 年 12 省份 GDP 变化：四川居首位，贵州逆袭

1999 年西部大开发战略启动以来，迄今已超过 20 年。1999～2019 年的这 20 年间，西部地区经济社会发展取得了巨大进步。但由于各种因素影响，不同地方的增长存在较大差异。图 4-1-1 为西部 12 省份 1999～2019 年的 GDP 变化，其中贵州、陕西和西藏这三个省份的经济增长超过了 15 倍，其中贵州高达 17.5 倍。

省份	1999年GDP.亿	1999年位次	2019年GDP.亿	2019年位次	增长倍数
四川	3711.6	1	46615.82	1	11.6
陕西	1592.64	4	25793.17	2	15.2
重庆	1488	5	23605.77	3	14.9
云南	1899.82	3	23223.75	4	11.2
广西	2001.68	2	21237.14	5	9.6
内蒙古	1379.31	6	17212.5	6	11.5
贵州	907	9	16769.34	7	17.5
新疆	1168.55	7	13597.11	8	10.6
甘肃	931.58	8	8718.3	9	8.4
宁夏	264.58	10	3748.48	10	13.2
青海	239.38	11	2965.95	11	11.4
西藏	105.98	12	1697.82	12	15.0

图 4-1-1 西部 12 省份 1999～2019 年的 GDP 变化

2019 年，贵州全省地区生产总值达 16 769.34 亿元，比上年增长 8.3%。而在 1999 年，贵州的经济总量仅为 907 亿元。这 20 年，贵州的经济发展可以说实现了逆袭。陕西的 GDP 也在 20 年中增长了 15.2 倍，在 12 省份中位居第二。陕西经济的快速增长，一方面得益于进入新世纪后能源价格飞涨，依赖煤炭、石油等能源资源的陕北地区经历了一轮快速增长。另一方面，2014 年后，虽然能源价格下行，但陕西所受到的冲击远比东北、山西、内蒙古要小。2020 年 5 月 17 日，《中共中央 国务院关于新时代推进西部大开发形成新格局的指导意见》强化举措推进西部大开发形成新格局，是党中央、国务院从全局出发，顺应中国特

色社会主义进入新时代、区域协调发展进入新阶段的新要求，统筹国内国际两个大局作出的重大决策部署。新时代继续做好西部大开发工作，对于增强防范化解各类风险能力，促进区域协调发展，决胜全面建成小康社会，开启全面建设社会主义现代化国家新征程，具有重要现实意义和深远历史意义。

能力目标

（1）具有运用总量指标描述社会经济现象的规模、水平和数量关系的能力；
（2）具有运用几种常见相对指标对社会经济现象进行简单分析的能力；
（3）具有综合运用总量指标和相对指标对宏观和微观经济现象进行分析判断的能力；
（4）具有应用 Excel 工具分析社会经济现象的规模与对比关系的能力。

知识目标

（1）掌握总量指标的含义、分类、计算方法和运用条件；
（2）掌握相对指标的含义、表现形式、计算方法和运用条件。

素质目标

（1）在运用总量指标分析社会经济现象的过程中，通过对我国与其他国家经济数据的解读，培养学生的社会责任感和民族自豪感；
（2）在运用相对指标分析数据的过程中，培养学生的实践操作能力。

项目概述与分析

全家福超市是 S 市最大的商品零售超市，由于地理位置优越、购物环境良好等因素，全家福超市一直在 S 市的各商品零售业中占据重要位置，但是随着国外各大型连锁零售超市在 S 市的经营，全家福超市受到一定的冲击，虽然分店的数目有所增加，但是管理层对全家福超市的运营却表现出不乐观的状态，甚至考虑接受某国外连锁企业的并购。为了维持国产全家福超市的经营，S 市贸易局特委托某专业咨询公司分析该超市的经营状况，以期有好的策略来面对各大零售业的竞争。2021 年全家福超市的部分运营状况如表 4 - 1 - 1 所示。

表 4 - 1 - 1　全家福超市部分运营状况统计表

指　标	单位	2020 年	2021 年	增加额
连锁分店数	家	30	50	20
营业面积	平方米	30 000	55 000	25 000
职工人数	人	1500	2500	1000
商品品种	种	22 000	30 000	8000
销售收入	亿元	6	7.2	1.2
净利润	万元	6400	6600	200

以该专业咨询公司的名义分析该超市的运营状况，并提出相应的措施来解决这些问题。

全家福超市部分运营状况统计表中的数据表明该超市的分店、营业额等等都有所增加，这些数据从总体规模上表明了全家福超市 2021 年比 2020 年均有所增加，但是，如何分析超市的运营情况？统计表中的数据只是展示的工具，对总体特征的描述还需要使用相应的综合指标来完成。

通过统计表中的数据分析，结合该超市的经营绩效，可以考虑从销售额的增长、人均劳效、平均地效、人均营业面积等方面来分析全家福超市 2021 年的经营状况。本项目的目的是引导大家认识总量指标和相对指标，并掌握这两类指标的计算方法以及利用 Excel 工具计算总量指标和相对指标。因此，本项目可以通过以下两个任务来完成：

任务 1　总量与相对量的测度；

任务 2　应用 Excel 进行数据对比关系的描述。

❖　预 备 知 识　❖

单元一　总量指标和相对指标

一、总量指标

（一）总量指标的含义和作用

统计学中常用总量指标对总体规模进行描述。总量指标反映的是社会经济现象在一定时间、地点、条件下所达到的总规模、总水平或工作总量。只有有限总体才能计算总量指标。总量指标的表现形式为绝对数，又称绝对数指标或统计绝对数。有时，总量指标也表现为经济现象总体在不同时间、条件下数量发生变化的绝对差数。

例如，2021 年我国国内生产总值 1 143 670 亿元，全年粮食总产量达到 68 285 万吨，全年全部工业增加值 372 575 亿元，全年批发和零售业增加值 110 493 亿元，全年货物运输总量 530 亿吨，货物运输周转量 223 574 亿吨公里，全年社会消费品零售总额 440 823 亿元，全年全社会固定资产投资 552 884 亿元，全年货物进出口总额 391 009 亿元，全年全国居民人均可支配收入 35 128 元等等，都是总量指标，都是利用绝对数来说明我国 2021 年国民经济发展的总体规模、总体水平和全国人民的生活水平。

总量指标是最基本的统计指标，其主要作用可概括如下。

1. 总量指标是统计认识事物的起点

总量指标是最基本的统计指标，是人们认识社会经济现象的起点和基础，是进行计划、决策、分析和预测等的依据。例如，要规划一个企业的发展，就要首先了解它的现有规模、职员人数、固定资产等总量情况。

2. 总量指标是计算相对指标和平均指标的基础

相对指标和平均指标一般是由两个有联系的总量指标对比计算出来的，是总量指标的派生指标。所以说，总量指标是否科学、准确，将直接关系到相对指标和平均指标的科学性和准确性。

（二）总量指标的分类

从不同的角度，可以把总量指标划分为不同的种类。按照反映的总体内容和时间状况，总量指标可进行如图 4-1-2 所示的分类。

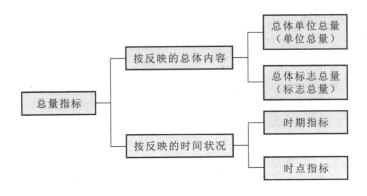

图 4-1-2　总量指标的分类

1. 按反映的总体内容

按指标反映的总体内容，总量指标可分为总体单位总量和总体标志总量。

1）总体单位总量

总体单位总量简称单位总量，是用来反映统计总体内包含总体单位个数多少的总量指标，它用来表明统计总体的容量大小。

例如研究我国的人口状况时，统计总体是全国所有公民，总体单位是每一位公民，那么我国的人口数表明总体单位的个数，是总体单位总量；再如研究某市的工业发展状况时，统计总体是全市的所有工业企业，若该市现有工业企业 2350 家，则 2350 家即为总体单位总量。

2）总体标志总量

总体标志总量简称标志总量，它表明总体各单位某一标志值的总和。例如，研究某市国有工业企业的经营状况时，对每个国有工业企业进行调查，经汇总得到该市国有工业企业数就是单位总量，由每个国有工业企业的职工人数、工业总产值等标志值加总求得的职工总数、工业总产值等就是标志总量。

总体单位总量和总体标志总量并不是固定不变的，随着研究目的和研究对象的不同，两者的地位会有变化。因此，判断一个总量指标是单位总量还是标志总量，要视具体情况而定。例如，在研究某市企业状况时，职工人数是总体标志总量，而要研究该市企业职工收入情况时，职工人数则是总体单位总量。

2. 按反映的时间状况

按指标反映的时间状况，总量指标可分为时期指标和时点指标。

1）时期指标

时期指标是反映社会经济现象在一定时期内发展变化过程累计总量的统计指标，如一年内的产品产量、人口出生总数等，都是时期指标。例如 2021 年我国城镇新增就业 1269

万人，是 2021 年每月城镇新增就业人口数的累计；再如产品产量、社会零售商品销售额等都是时期指标。

时期指标具有如下特点：

（1）具有可加性。时间上相邻的时期指标相加能够得到另一更长时期的总量指标。

（2）指标数值的大小与所属时期的长短直接相关。一般来讲，时期越长，指标数值就越大。

（3）必须连续登记而得。时期指标数值的大小取决于整个时期内所有时间上的发展状况，只有连续登记得到的时期指标才会准确。

2）时点指标

时点指标是反映社会经济现象在某一时刻（时点、瞬间）上的规模或水平的总量指标。如我国首次基本单位普查显示：1996 年底，我国共有各类法人单位 440.2 万个，有产业活动单位 635.1 万个，这仅能说明我国 1996 年 12 月 31 日这一天的基本单位的数量情况。再如人口数、商品库存额等也都是时点指标。

时点指标具有如下特点：

（1）不具有可加性。不同时点上的两个时点指标数值相加不具有实际意义。

（2）数值大小与登记时间的间隔长短无关。时点指标仅仅反映社会经济现象在一瞬间上的数量，每隔多长时间登记一次对它没有影响。

（3）指标数值是间断计数的。时点指标没有必要进行连续登记，有的也是不可能连续进行登记的，如某国的总人口数。

◆　**练一练**

全家福超市 2021 年运营数据中的总量指标中哪些属于总体单位总量，哪些属于总体标志总量？哪些属于时期指标，哪些属于时点指标？

（三）总量指标的计算方法

总量指标的基本计算方法有两种：一种是直接计量法，即统计人员采用直接点数或测量的方法，将现象的总量计算出来。统计报表、普查中的总量资料基本上就是这样计算出来的。另一种是估计推算法，即采用平衡关系、因素关系或比例关系，以及插值估算等推算方法，将经济现象的总量估算出来。

二、相对指标

要分析一种社会经济现象，仅仅利用总量指标是远远不够的。如果要对事物做深入的了解，就需要对总体的组成和其各部分之间的数量关系进行分析、比较，这就必须计算相对指标。

（一）相对指标的含义和作用

1．相对指标的含义

统计学中常用相对指标对社会经济现象之间及现象内部各部分之间的比率关系进行描述。相对指标是用两个有联系的指标的比值来反映社会经济现象数量特征和数量关系的综合指标，其结果表现为相对数，故也称为统计相对数。

2．相对指标的作用

（1）相对指标通过数量之间的对比，可以表明事物相关程度、发展程度，它可以弥补总量指标的不足，使人们清楚地了解现象的相对水平和普遍程度。

（2）把现象的绝对差异抽象化，使原来无法直接对比的指标变为可比。不同的企业由于生产规模条件不同，直接用总产值、利润来比较评价意义不大，但如果采用一些相对指标，如资金利润率、资金产值率等进行比较，便可对企业生产经营成果做出合理评价。

（3）说明总体内在的结构特征，为深入分析事物的性质提供依据。例如计算一个地区不同经济类型的结构，可以说明该地区经济的性质。又如计算一个地区的第一、二、三产业的比例，可以说明该地区社会经济现代化程度等。

（二）相对指标的表现形式

相对指标的表现形式有两种：有名数和无名数。

1．有名数

有名数是用文字形式的计量单位来表示的相对数，通常情况下是同时采用分子与分母的计量单位。如人口密度用"人/平方公里"表示，人均国民生产总值用"元/人"表示，用以表明事物的密度、强度和普遍程度。但也有一些有名数既不用分子的计量单位，也不使用分母的计量单位，如商品流转速度指标以"次"或"天"为计量单位。

2．无名数

无名数是一种抽象化的数值，是最常用的相对指标表现形式，常以倍数、系数、成数、百分数、千分数来等表示。

1）倍数或系数

倍数或系数是将对比基数抽象为1而计算的相对数，当分子数值比分母数值大得多时，常用倍数表示，如2021年全年粮食产量 68 285 万吨，是 2017 年 66 161 万吨的 1.03 倍。当分子的数值与分母数值差别不大时，常用系数表示，系数可以大于1，亦可以小于1。如一级工平均日工资为 50 元，五级工平均日工资为 100 元，则工资等级系数为 $100/50=2$。

2）成数

成数是将对比基数定为 10 而计算出来的相对数，常用在农业生产统计上，如粮食产量增产一成，即增长十分之一。

3）百分数或千分数

百分数（％）是将对比基数定为 100 而计算出来的相对数，它是相对指标常用的一种表现形式。当对比的两个指标数值不太悬殊时适合用百分数。

千分数（‰）是将对比基数抽象为 1000 而计算的相对数，一般在分子比分母数值小很多时使用。此外，还有万分数、十万分数等。

（三）相对指标的计算方法

按作用和计算方法不同，可将相对指标分为六种，具体如图 4-1-3 所示。

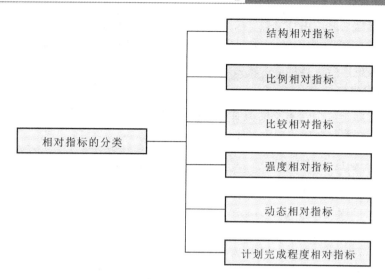

图 4-1-3　相对指标的分类

1. 结构相对指标

研究社会经济现象总体时，不仅要掌握其总量，而且要揭示总体内部的组成数量表现，亦即要对总体内部的结构进行数量分析，这就需要计算结构相对指标。

结构相对指标是在总体分组的基础上，将总体的某部分数值与总体数值对比而计算的相对数，它可以反映总体的构成情况。其计算公式如下：

$$结构相对指标 = \frac{总体中某部分数值}{总体全部数值} \times 100\%$$

结构相对指标以分组法为基础，指标数值一般采用百分数或成数表示。概括地说，结构相对指标就是部分与全体对比得出的比重或比率。由于对比的基础是同一总体的总数值，所以各部分（或组）所占比重之和应当等于 100% 或 1。

2. 比例相对指标

比例相对指标是反映同一总体中各组成部分之间数量对比关系和均衡状况的综合指标。其计算公式如下：

$$比例相对指标 = \frac{总体中某一部分数值}{总体中另一部分数值}$$

比例相对指标的分子与分母可以互换位置使用，但是，像出生婴儿的性别比例等比例相对指标，其固定使用形式是男性在前，女性在后，我们在使用时不要随意更改。

总体内部各组成部分之间存在着一定的联系，并具有一定的比例关系。在许多情况下，按比例发展是事物发展的客观要求，比例失调会招致严重的损失。通过比例关系的研究，可以认识事物按比例发展的客观要求。

3. 比较相对指标

比较相对指标是反映同类现象在不同空间条件下数量对比关系的综合指标，用以说明某一种现象同一时间在不同地区（或单位）发展的差异程度，其计算公式如下：

$$比较相对指标 = \frac{甲地区（单位）某种指标值}{同时期乙地区（单位）同种指标值}$$

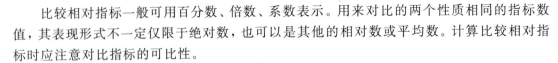

比较相对指标一般可用百分数、倍数、系数表示。用来对比的两个性质相同的指标数值，其表现形式不一定仅限于绝对数，也可以是其他的相对数或平均数。计算比较相对指标时应注意对比指标的可比性。

4. 强度相对指标

强度相对指标是两个性质不同但有联系的总量指标之比，用来表明某一现象在另一现象中发展的强度、密度和普遍程度。其计算公式如下：

$$强度相对指标 = \frac{某一总量指标数值}{另一有联系而性质不同的总量指标数值}$$

强度相对指标数值的表现形式可以是有名数，由分子与分母的单位组成复合单位。例如，2021 年我国平均人口数为 1 443 497 378 人，全年国内生产总值 1 143 670 亿元，全年人均国内生产总值 80 976 元/人。

利用强度相对指标来说明社会经济现象的强弱程度时，广泛采用人均产量指标来反映一个国家的经济实力。例如，按全国人口数计算的人均钢产量、人均粮食产量等，这种强度相对指标的数值越大，表示一个国家的经济发展程度越高，经济实力越强。

由于强度相对指标是两个性质不同但有联系的总量指标数值之比，所以在多数情况下，强度相对指标是由分子与分母原有单位组成的复合单位表示的，如人口密度用人/平方公里，人均钢产量用吨/人等等。但有少数的强度相对指标因其分子与分母的计量单位相同，可以用千分数或百分数表示其指标数值，如 2020 年我国常住人口死亡率为 7.1‰。

有少数反映社会服务行业的负担情况或保证程度的强度相对指标，其分子和分母可以互换，即采用正算法计算正指标，用倒算法计算逆指标。例如：

$$商业网点密度（正指标） = \frac{零售商业机构数（个）}{地区人口数（千人）}$$

$$商业网点密度（逆指标） = \frac{地区人口数（千人）}{零售商业机构数（个）}$$

正指标的数值大小与现象的发展程度或密度成正比，即正指标的数值越大越好。逆指标的数值大小与现象的发展程度或密度成反比，即逆指标的数值越小越好。

【例 4 - 1 - 1】 某城市有人口 200 万人，医院床位 40 000 张，则：

$$每千人拥有的医院床位数 = \frac{医院床位数}{人口数} = \frac{40\ 000\ 张}{2000\ 千人} = 20（张/千人）$$

每千人拥有的医院床位数，其数值大小与医疗卫生对居民服务的保障程度成正比，因而是正指标，是从正方向说明问题，指标数值越大，说明对居民的医疗保证程度越高；卫生事业对居民服务的保证程度也可用每张医院床位负担的人口数表示。

$$每张医院床位负担的人口数 = \frac{人口数}{医院床位数} = \frac{2000\ 千人}{40\ 000\ 张} = 0.05（千人/张）$$

每张医院床位负担的人口数，其数值大小与医疗卫生对居民服务的保障程度成反比，因而为逆指标，是从反方向说明问题，指标数值越小，说明对居民的医疗保证程度越高。

值得注意的是，有的强度相对指标的分子、分母不能互换，例如人口出生率、死亡率等。

◆ 练一练
为什么人口出生率、死亡率属于强度相对指标？

5. 动态相对指标

动态相对指标是现象报告期水平与基期水平之比，用来反映现象在时间上的发展变化情况，又称为动态相对数或发展速度。其计算公式如下：

$$动态相对指标 = \frac{报告期水平}{基期水平} \times 100\%$$

动态相对指标在统计分析中应用很广，一般用百分数表示，有时也用倍数表示。上式中基期指用作比较基础的时期，报告期则是同基期对比的时期。

6. 计划完成程度相对指标

计划完成程度相对指标，是某种社会经济工作在一定时期的实际完成数与同期计划数之比，用以检查、监督计划执行情况的相对指标，一般用百分数表示。其计算公式如下：

$$计划完成程度相对指标 = \frac{实际完成数}{计划任务数} \times 100\%$$

计算计划完成程度相对指标，要求分子、分母的涵义，计算方法，计量单位以及时间长度和空间范围等方面保持可比。同时，由于计划任务数作为衡量计划完成情况的标准，因此式中的分子、分母不能互换。根据计划任务数的不同，有以下两种情况：

（1）计划任务数为绝对数和平均数时，直接用计划完成程度相对指标基本公式计算。

【例 4 - 1 - 2】　某企业 2019 年计划产量为 1000 吨，实际完成的生产量为 1200 吨，其计划完成程度为

$$计划完成程度相对指标 = \frac{1200}{1000} \times 100\% = 120\%$$

计算结果表明，某企业 2019 年超额 20% 完成计划生产任务，实际产量比计划产量增加了 200 吨。

【例 4 - 1 - 3】　某企业劳动生产率计划达到 8000 元/人，某种产品计划单位成本为 100 元，该企业实际劳动生产率达到 9200 元/人，该产品实际单位成本为 90 元，其计划完成程度指标为

$$劳动生产率计划完成程度相对指标 = \frac{9200}{8000} \times 100\% = 115\%$$

$$单位成本计划完成程度相对指标 = \frac{90}{100} \times 100\% = 90\%$$

计算结果表明，该企业劳动生产率实际比计划提高了 15%，而某产品单位成本实际比计划降低了 10%。这里劳动生产率为正指标，单位成本为逆指标。

（2）计划任务数为相对数时，计划完成程度的计算需要用实际完成的百分比与计划完成的百分比进行对比。计算公式为：

$$计划完成程度相对指标 = \frac{1 \pm 实际提高（降低）率}{1 \pm 计划提高（降低）率} \times 100\%$$

【例 4 - 1 - 4】　某公司 2020 年 8 月份计划生产费用下降 10%，实际下降 8%，则该公司生产费用计划完成程度为

$$计划完成程度相对指标 = \frac{1 - 8\%}{1 - 10\%} = 102.22\%$$

计算结果表明，该公司生产费用降低计划完成情况不够好，尚有 2.22％的计划任务未完成。

【例 4－1－5】 某公司 2020 年计划劳动生产率比去年提高 10％，而实际劳动生产率提高了 15％，则劳动生产率计划完成程度为

$$计划完成程度相对指标 = \frac{1+15\%}{1+10\%} = 104.5\%$$

计算结果表明，该企业劳动生产率计划完成程度为 104.5％，超额 4.5％完成计划。

对于计划完成情况的评价要以计划指标的性质和要求为标准。当计划指标以最低限额规定时，如财政收入、总产值等成果性指标，计划完成程度以等于或大于 100％为好，大于 100％则表示超额完成计划，小于 100％则表示未完成计划；当计划指标以最高限额规定时，如产品成本、商品流通费用率等消耗性指标，计划完成程度以小于或等于 100％为好，小于 100％则表示超额完成计划，大于 100％则表示未完成计划。

◆ **练一练**

1. 某公司 2021 年的统计分析报告中写道："……我公司今年计划出口创汇 200 万美元，实际完成了 220 万美元，超额 10％完成计划；销售利润率计划为 9％，实际为 12％，超额完成计划 3％；劳动生产率计划比去年提高 5％，实际比去年提高了 5.5％，完成计划 110％；产品单位成本计划比去年下降 3％，实际比去年下降了 2.5％，实际比计划多下降了 0.5 个百分点……"

请判断这份统计分析报告是否准确。

2. 比较各种相对指标的异同。

单元二　Excel 在规模和比率计算中的运用

在 Excel 中计算总量指标和相对指标，主要是使用 SUM 函数和公式输入的方法，结合使用填充柄功能，现以表 4－1－2 的资料加以说明。

表 4－1－2　工业企业主要经济指标计算表

序号	A	B	C	D	E	F	G	H	I
1	经济类型	企业数/个	总产值/亿元	产品销售收入/亿元	利税总额/亿元	企业数比重/％	产值比重/％	产品销售率/％	销售利润率/％
2	国有经济	79 731	25 301.22	22 090.41	2876. 25	17.48	50.03	87.31	13.02
3	集体经济	342 908	15 835.96	11 646.01	1032.4	75.18	31.31	73.54	8.86
4	股份制经济	4359	2914.72	2513.91	425.87	0.96	5.76	86.25	16.94
5	外商投资经济	12 713	3413.67	2916.65	344.48	2.79	6.75	85.44	11.81
6	港澳台投资经济	16 388	3107.88	2612.16	203.94	3.59	6.15	84.05	7.81
7	合计或平均	456 099	50 573.45	41 779.14	4882.94	100.00	100.00	82.61	11.69

1. 计算 B、C、D、E 四列的合计

用鼠标单击 B7 单元格，输入"＝SUM(B2:B6)"，回车确认，即得到 B 列的企业数合计 456 099；或用鼠标单击 B2 单元格，并按住鼠标左键向下拖至 B6（即选定 B2 至 B6 单元格），再点击"常用"工具栏中的"$\sum$"按钮，同样得到 B 列的企业数合计 456 099。C、D、E 列的操作与此相同。

2. 计算 F、G 列的比重

单击 F2 单元格，输入"＝B2＊100/456099"，回车确认，得到国有经济企业数比重 17.48％，然后利用填充柄功能（鼠标点击 B2 单元格并移至其右下角的黑方块上，使鼠标变成黑十字），按住鼠标左键向下拖至 B6，松开鼠标再点击"常用"工具栏中的"$\sum$"按钮，即得到各组的比重和比重合计。G 列的操作与此相同。

3. 计算 H、I 列的比率

单击 H2 单元格，输入"＝D2＊100/C2"，回车确认，得到国有经济的产品销售率 87.31％，然后利用填充柄功能，用鼠标拖至 H7，得到各类企业的产品销售率和所有企业的总产品销售率 82.61％。I 列的操作与此相同。

注意：F、G 列输入公式的除数是合计数值，不能引用单元格的行列号；H、I 列输入公式的除数是行列号，不能用数值做除数。

经过以上计算，可以大体看出各种经济类型企业的基本情况：

（1）国有经济企业数比重仅占 17.84％，而产值比重却达 50％以上；集体经济企业数比重高达 75.18％，而产值比重却只有 31.31％。这说明国有经济企业多属于大中型骨干企业，而集体经济企业则以小型企业为主。

（2）股份制经济企业数比重不到 1％，而产值比重却接近 6％，其产品销售率仅次于国有经济，销售利润率竟高居首位。这说明在生产、销售和经济效益上，股份制经济都显示出其优越性。但从绝对数上来看，它在各方面还不占重要地位。

（3）各种经济类型的产销平衡情况都不够好，产品销售率平均不到 83％，最差的集体经济企业只达 73.54％，这是不少企业处于困境的一个重要原因。

注：产品销售率 $= \dfrac{产品销售收入（元）}{总产值（百元）}$，销售利润率 $= \dfrac{利润总额（元）}{销售收入（百元）}$。

❖ **任 务 实 施** ❖

在掌握相关知识的基础上，分析全家福超市的运营情况，并结合相应的分析结果提出解决措施。

任务 1　**总量与相对量的测度**

1. 判断资料中的指标类型

在表 4-1-1 全家福超市的运营状况统计中，连锁分店数、职工人数、销售收入等均为总量指标。其中连锁分店数、职工人数、营业面积、商品品种为时点指标，而销售收入、净利润为时期指标。

总量指标可以清楚反映被研究总体的基本状况和基本实力。首先，通过对各项总量指标进行分析，可以发现全家福超市在这一年中连锁分店数达到了 50 家，营业面积、经营的商品品种和职工人数分别达到了 55 000 平方米、30 000 种和 2500 人，是一家具有一定规模的大型连锁零售企业。

同时，通过对各项效益水平总量的分析可以发现，2021 年度其商品销售收入达到 7.2 亿元，净利润则达到了 6600 万元，表明全家福超市经济实力雄厚。

此外，从增加额总量指标来看，2021 年相对于 2020 年各项总量的增加额均表现为正值，说明在这一年度中全家福超市一方面实现了企业规模的扩张，同时在此基础上也实现了效益绝对水平的提升。

2. 计算动态相对指标

以 2021 年的超市运营时期为报告期，2020 年为对比基础时期，即基期，计算各项动态指标。具体计算结果如图 4-1-4 所示。

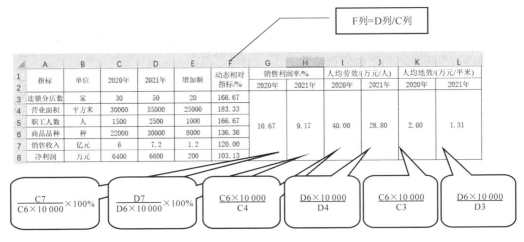

图 4-1-4　相对指标计算

3. 计算结构相对指标

销售利润率是反映企业盈利能力和经济效益水平高低的重要相对指标，它是某一时期企业净利润与销售收入的比值，其计算公式如下：

$$销售利润率 = \frac{净利润}{销售收入} \times 100\%$$

2021 年和 2020 年全家福超市的销售利润率具体计算结果如表 4-1-3 所示。

4. 计算强度相对之比

1）人均劳效

人均劳效即人均平均劳动效率的简称，其代表了一个公司、企业、团队的劳动力程度。一般来说，大企业的劳动效率高，人少，人均劳效高；小企业则相反。在这里采用下面的计算公式：

$$人均劳效 = \frac{销售额}{员工人数}$$

2）平均地效

如何搞好地效管理，如何通过品类结构的调整，让有限的空间产生最大的效益，已成为超市运营效率管理中备受关注的课题。地效是指单位空间（体积）内所有商品在单位时间内产生的销售贡献，是衡量超市运营效率的客观指标之一。在这里采用下面的计算公式：

$$平均地效 = \frac{销售额}{营业面积}$$

以上各种指标的计算可以利用 Excel 工具实现，以下通过任务 2 来完成上述各种指标的具体计算。

任务 2　　应用 Excel 进行数据对比关系的描述

1. 数据输入

将原始数据输入 Excel 表格中。

2. 相对指标计算

利用 Excel 计算工具对任务 1 中分析的各项指标进行计算，具体计算过程参照上文中 Excel 的应用方法。具体计算结果如表 4－1－3 所示。

3. 计算结果分析

1）动态相对指标分析

从表 4－1－3 中 F 列动态相对指标可以看出，全家福超市 2021 年相对于 2020 年各项动态相对指标的数值都大于 100%，支持了总量指标分析中企业实现规模扩张和效益绝对水平提升的结论。但同时也发现动态相对指标的数值并不相等，即企业在规模和效益各方面总量发展并不同步。其中发展较快的是营业面积、职工人数和连锁分店数，发展速度分别达到了 183.33%、166.67% 和 166.67%；而净利润水平则发展较慢，动态相对指标仅为 103.13%。

2）结构相对指标分析

结构相对指标的结果反映出全家福超市 2021 年的运营状况不容乐观。在这一年度企业规模迅速扩张的同时并没有带动相应的经济效益增长。企业 2021 年度仅实现了净利润的表面增长，实际销售利润率却比 2020 年下降了 1.5 个百分点。

3）强度相对指标分析

强度相对指标的结果直接表现在人均劳效和平均地效下降。在 2021 年超市公司人均营业面积增加的情况下，年人均劳效和年平均地效却分别下降了 11.2 万元/人和 0.69 万元/平方米。看来，连锁超市企业规模的扩大主要带动因素是营业面积的扩大，而反映企业绩效指标的人均劳效和平均地效出现不同程度的下降，充分说明全家福超市的扩张仍处于外延式扩张的状态。这些数据都充分说明随着企业规模扩大，企业的营运能力并没有与规模发展同步。

❖　　**实　　训**　　❖

1. 实训目的

（1）了解总量指标和相对指标的特点和应用场合，及其在经济工作中的地位；

（2）掌握总量指标和相对指标在经济中的分析方法；

（3）培养学生应用总量指标和相对指标分析实际问题的能力。

2．实训内容

我国 2020 年和 2021 年的国内生产总值及三次产业增加值资料如表 4－1－3 所示。

表 4－1－3　我国 2020 年和 2021 年的 GDP 资料

单位：亿元

年　　份	2020 年	2021 年
GDP 总量	1 013 567	1 143 670
其中：第三产业增加值	552 394	609 576
第二产业增加值	383 128	450 606
第一产业增加值	78 045	83 488

请根据上述资料分析我国 2021 年各产业的发展状况，并判断我国各产业对 GDP 的贡献程度。

3．实训要求

（1）学生分组，每组 5～6 人，查阅总量指标和相对指标的相关知识；

（2）判断各种指标类型；

（3）利用 Excel 工具建立数据库；

（4）计算动态相对指标，判断 2020～2021 年的 GDP 总量及三次产业的变化；

（5）计算结构相对指标和比例相对指标，判断 2020 年和 2021 年我国 GDP 的内部结构；

（6）小组派代表发言；

（7）各组互评与教师点评。

4．实训评价

规模与对比关系描述技能训练评价表如表 4－1－4 所示。

表 4－1－4　规模与对比关系描述技能训练评价表

	内　　容	分值	教师评价
考评标准	判断指标类型，并对数据分析到位	20	
	根据研究目的正确计算相对指标并对数据分析到位	40	
	各组成员岗位分工合理	20	
	各成员课堂讨论热烈、积极回答课堂问题、积极参与操作	20	
合计		100	

注：实际得分＝自我评价×20％＋他人评价×30％＋教师评价×50％。

项目二　统计数据集中与离中趋势分析

思政素材

你被平均了吗：央行调查我国户均资产317.9万，八个省份或城市更高

中国人民银行调查统计司城镇居民家庭资产负债调查课题组在《中国金融》发布了2019年中国城镇居民家庭资产负债情况调查结果。课题组于2019年10月中下旬在全国30个省（自治区、直辖市）对3万余户城镇居民家庭开展了资产负债情况调查，这是国内关于城镇居民资产负债情况最为完整、详实的调查之一。

调查结果显示城镇居民户均资产317.9万元，净资产289万元，中位数163万元；户均住房资产187.8万，住房自有率96%，户均人口数3.2人；金融资产占比20.4%；家庭负债率为56.5%，主要是银行贷款，负债的75.9%是房贷；城镇居民资产负债率为9.1%，总体偿债能力较强，风险可控，总体稳健。

各省份的差异也可以很直观地反映出来，家庭资产跟是否处于经济发达地区关系密切。这次统计中高出平均线的省（市）共有八个：北京892.8万、上海806.7万、江苏506.9万、浙江480.7万、福建418.3万、广东399.8万、天津361.6万、河北353.9万。除了这八个省（市）之外，其他省（市）是低于平均水平的。

能力目标

（1）具有针对实例运用相应方法分析数据的集中趋势的能力，并能够针对计算结果说明指标的含义；

（2）具有针对实例运用相应方法分析数据的离中趋势的能力，并能够针对计算结果说明指标的含义；

（3）具有应用Excel工具进行集中趋势指标和离中趋势指标计算的能力。

知识目标

（1）了解统计数据集中趋势的含义；

（2）了解统计数据离中趋势的含义；

（3）掌握常用的集中趋势指标的计算方法及适用条件；

（4）掌握常用的离中趋势指标的计算方法及适用条件。

素质目标

（1）在运用平均指标和变异指标分析社会经济现象的过程中，培养学生的辩证思维能力；

（2）在统计数据分析的过程中，培养学生精益求精的工匠精神。

❯❯ 项目概述与分析

在模块四的项目一中，通过分析全家福超市的总量指标和相对指标已经发现，全家福超市 2021 年销售利润率下滑的一个重要原因在于企业的人均劳效较低，企业对于人员扩张的决策出现失误。为了进一步分析全家福超市的人员劳动效率，特选出 2021 年新建的两个地区的连锁店进行分析。选取的甲、乙两家连锁店 2021 年销售资料如表 4-2-1 所示。

表 4-2-1　连锁店 2021 年销售资料

甲 连 锁 店		乙 连 锁 店	
按销售额分组/(千元/人)	营业员人数/人	按销售额分组/(千元/人)	营业员人数/人
20～30	3	20～30	—
30～40	12	30～40	2
40～50	9	40～50	8
50～60	6	50～60	6
60～70	—	60～70	4
合计	30	合计	20

甲、乙连锁店的信息表提供了两家连锁店营业员的销售资料，若想分析两家连锁店员工的人均劳效，可以分析甲、乙连锁店员工的平均销售额，并可分析员工销售额的差异度，这就需要用到统计数据的集中趋势和离中趋势的分析。因此，本项目可通过以下三个任务来完成：

任务 1　集中趋势的测度；

任务 2　离散程度的测度；

任务 3　应用 Excel 计算集中和离中趋势指标。

❖ 预 备 知 识 ❖

单 元 一　平 均 指 标

一、集中趋势及其度量方法

集中趋势用来表示一组数据向其中心值靠拢的倾向和程度，它反映了一组数据中心点所在的位置。测度集中趋势也就是寻找数据一般水平的代表值或中心值。取得集中趋势代表值的方法通常有两种：一种是从总体各单位变量值中抽象出具有一般水平的量，这个量不是各个单位的具体变量值，但又要反映总体各单位的一般水平，称为数值平均数。另一种是先将总体各单位的变量值按一定顺序排列，然后取某一位置的变量值来反映总体各单位的一般水平，把这个特殊位置上的数值看作是平均数，称作位置平均数。对现象集中趋势的描述，常用平均指标。常用的平均指标如图 4-2-1 所示。

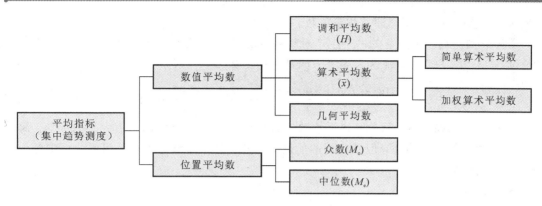

图 4-2-1 常用的平均指标

二、平均指标的计算与分析

数值平均数是根据总体各单位全部标志值计算得到的平均值,位置平均数是根据标志值在分配数列中的位置确定的平均值。下面分别介绍算术平均数、调和平均数、众数和中位数。

(一)算术平均数

算术平均数是集中趋势测度中最重要的一种,它是所有平均数中应用最广泛的平均数,这是因为它的计算方法是与许多社会经济现象中个别现象与总体现象之间存在的客观数量关系相符合的。

算术平均数是总体各单位某一数量标志值之和(总体标志总量)与总体单位数之比,反映总体各单位某种标志值的一般水平。其基本计算公式为

$$算术平均数 = \frac{总体标志总量}{总体单位数}$$

【例 4-2-1】 某企业某月的工资总额为 680 000 元,职工总数为 1000 人,则:

$$该企业该月职工平均工资 = \frac{680\ 000}{1000} = 680(元/人)$$

利用上式计算平均数时,分子和分母在经济内容上有着从属关系,分子数值是各分母单位特征的总和,两者在总体范围上是一致的,即分子与分母有一一对应关系,有一个总体单位就必须有一个标志值与之对应,否则就不是平均指标。

◆ **思考**

职工平均工资和人均国民生产总值属于什么指标?为什么?

根据计算资料的不同,算术平均数分为简单算术平均数和加权算术平均数。

1. 简单算术平均数

当掌握的资料是总体各单位的标志值时,可先将各单位的标志值相加得出标志总量,然后再除以总体单位数,用这种方法计算的平均指标称为简单算术平均数,其计算公式为

$$\bar{x} = \frac{x_1 + x_2 + \cdots + x_n}{n} = \frac{\sum x}{n} \qquad (4-2-1)$$

式中:$\bar{x}$——简单算术平均数;

x——各单位标志值;

$\sum x$——总体标志总量;

n——总体单位总量，即总体单位数。

【例 4 - 2 - 2】 某企业的一个生产班组有 5 名工人，其月工资分别为 700 元、750 元、800 元、850 元、900 元。则这 5 名工人的月平均工资为

$$\bar{x} = \frac{\sum x}{n} = \frac{700 + 750 + 800 + 850 + 900}{5} = \frac{4000}{5} = 800(元 / 人)$$

上述计算结果表明，简单算术平均数的大小只受总体各单位标志值大小的影响。简单算术平均数计算方法简便，但其应用的前提条件是：总体内没有进行分组或分组中各个标志值出现的次数相同。

2. 加权算术平均数

当总体已经分组，且各个标志值出现的次数不同时，就必须计算加权算术平均数。其计算公式为

$$\bar{x} = \frac{x_1 f_1 + x_2 f_2 + \cdots + x_n f_n}{f_1 + f_2 + \cdots + f_n} = \frac{\sum xf}{\sum f} \qquad (4-2-2)$$

式中：x_1、$x_2 \cdots x_n$——各组变量值（单项式数列中是各组的变量值，组距式数列中是各组的组中值）；

f——各组频数，也称权数。

当权数为比重或频率形式 $\left[\dfrac{f}{\sum f}\right]$ 时，计算公式为

$$\bar{x} = x_1 \frac{f_1}{\sum f} + x_2 \frac{f_2}{\sum f} + \cdots + x_n \frac{f_n}{\sum f} = \sum x \cdot \frac{f}{\sum f} \qquad (4-2-3)$$

【例 4 - 2 - 3】 某车间有 50 名工人，日生产某种零件如表 4 - 2 - 2 所示，试求平均每个工人日产零件数。

解 平均每个工人日产零件数为

$$\bar{x} = \frac{\sum xf}{\sum f} = \frac{15 \times 5 + 16 \times 15 + 17 \times 18 + 18 \times 10 + 19 \times 2}{5 + 15 + 18 + 10 + 2} = 16.78(件 / 人)$$

表 4 - 2 - 2 日产零件加权平均数计算表

按日产量组 x/件	各组人数 f/人	生产零件数 xf/件
15	5	75
16	15	240
17	18	306
18	10	180
19	2	38
合计	50	839

【例 4 - 2 - 4】 以表 4 - 2 - 2 所示资料为例，采用权重系数公式计算加权算术平均数。

$$\bar{x} = \sum x \cdot \frac{f}{\sum f} = 15 \times 0.10 + 16 \times 0.30 + 17 \times 0.36 + 18 \times 0.20 + 19 \times 0.04$$

$$= 16.78(件 / 人)$$

计算过程如表 4 - 2 - 3 所示。

表 4 - 2 - 3　日产零件数及其平均数计算表

按每人日产零件分组 x/件	工人人数/人		$x\dfrac{f}{\sum f}$
	绝对数 f	比重 $f/\sum f$	
15	5	0.10	1.50
16	15	0.30	4.80
17	18	0.36	6.12
18	10	0.20	3.60
19	2	0.04	0.76
合计	50	1.00	16.78

　　计算结果和前面计算的加权算术平均数完全相同，这说明了权数的权衡轻重作用，说到底是体现在各组单位数占总体单位数的比重的大小上。哪一组的单位数所占的比重大，哪一组标志值对平均数的影响就大。所以，用比重权数计算的加权算术平均数更明确地显示了权数的实质。

◆　**思考**

　　加权算术平均数中的 f 的作用是什么？当各组次数完全相同（即 $f_1 = f_2 = \cdots = f_n$）时会出现什么情况？此时 f 的作用是什么？

　　以上是根据单项数列资料计算的算术平均数。如果掌握的资料是组距数列，只要先计算出各组的组中值，以组中值为各组标志值，代入加权算术平均数公式即得算术平均数。

　　【例 4 - 2 - 5】 抽样调查某地 2000 个 3 口之家的居民户，得其生活费用支出资料如表 4 - 2 - 4 所示，试计算居民户月平均生活费支出。

　　解　居民户月平均生活费支出为

$$\bar{x} = \frac{\sum xf}{\sum f} = \frac{500 \times 180 + 700 \times 350 + 900 \times 900 + 1100 \times 520 + 1300 \times 50}{180 + 350 + 900 + 520 + 50}$$

$$= \frac{1\ 782\ 000}{2000} = 891(元)$$

表 4 - 2 - 4　2000 户居民生活支出及平均数计算表

月生活费支出/元	组中值 x/元	户数 f/户	各组生活费支出 xf/元
600 以下	500	180	90 000
600～800	700	350	245 000
800～1000	900	900	810 000
1000～1200	1100	520	572 000
1200 以上	1300	50	65 000
合计	—	2000	1 782 000

依据组距数列计算算术平均数的这种方法具有一定的假设性，即假定各组内部的标志值分布是均匀的。在此前提下，组距越小，计算得到的平均数越接近于实际的平均数，即近似程度决定于组距大小。

（二）调和平均数

调和平均数是总体各单位标志值倒数的算术平均数的倒数。与算术平均数类似，调和平均数也有简单调和平均数和加权调和平均数两种形式，其计算公式分别为

$$H = \frac{n}{\frac{1}{x_1} + \frac{1}{x_2} + \cdots + \frac{1}{x_n}} = \frac{n}{\sum\limits_{i=1}^{n} \frac{1}{x_i}} \qquad (4-2-4)$$

$$H = \frac{m_1 + m_2 + \cdots + m_n}{\frac{m_1}{x_1} + \frac{m_2}{x_2} + \cdots + \frac{m_n}{x_n}} = \frac{\sum\limits_{i=1}^{n} m_i}{\sum\limits_{i=1}^{n} \frac{m_i}{x_i}} \qquad (4-2-5)$$

式中：m——各组标志总量。

由于调和平均数也可以看成是变量 x 的倒数的算术平均数的倒数，故有时也被称作倒数平均数。

【例 $4-2-6$】 假定 A、B 两家公司员工的月工资资料如表 $4-2-5$ 所示。试分别计算其平均工资。

表 $4-2-5$ 两公司员工工资情况表

月工资 x/元	工资总额 m/元		员工人数 $f=m/x$/人	
	A 公司	B 公司	A 公司	B 公司
800	48 000	40 000	60	50
1000	70 000	40 000	70	40
1600	32 000	40 000	20	25
合计	150 000	120 000	150	115

在这里，平均工资作为"单位标志平均数"仍然必须是标志总量（工资总额）与单位总数（员工总数）之比。依据给出的月工资水平和工资总额的分组资料，可以首先用前者来除后者，得到各组的员工人数，进而加总得到全公司的员工总数（表中后两列），这样就很容易计算出两个公司各自的平均工资。将这些计算过程归纳起来，就是运用了调和平均数的公式。

解 计算 A 公司的平均工资，得到

$$H_A = \frac{\sum\limits_{i=1}^{3} m_i}{\sum\limits_{i=1}^{3} \frac{m_i}{x_i}} = \frac{48\,000 + 70\,000 + 32\,000}{\frac{48\,000}{800} + \frac{70\,000}{1000} + \frac{32\,000}{1600}} = \frac{150\,000}{150} = 1000(元)$$

对于 B 公司，固然也可以采用加权调和平均数公式来计算其平均工资：

$$H_B = \frac{\sum\limits_{i=1}^{3} m_i}{\sum\limits_{i=1}^{3} \frac{m_i}{x_i}} = \frac{40\,000 + 40\,000 + 40\,000}{\dfrac{40\,000}{800} + \dfrac{40\,000}{1000} + \dfrac{40\,000}{1600}} = \frac{120\,000}{115} \approx 1043.48(元)$$

然而在这里，由于各组的权数（工资总额）相同，实际上并没有真正起到加权的作用。我们采用简单调和平均数的公式来计算，可以得到完全相同的结果，而计算过程却大大简化了：

$$H_B = \frac{3}{\sum\limits_{i=1}^{3} \frac{1}{x_i}} = \frac{3}{\dfrac{1}{800} + \dfrac{1}{1000} + \dfrac{1}{1600}} \approx 1043.48(元)$$

算术平均数和调和平均数的实际意义是相同的，计算公式也可以相互推算，采用哪一种方法完全取决于所掌握的实际资料。一般的做法是：如果掌握的是基本公式中的分母资料，则采用算术平均数，如果掌握的是基本公式中的分子资料，则采用调和平均数的计算公式。

（三）众数

1. 众数的概念

众数是指总体中出现次数最多的标志值，它是总体中最常遇到的标志值，是最普遍的、最一般的标志值。用众数也可以表明社会经济现象的一般水平。例如，要说明消费者需要的服装、鞋帽等的普遍尺码，反映集市贸易市场某种蔬菜的价格等，都可以通过市场调查，分析了解哪一尺码的成交量最大，哪一价格的成交量最多。人们的这种一般需求，即可用众数来衡量。众数用 M_o 表示。

2. 众数的确定

确定众数时首先要将数据资料进行分组，编制变量数列；然后根据变量数列的不同种类采用不同的方法。

1）根据单项式数列确定众数

在单项式数列情况下，确定众数比较简单。计算步骤如下：

第一步：在数列中找出次数最大的组，即众数组；

第二步：确定众数，众数组中的标志值就是众数。

【例 4-2-7】 调查 200 名顾客购买某皮鞋的有关资料如表 4-2-6 所示。

表 4-2-6　200 名顾客购鞋资料

皮鞋尺寸/cm	人数/人
23	20
24	40
25	78
26	50
27	12
合计	200

> 可以看出第三组顾客最多，有78人，该组为众数组，则尺寸25cm就是众数

2）根据组距式数列确定众数

根据组距式数列确定众数，需采用插补法。计算步骤如下：

第一步：先确定众数组，即次数最多一组；

第二步：根据上限公式或下限公式计算众数的近似值。

下限公式：

$$M_o = L + \frac{\Delta_1}{\Delta_1 + \Delta_2} \times i \tag{4-2-6}$$

上限公式：

$$M_o = U - \frac{\Delta_2}{\Delta_1 + \Delta_2} \times i \tag{4-2-7}$$

式中：M_o——众数；

L——众数组的下限；

U——众数组的上限；

Δ_1——众数组次数与前一组次数之差；

Δ_2——众数组次数与后一组次数之差；

i——众数组组距。

【例 4-2-8】 某企业 50 名工人加工零件数如表 4-2-7 所示，计算 50 名工人日加工零件数的众数。

解 从表 4-2-7 中的数据可以看出，最大的频数是 14，即众数组为 120～125 这一组，根据式（4-2-6）可得 50 名工人日加工零件的众数为

$$M_o = 120 + \frac{14-8}{(14-8)+(14-10)} \times 5 = 123 (\text{件})$$

表 4-2-7　某企业 50 名工人加工零件数

按零件数分组/个	人数/人
105～110	3
110～115	5
115～120	8
120～125	14
125～130	10
130～135	6
135～140	4
合计	50

◆ **练一练**

　根据例 4-2-8 中的资料，用式（4-2-7）计算众数，结果如何？

众数是一种位置平均数，是总体中出现次数最多的变量值，不受极端值的影响，因而在实际工作中有时有特殊的用途。例如，要说明一个企业中工人最普遍的技术等级，说明消费者需要的鞋袜、帽子等最普遍的号码，说明农贸市场上某种农副产品最普遍的成交价格等，都需要利用众数。但是必须注意，从分布的角度看，众数是具有明显集中趋势点的数值，一组数据分布的最高峰点所对应的数值即为众数。当然，如果数据的分布没有明显的集中趋势或最高峰点，众数也可能不存在；如果有两个最高峰点，也可以有两个众数。

只有在总体单位比较多，而且又明显地集中于某个变量值时，计算众数才有意义。

（四）中位数

1. 中位数的概念

中位数是指将总体各单位标志值大小顺序排列时，处于中间位置的那个标志值。中位数用 M_e 表示。

从中位数的定义可知，所研究的数据中有一半小于中位数，一半大于中位数。中位数的作用与算术平均数相近，也是作为所研究数据的代表值。在一个等差数列或一个正态分布数列中，中位数就等于算术平均数。

在数列中出现了极端变量值的情况下，用中位数作为代表值要比用算术平均数更好，因为中位数不受极端变量值的影响；如果研究目的就是为了反映中间水平，当然也应该用中位数。在统计数据的处理和分析时，可结合使用中位数。

2. 中位数的确定

根据所掌握资料的不同，中位数的确定方法有两种。

1）根据未分组资料确定中位数

对于未分组的原始资料，首先必须将标志值按大小排序。设排序的结果为：

$$x_1 \leqslant x_2 \leqslant x_3 \leqslant \cdots \leqslant x_n$$

则中位数就可以按下面的方式确定：

$$M_e = \begin{cases} \dfrac{x_{n+1}}{2} & (n \text{ 为奇数}) \\ \dfrac{x_{\frac{n}{2}} + x_{\frac{n}{2}+1}}{2} & (n \text{ 为偶数}) \end{cases}$$

【例 4－2－9】　某学院会计专业某班有 7 名女生，她们英语考试成绩按顺序排列如下：
68、72、75、77、81、84、88

则中位数所在位置在 $(7+1)/2 = 4$，即第 4 位所对应的标志值 77 为中位数，它代表了这 7 名女生英语考试成绩的一般水平。

◆　**练一练**

如果该班有 8 名女生她们的英语期末考试成绩按顺序排列为 68、72、75、76、77、81、84、88，此时中位数如何计算？

2）根据分组资料确定中位数

（1）根据单项式分组资料确定中位数，步骤如下：

第一步：确定中位数的位置，中位数位置 $= \dfrac{\sum f}{2}$；

第二步：根据累计次数确定中位数所在的组（累计次数中找到第一个大于 $\dfrac{\sum f}{2}$ 的组），即中位数组；

第三步：中位数组的标志值就是中位数。

【例 4－2－10】　根据例 4－2－7 中的数据资料计算中位数。

解　计算累计频数，如表 4－2－8 所示。

表 4 - 2 - 8   200 名顾客购鞋累计频数表

皮鞋尺寸/cm	人数 f/人	累计频数/人	
		向上累计	向下累计
23	20	20	200
24	40	60	180
25	78	138	140
26	50	188	62
27	12	200	12
合计	200	—	—

根据表 4 - 2 - 8 中资料计算中位数的位置：200/2＝100。根据向上累计次数或向下累计次数分析，中位数是在第三组(该组累计次数第一个大于 100)，该组为中位数组，则改组标志值 25 cm 就是中位数。

(2)根据组距式数列确定中位数，步骤如下：

第一步：确定中位数的位置，中位数位置＝$\dfrac{\sum f}{2}$；

第二步：根据累计次数确定中位数所在的组(累计次数中找到第一个大于 $\dfrac{\sum f}{2}$ 的组)，即中位数组；

第三步：采用比例插入法，用下限公式或上限公式求得中位数的近似值。

下限公式：

$$M_e = L + \frac{\dfrac{\sum f}{2} - S_{m-1}}{f_m} \times d \qquad (4-2-9)$$

上限公式：

$$M_e = U - \frac{\dfrac{\sum f}{2} - S_{m+1}}{f_m} \times d \qquad (4-2-10)$$

式中：M_e——中位数；

L——中位数组的下限；

U——中位数组的上限；

S_{m-1}——中位数组前一组的向上累计次数；

f_m——中位数组的次数；

S_{m+1}——中位数组后一组的向下累计次数；

d——众数组组距；

$\sum f$——总次数。

【例 4 - 2 - 11】 根据例 4 - 2 - 8 中的资料计算中位数。

解 计算累计频数，如表 4 - 2 - 9 所示。

中位数的位置＝50/2＝25，即中位数在120～125这一组，$L＝120$，$S_{m-1}＝16$，$S_{m+1}＝20$，$f_m＝14$，$i＝5$，根据中位数公式得：

$$M_e＝120+\frac{\frac{50}{2}-16}{14}×5≈123.21（件）$$

表4-2-9 某企业50名工人加工零件中位数计算表

按零件数分组/个	频数/人	向上累计/人	向下累计/人
105～110	3	3	50
110～115	5	8	47
115～120	8	16	42
120～125	14	30	34
125～130	10	40	20
130～135	6	46	10
135～140	4	50	4
合计	50	—	—

◆ **练一练**

　　根据例4-2-11中的资料，利用式(4-2-10)计算中位数。

单元二　标志变异指标

一、离中趋势及其度量方法

　　所谓离中趋势，是指数列中各变量值之间的差距和离散程度，通常采用变异指标来表示。与平均指标相对应，变异指标从另一个侧面反映了总体的特征。变异指标不仅可以综合地显示变量值的离中趋势，还可以用来判别平均数的代表性。一般来讲，数据分布越分散，离势大，变异指标越大，平均指标的代表性越小；数据分布越集中，离势小，变异指标越小，平均指标的代表性越大。常用的变异指标如图4-2-2所示。

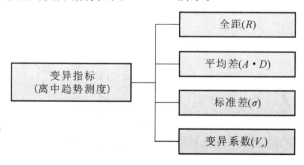

图4-2-2 常用的变异指标

二、变异指标的计算与分析

（一）全距

全矩是总体各单位变量值中最大变量值与最小变量值之差，用 R 来表示。由于全距是一组数据中两个极端值之差，所以它又称极差。对于未分组的资料，全距可以采用如下计算公式：

$$R = x_{max} - x_{min}$$

式中：R——全距；

x_{max}——总体中最大的标志值；

x_{min}——总体中最小的标志值。

对于分组资料，由于不能确知变量实际的最大值和最小值，因而求全距有以下三种方法：

（1）用组值最大组的组中值减去组值最小组的组中值，此法求出的全距一般比实际上的全距要小些。

（2）用组值最大组的上限减去组值最小组的下限，此法求出的全距一般比实际上的全距要大些。

（3）用组值最大组的组中值减去组值最小组的下限；或用组值最大组的上限减去组值最小组的组中值。此法求出的全距多接近于实际上的全距。

全距可以说明总体中标志值变动的范围。全距越大，说明总体中标志值变动的范围越大，从而说明总体各单位标志值差异越大；反之则小。

在实际工作中，全距常用来检查产品质量的稳定性和进行质量控制。在正常生产条件下，全距在一定范围内波动，若全距超过给定的范围，就说明有异常情况出现。因此，利用全距有助于及时发现问题，以便采取措施，保证产品质量。

（二）平均差

1. 平均差的概念

要测定变量值的离中趋势，尤其是要测定各变量值相对于平均数的差异情况，一个很自然的想法就是计算各变量值与算术平均数的离差。但由于算术平均数的性质，各变量值与其算术平均数离差的代数和恒为零，所以用这个性质无法构造出能够测定离中趋势的变异指标。为此，可采取处理离差绝对值的办法，如此构造出来的变异指标，称为平均差，用 $A \cdot D$ 表示。

平均差越大，说明各标志值的差异越大，标志值分布越分散；平均差越小，说明各标志值的差异越小，标志值分布越集中。

2. 平均差的确定

根据所掌握资料的不同，平均差的确定方法有两种。

1）对于未分组的资料确定平均差

如果掌握的是未分组的资料，按照以下步骤计算简单平均差。

第一步：求各单位标志值与其算术平均数离差的绝对值；

第二步：将离差的绝对值之和除以项数。

其计算公式为

$$A \cdot D = \frac{\sum |x - \bar{x}|}{n}$$

【例 4-2-12】 两个生产小组工人日产量情况如下（件）：

甲组：5，6，7，8，9

乙组：3，4，7，9，12

计算两组产量的简单平均差。

解：平均差计算过程如表 4-2-10 所示。

表 4-2-10 平均差计算 单位：件

甲组			乙组		
日产量 x	$x - \bar{x}$	$|x - \bar{x}|$	日产量 x	$x - \bar{x}$	$|x - \bar{x}|$
5	-2	2	3	-4	4
6	-1	1	4	-3	3
7	0	0	7	0	0
8	1	1	9	2	2
9	2	2	12	5	5
合计	—	6	合计	—	14

$$甲组：A \cdot D = \frac{\sum |x - \bar{x}|}{n} = \frac{6}{5} = 1.2（件）$$

$$乙组：A \cdot D = \frac{\sum |x - \bar{x}|}{n} = \frac{14}{5} = 2.8（件）$$

上述结果表明，甲、乙两组工人的平均日产量均为 7 件，但是甲组的平均差明显小于乙组，说明乙组工人日产量差异大于甲组工人日产量差异，所以，甲组工人的平均日产量代表性更大一些。

2）对于分组资料确定平均差

如果掌握的资料是分组数列，则可计算加权平均差。可按照以下步骤计算加权平均差。

第一步：计算算术平均数；

第二步：求各单位标志值与其算术平均数离差的绝对值；

第三步：确定平均差，计算公式为

$$A \cdot D = \frac{\sum |x - \bar{x}| f}{\sum f}$$

【例 4-2-13】 已知某车间工人日产量分组资料如表 4-2-11 所示，求该车间工人日产量的平均差。

解 先计算算术平均数：

$$\bar{x} = \frac{\sum xf}{\sum f} = \frac{8400}{200} = 42（千克）$$

离差与加权平均差计算过程如表 4-2-11 所示。

表 4 - 2 - 11　某车间工人日产量平均差计算表

日产量/千克	工人数 f/人	组中值 x/千克	xf	$x-\bar{x}$	$\|x-\bar{x}\|$	$\|x-\bar{x}\|f$
20～30	10	25	250	-17	17	170
30～40	70	35	2450	-7	7	490
40～50	90	45	4050	3	3	270
50～60	30	55	1650	13	13	390
合计	200	—	8400	—	40	1320

$$A \cdot D = \frac{\sum |x-\bar{x}| f}{\sum f} = \frac{1320}{200} = 6.6（千克）$$

由此可见，该车间 200 个工人日产量的平均差为 6.6 千克。

由于平均差采用了离差的绝对值，不便于运算，这样使其应用受到了很大限制，因此更多情况下应采用标准差。

(三) 标准差

1. 标准差的概念

为了克服平均差带有绝对值计算的缺点，同时保留平均差的优点(即它已将总体中各个单位标志值的差异全部包括在内)，故将各离差平方后求算术平均，再求平方根，来构造变异指标，这样就得到一个常用的而且也是最重要的变异指标——标准差。标准差又称均方差，是总体各单位标志值与其算术平均数的离差平方和的算术平均数的平方根，通常记为 σ，标准差的平方 σ^2 称为方差。标准差是测定标志变异程度的最主要的指标。

2. 标准差的确定

根据掌握的资料不同，标准差的确定有两种方法。

1) 对于未分组资料确定标准差

如果掌握的是未分组的原始资料，按照以下步骤计算简单标准差。

第一步：计算各单位标志值与其算术平均数的离差；

第二步：将各离差进行平方；

第三步：将离差平方和除以离差项数，计算出方差 σ^2，并计算方差平方根，即为标准差。

其计算公式为

$$\sigma = \sqrt{\frac{\sum (x-\bar{x})^2}{n}}$$

【例 4 - 2 - 14】 采用例 4 - 2 - 12 的资料计算标准差。

解　甲、乙两组工人平均日产量为

$$\overline{x_甲}=7, \quad \overline{x_乙}=7$$

简单标准差计算过程如表 4 - 2 - 12 所示。

表 4 - 2 - 12　甲、乙两组工人日产量平均差计算表

甲　组			乙　组		
日产量 x	$x - \bar{x}$	$(x - \bar{x})^2$	日产量 x	$x - \bar{x}$	$(x - \bar{x})^2$
5	-2	4	3	-4	16
6	-1	1	4	-3	9
7	0	0	7	0	0
8	1	1	9	2	4
9	2	4	12	5	25
合计	—	10	合计	—	54

$$甲组：\sigma_甲 = \sqrt{\frac{\sum (x - \bar{x})^2}{n}} = \sqrt{\frac{10}{5}} = 1.41（件）$$

$$乙组：\sigma_乙 = \sqrt{\frac{\sum (x - \bar{x})^2}{n}} = \sqrt{\frac{54}{5}} = 3.29（件）$$

上述结果表明，甲、乙两组工人的平均日产量均为 7 件，但是甲组的标准差比乙组小，说明甲组的平均指标代表性和生产稳定性都比乙组好。

2）对于分组资料确定标准差

如果掌握的是分组资料，可计算加权标准差。对分组资料计算标准差时，采用加权平均法。其计算公式为

$$\sigma = \sqrt{\frac{\sum (x - \bar{x})^2 f}{\sum f}}$$

【例 4 - 2 - 15】　采用例 4 - 2 - 13 的数据计算标准差。

解　先计算算术平均数

$$\bar{x} = \frac{\sum xf}{\sum f} = \frac{8400}{200} = 42（千克）$$

加权标准差计算过程如表 4 - 2 - 13 所示。

表 4 - 2 - 12　某车间工人日产量平均差计算表

日产量/千克	工人数 f/人	组中值 x/千克	$x - \bar{x}$	$(x - \bar{x})^2$	$(x - \bar{x})^2 f$
20～30	10	25	-17	289	2890
30～40	70	35	-7	49	3430
40～50	90	45	3	9	810
50～60	30	55	13	169	5070
合计	200	—	—	—	12 200

$$\sigma = \sqrt{\frac{\sum (x - \bar{x})^2 f}{\sum f}} = \sqrt{\frac{12\ 200}{200}} = 7.8(千克)$$

由此可见，该车间 200 个工人日产量的标准差为 7.8 千克。

标准差和方差是根据全部数据计算的，它反映了每个数据与其均值相比平均相差的数值，因此它能准确地反映出数据的离散程度。方差和标准差是实际中应用最广泛的离散程度测度值。

(四) 变异系数

全距、平均差和标准差都具有和原资料相同的计算单位，称为绝对离势。用离势的绝对指标除以其平均指标求离势的相对指标，就可以在计量单位不同或平均水平不一的对象之间进行直接比较。这种由绝对离势转化而来的相对离势称为变异系数，用符号 V 表示。

变异系数就是现象总体的变异指标与其算术平均数之比，它反映了总体各单位标志值之间平均相差的相对程度，是一个相对变异指标。

统计分析中常用的变异系数是标准差系数，用 V_σ 表示，其计算公式为

$$V_\sigma = \frac{\sigma}{\bar{x}} \times 100\%$$

变异系数要是用于对不同组别数据的离散程度进行比较，则变异系数大的说明该组数据的离散程度也就大，变异系数小的说明该组数据的离散程度也就小。

【例 4 - 2 - 16】 甲、乙两组工人月工资(单位：元)资料如下：

甲组：105，120，124，140，150，158，170

乙组：96，125，150，162，180，210，240

试比较甲、乙两组工人平均月工资的代表性。

解 根据资料计算：

甲组：$\overline{x_甲} = 138.14$ 元；$\sigma_甲 = 21.32$ 元；$V_{\sigma_甲} = \frac{\sigma_甲}{\bar{x}_甲} = \frac{21.32}{138.14} \times 100\% \approx 15.43\%$。

乙组：$\overline{x_乙} = 166$ 元；$\sigma_乙 = 45.67$ 元；$V_{\sigma_乙} = \frac{\sigma_乙}{\bar{x}_乙} = \frac{45.67}{166} \times 100\% \approx 27.51\%$。

计算结果表明，甲组的标准差系数小于乙组的标准差系数，这说明甲组工人月工资额的离散程度小于乙组，甲组工人平均月工资额的代表性强于乙组。

◆ **练一练**

试根据例 4-2-16 中的资料计算全距系数和平均差系数，并说明各系数的含义。

单元三　Excel 在集中和离中趋势计算中的运用

一、未分组资料计算集中与离中趋势指标

(一) 利用 Excel 函数工具

Excel 提供了"AVERAGE(算术平均数)""HARMEAN(调和平均数)""MODE(众数)""MEDIAN(中位数)""VARP(方差)""STDEV(标准差)"等函数工具。对未分组资料

求集中与离中趋势指标,可以使用以上函数。操作步骤如下:

第一步:点击"公式"菜单,选择"插入函数"选项;

第二步:出现"插入函数"对话框后,在"选择类别"里选择"统计";

第三步:在"选择函数"中选择要计算的函数,按照操作提示输入数据即可。

下面以算术平均为例。现有某生产班组 10 工人日产量的原始资料(单位:件):

17、18、18、19、19、19、19、20、20、20

将这些数据输入到 Excel 表的 A1 至 A10 中,然后进行以下操作:

(1)单击任一空单元格(用于放置计算好的平均数,此处用 B6 单元格),在"公式"菜单中,选择"插入函数"选项,弹出"函数参数"对话框,如图 4 - 2 - 3 所示。

图 4 - 2 - 3　"AVERAGE"对话框

(2)在"AVERAGE"对话框中的"Number1"后面,输入"A1:A10",点击"确定"按钮,即得到平均数 18.9,如图 4 - 2 - 4 所示。

图 4 - 2 - 4　简单平均数计算

若在 Excel 中的数据有若干列,可以将各列数据的起止行列号输入到"AVERAGE"中的"Number1""Number2"…中，同样可以一次得出总平均数。

其余集中与离中趋势指标可用同样方法计算。

（二）利用 Excel 的数据分析工具

除了利用上述统计函数完成统计数据分析外，Excel 还在数据分析宏程序中提供了一个描述统计过程。

以某生产车间 50 名工人日加工零件数（单位：个）为例：

117	108	110	112	137	122	131	118	134	114
124	125	123	127	120	129	117	126	123	128
139	122	133	119	124	107	133	134	113	115
117	126	127	120	139	130	122	123	123	128
122	118	118	127	124	125	108	112	135	121

操作步骤如下：

第一步：建立数据库，将 50 名工人日加工零件数输入 Excel 单元格 B2:B51。

第二步：在"数据"菜单中单击"数据分析"选项，从打开对话框的"分析工具"列表框中选择"描述统计"，如图 4-2-5 所示。

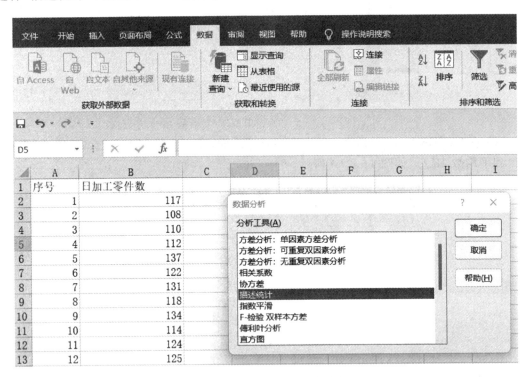

图 4-2-5 "数据分析"对话框

第三步：打开"描述统计"对话框，如图 4-2-6 所示。在"输入区域"中输入数据所在单元格区域 B1:B51（图中"$"符号是自动生成的），选择输出"汇总统计""平均数值信度""第 K 大值"和"第 K 小值"，后两项选择系统默认值"1"，表示选择输出第 1 个最大值和第 1 个最小值。选择"输出区域"为 E3 单元格，然后点击"确定"按钮，即得到图 4-2-7 所示的描述统计结果。

图 4 - 2 - 6 "描述统计"对话框

图 4 - 2 - 7 描述统计结果

二、分组资料计算集中与离中趋势指标

对于分组资料，主要是输入公式结合填充柄功能进行相关指标的操作计算。下面以算术平均数计算为例，现有某班组工人日产量资料，如表4－2－14所示。

表4－2－14　某生产班组工人日产量分组表

按日产量分组 x/件	工人数 f/人	各组总产量 xf/件
17	1	17
18	2	36
19	4	76
20	3	60
合计	10	189

计算步骤如下：

(1) 创建 Excel 文件，在 A、B 列输入表4－2－14的数据。

(2) 在 C2 单元格中输入公式"＝A2＊B2"，回车确定，使用填充柄功能，使用鼠标拖至 C5，得到各组的总产量。

(3) 在 C6 单元格中输入公式"＝SUM(C2:C5)"，或者按常用工具栏中的"$\sum$"符号，回车确定，得到各组产量总和。

(4) 计算平均数。在任一空单元格(如 B7)中输入公式"＝C6/B6"，回车确定，即求得算术平均数为18.9件。计算结果如图4－2－8所示。

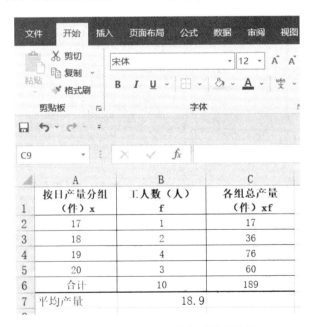

图4－2－8　分组资料算术平均数计算

其余的集中与离中趋势指标可用同样方法计算。

❖ 任 务 实 施 ❖

任务 1　集中趋势的测度

1. 平均销售额

对甲、乙两家连锁店的集中趋势分析，可以考虑分析甲、乙连锁店的营业员平均销售额。由于是分组数据，所以采用加权算术平均，其公式如下：

$$\bar{x} = \frac{\sum xf}{\sum f}$$

式中：x——销售额的组中值；

f——营业员人数。

2. 销售额众数与中位数

除了对甲、乙连锁店的平均销售额进行比较外，同时可以计算两家连锁店销售额的众数与中位数。

平均销售额与众数、中位数的具体计算由 Excel 中的"描述统计"功能或者利用 Excel 计算功能对分组资料进行公式计算完成。

任务 2　离散程度的测度

甲、乙连锁店人员销售状况的离散程度测度可以计算全距、平均差、标准差，如果甲、乙连锁店的平均销售额不同，还可以进一步计算变异系数，通过变异系数比较平均销售额的代表性。

1. 全距

由于是分组资料，所以采用组值最大组的组中值减去组值最小组下限。

2. 平均差、标准差、变异系数

平均差的计算公式为

$$A \cdot D = \frac{\sum |x - \bar{x}| f}{\sum f}$$

标准差的计算公式为

$$\sigma = \sqrt{\frac{\sum (x - \bar{x})^2 f}{\sum f}}$$

式中：x——销售额的组中值；

f——营业员人数。

变异系数采用标准差系数，其计算公式为

$$V_\sigma = \frac{\sigma}{\bar{x}} \times 100\%$$

具体的计算过程参见任务3。

任务 **3**　应用 Excel 计算集中和离中趋势指标

表4-2-1提供的数据是分组数据，所以只能使用 Excel 的计算功能。

1．建立数据库

将甲、乙连锁店2021年的销售资料输入 Excel，如图4-2-9所示。

	A	B	C	D
1	甲乙连锁店2021年销售资料			
2	甲连锁店		乙连锁店	
3	按销售额分组（千元/人）	营业员人数（人）	按销售额分组（千元/人）	营业员人数（人）
4	20～30	3	20～30	—
5	30～40	12	30～40	2
6	40～50	9	40～50	8
7	50～60	6	50～60	6
8	60～70	—	60～70	4
9	合计	30	合计	20

图4-2-9　甲、乙连锁店2021年销售资料

2．集中趋势测度

1）计算平均销售额

计算过程如图4-2-10所示。

	A	B	C	D	E	F	G	H	I	J
1	甲乙连锁店2021年销售资料									
2	甲连锁店					乙连锁店				
3	按销售额分组（千元/人）	组中值x	营业员人数f（人）	销售总额xf	平均销售额（千元/人）	按销售额分组（千元/人）	组中值x	营业员人数f（人）	销售总额xf	平均销售额（千元/人）
4	20～30	25	3	75		20～30	25	—		
5	30～40	35	12	420		30～40	35	2	70	
6	40～50	45	9	405	41	40～50	45	8	360	51
7	50～60	55	6	330		50～60	55	6	330	
8	60～70	65	—			60～70	65	4	260	
9	合计	—	30	1230	—	合计	—	20	1020	

D9/C9

I9/H9

图4-2-10　平均销售额计算过程

由图4-2-10可知，甲连锁店营业员平均销售额为41千元/人，乙连锁店营业员平均销售额为51千元/人。

2）众数

由表4-2-1可知，甲连锁店营业员人数最多的是12人，乙连锁店营业员人数最多的是8人，它们所对应的销售额分别为30～40千元/人和40～50千元/人，因此，销售额30～40千元/人和40～50千元/人这两个销售额组分布就是甲、乙连锁店销售额众数

组，它们反映了甲、乙连锁店营业员人均销售的一般水平。下面利用众数下限公式计算众数近似值。

在 Excel 中代入公式：

$$M_o = L + \frac{\Delta_1}{\Delta_1 + \Delta_2} \times i$$

计算得甲连锁店营业员人均销售为 37.5 千元/人，乙连锁店营业员人均销售为 47.5 千元/人。

3）中位数

在 Excel 中计算甲、乙连锁店销售资料的累计频数，如图 4-2-11 所示。

	A	B	C	D	E	F
1	甲乙连锁店2021年销售资料					
2	甲连锁店			乙连锁店		
3	按销售额分组（千元/人）	营业员人数（人）	累计频数（向上累计）	按销售额分组（千元/人）	营业员人数（人）	累计频数（向上累计）
4	20～30	3	3	20～30	—	—
5	30～40	12	15	30～40	2	2
6	40～50	9	24	40～50	8	10
7	50～60	6	30	50～60	6	16
8	60～70	—	—	60～70	4	20
9	合计	30	—	合计	20	—

图 4-2-11　累计频数计算过程

甲连锁店中位数位置 $= \dfrac{\sum f}{2} = \dfrac{30}{2} = 15$；

乙连锁店中位数位置 $= \dfrac{\sum f}{2} = \dfrac{20}{2} = 10$。

由图 4-2-11 可知，甲、乙连锁店中位数分别在销售额为 30～40 千元/人和 40～50 千元/人这一组中。

利用中位数下限公式计算近似值。

在 Excel 中代入公式：

$$M_e = L + \frac{\dfrac{\sum f}{2} - S_{m-1}}{f_m} \times d$$

计算得甲、乙连锁店营业员销售额中位数分别为 40 千元/人和 50 千元/人。

由集中趋势分析可知，乙连锁店营业员平均销售额高于甲连锁店，这由平均销售额、中位数、众数都可以证明。这说明乙连锁店营业员的人均效率要高于甲连锁店。

3. 离中趋势测度

1）全距

由图 4-2-10 可知，甲连锁店全距＝55－20＝35，乙连锁店全距＝65－30＝35。甲、乙连锁店营业员销售额全距相同，说明甲、乙连锁店营业员销售额变异程度相同。

2）平均差

计算过程如图4-2-12所示。

		甲连锁店					乙连锁店				
甲乙连锁店2021年销售资料及平均差计算											
按销售额分组（千元/人）	组中值x	营业员人数f（人）	平均销售额$\bar{x}$（千元/人）	$\|x-\bar{x}\|$	$\|x-\bar{x}\|f$	按销售额分组（千元/人）	组中值x	营业员人数f（人）	平均销售额$\bar{x}$（千元/人）	$\|x-\bar{x}\|$	$\|x-\bar{x}\|f$
20~30	25	3		16	48	20~30	25	—		—	—
30~40	35	12		6	72	30~40	35	2		16	32
40~50	45	9	41	4	36	40~50	45	8	51	6	48
50~60	55	6		14	84	50~60	55	6		4	24
60~70	65	—		—	—	60~70	65	4		14	56
合计	—	30	—	—	240	合计	—	20	—	—	160

图4-2-12　甲、乙连锁店2021年销售资料及加权平均差计算过程

代入公式：

$$A \cdot D = \frac{\sum |x - \bar{x}| f}{\sum f}$$

计算得甲连锁店平均差为

$$\frac{240}{30} = 8 \text{ 千元/人}$$

乙连锁店平均差为

$$\frac{160}{20} = 8 \text{ 千元/人}$$

3）标准差

计算过程如图4-2-13所示。

		甲连锁店						乙连锁店						
甲乙连锁店2021年销售资料及标准差计算														
按销售额分组（千元/人）	组中值x	营业员人数f（人）	平均销售额$\bar{x}$（千元/人）	$x-\bar{x}$	$(x-\bar{x})^2$	$(x-\bar{x})^2 f$	按销售额分组（千元/人）	组中值x	营业员人数f（人）	平均销售额$\bar{x}$（千元/人）	$x-\bar{x}$	$(x-\bar{x})^2$	$(x-\bar{x})^2 f$
20~30	25	3		-16	256	768	20~30	25	—				
30~40	35	12		-6	36	432	30~40	35	2		-16	256	512
40~50	45	9	41	4	16	144	40~50	45	8	51	-6	36	288
50~60	55	6		14	196	1176	50~60	55	6		4	16	96
60~70	65	—		—	—	—	60~70	65	4		14	196	784
合计	—	30		—	—	2520	合计	—	20		—	—	1680

图4-2-13　甲、乙连锁店2021年销售资料及加权标准差计算过程

代入公式：

$$\sigma = \sqrt{\frac{\sum (x - \bar{x})^2 f}{\sum f}}$$

计算得甲连锁店标准差为

$$\sqrt{\frac{2520}{30}} = 9.16 \text{ 千元/人}$$

乙连锁店标准差为

$$\sqrt{\frac{1680}{20}} = 9.16 \text{ 千元/人}$$

4）变异系数

甲连锁店标准差系数为

$$V_\sigma = \frac{\sigma}{\bar{x}} \times 100\% = \frac{9.16}{41} = 22.35\%$$

乙连锁店标准差系数为

$$V_\sigma = \frac{\sigma}{\bar{x}} \times 100\% = \frac{9.16}{51} = 17.97\%$$

由离中趋势分析可知，甲、乙连锁店的全距、平均差和标准差相同，这说明甲、乙连锁店营业员销售额变异程度相同，但是由集中趋势分析可知，乙连锁店营业员平均销售额高于甲连锁店，同时，甲连锁店标准差系数大于乙连锁店，所以乙连锁店平均销售额的代表性高于甲组。

❖　实　训　❖

1. 实训目的

（1）掌握平均指标和变异指标的分析方法；

（2）培养学生应用平均指标和变异指标分析实际问题的能力。

2. 实训内容

小李是一名即将毕业的物流管理专业的应届毕业生，通过多轮的面试，目前已经收到甲、乙两家公司的录用通知。小李已经获知这两家公司的一些信息如表4－2－15所示。小李在获知这些信息后该如何选择公司呢？

表 4－2－15　两公司员工工资信息表

公司名称	收入/元									
	经理	副经理	员工 A	员工 B	员工 C	员工 D	员工 E	员工 F	员工 G	员工 H
甲	8500	7600	1200	950	850	800	800	800	800	—
乙	2600	2250	2150	2100	2050	1950	1900	1900	1900	1200

3. 实训要求

（1）学生分组，每组 5～6 人，查阅平均指标和变异指标的相关知识；

（2）根据提供的信息分析解决步骤；

（3）利用 Excel 工具建立数据库；

（4）计算平均指标，判断甲、乙公司员工平均收入；

（5）计算变异指标，判断甲、乙公司员工收入的差异程度；

（6）根据平均指标和变异指标为小李提供决策方案，并说明原因；

（7）小组派代表发言；

（8）各组互评与教师点评。

4. 实训评价

集中与离中趋势分析技能训练评价表如表4－2－16所示。

表4－2－16　集中与离中趋势分析技能训练评价表

	内　　容	分值	教师评价
考评标准	正确计算平均指标并对数据分析到位	30	
	正确计算变异指标并对数据分析到位	30	
	各组成员岗位分工合理	20	
	各成员课堂讨论热烈、积极回答课堂问题、积极参与操作	20	
合计		100	

注：实际得分＝自我评价×20％＋他人评价×30％＋教师评价×50％。

模块五

动态数据特征分析

项目一 动态数列编制

思政素材

两会数据看中国

2021年是党和国家历史上具有里程碑意义的一年。在以习近平同志为核心的党中央坚强领导下，各地区各部门坚持以习近平新时代中国特色社会主义思想为指导，全面贯彻党的十九大和十九届历次全会精神，弘扬伟大建党精神，按照党中央、国务院决策部署，坚持稳中求进工作总基调，完整、准确、全面贯彻新发展理念，加快构建新发展格局，全面深化改革开放，坚持创新驱动发展，推动高质量发展。我们隆重庆祝中国共产党成立一百周年，实现第一个百年奋斗目标，开启向第二个百年奋斗目标进军新征程，沉着应对百年变局和世纪疫情，构建新发展格局迈出新步伐，高质量发展取得新成效，实现了"十四五"良好开局。我国经济发展和疫情防控保持全球领先地位，国家战略科技力量加快壮大，产业链韧性得到提升，改革开放向纵深推进，民生保障有力有效，生态文明建设持续推进。这些成绩的取得，是以习近平同志为核心的党中央坚强领导的结果，是全党全国各族人民勠力同心、艰苦奋斗的结果。

初步核算，全年国内生产总值为 1 143 670 亿元，比上年增长 8.1%，两年平均增长 5.1%。其中，第一产业增加值为 83 086 亿元，比上年增长 7.1%；第二产业增加值为 450 904 亿元，增长 8.2%；第三产业增加值为 609 680 亿元，增长 8.2%。第一产业增加值占国内生产总值比重为 7.3%，第二产业增加值比重为 39.4%，第三产业增加值比重为 53.3%。全年最终消费支出拉动国内生产总值增长 5.3 个百分点，资本形成总额拉动国内生产总值增长 1.1 个百分点，货物和服务净出口拉动国内生产总值增长 1.7 个百分点。全年人均国内生产总值为 80 976 元，比上年增长 8.0%。国民总收入为 1 133 518 亿元，比上年增长 7.9%。全员劳动生产率为 146 380 元/人，比上年提高 8.7%。

（资料来源：国家统计局）

能力目标

(1) 能够根据不同时间变动的数据分析其变动规律；

(2) 能用水平指标和速度指标分析社会经济问题。

❯❯ 知 识 目 标

（1）了解动态数列的种类；

（2）掌握动态数列指标的计算方法。

❯❯ 素 质 目 标

（1）通过分析经济数据了解我国经济增长指标，培养学生的爱国精神和民族自豪感；

（2）通过比较中外经济发展的数据，培养学生对中国特色社会主义四个自信的坚定信仰。

❯❯ 项目概述与分析

2021 年，新能源汽车产业出现迅猛发展，带动了各品牌的 4S 店销售业绩。为了及时应对市场对汽车的需求，长三角某品牌汽车销售 4S 店的门店经理想对近 8 年的某品牌新能源汽车销量进行分析。现在销售助理已经对 2014～2021 年的历年销售资料进行了整理，如表 5-1-1 所示，那么如何根据历年销售资料分析这 8 年的销售变动情况呢？

表 5-1-1　某品牌新能源汽车历年销售资料

年份	2014	2015	2016	2017	2018	2019	2020	2021
销售量/台	8763	8861	8946	9027	9100	9172	9243	9315

从销售助理提供的资料可以看出，2014 年至 2021 年该品牌汽车销量呈现增长的趋势，但是增长了多少？如何描述增长量？可以通过以下两个任务来完成：

任务 1　动态水平指标分析；

任务 2　动态速度指标分析。

◆ 预 备 知 识 ◆

单元一　动态水平指标

模块四中的总量指标、相对指标和平均指标等综合指标是根据同一时间的资料从静态上对总体的数量特征进行分析的。但社会经济现象总是随着时间的推移而不断发展变化的，这就需要用动态指标来进行分析。

一、动态数列

（一）动态数列的含义

动态数列是将不同时间的统计数据按照时间的先后顺序排列起来而形成的统计数列，也叫时间序列或时间数列，它可以反映现象在一个相当长时间内的发展变化过程及其规律性。如将某市化纤行业工人平均月工资收入按照时间顺序排列，就形成了如表 5-1-2 所示的时间数列，它反映了该行业工人平均月工资的情况。

表 5-1-2　某市化纤行业工人月工资收入表

年份	2011	2012	2013	2014	2015	2016	2017	2018	2019	2020
平均月工资/元	1980	2150	2250	2380	2480	2600	2700	2820	2920	3100

时间数列有两个构成要素：一个是时间，另一个是各时间上相应的统计指标。

（二）动态数列编制的原则

编制动态数列的目的，是要对客观现象进行动态对比分析，以认识现象的发展变化过程和规律性。这就要求动态数列中各项指标要具有可比性，而要做到可比，编制动态数列时必须遵循一定的原则，如图 5-1-1 所示。

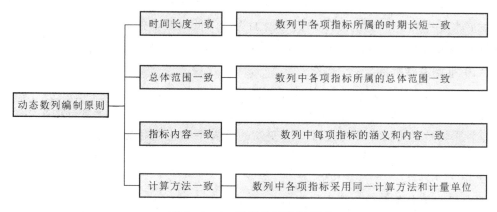

图 5-1-1　动态数列编制原则

编制动态数列是为了研究社会经济现象的发展水平和速度，认识事物发展在数量上的规律性，需要对时间序列计算一系列的分析指标，主要包括动态数列水平指标和动态数列速度指标。具体指标如图 5-1-2 所示。

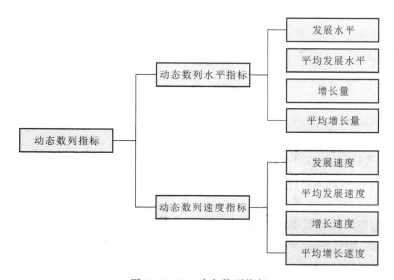

图 5-1-2　动态数列指标

二、动态数列水平指标分析

动态数列的水平指标分析主要从发展水平、平均发展水平、增长量和平均增长量几个方面进行。

(一) 发展水平

发展水平指动态数列中的各个指标值，又称发展量或时间序列水平，它反映了现象在一定时期内或时点上达到的规模或水平，是计算动态分析指标的基础。

设动态数列各项指标数值为：a_0，a_1，a_2，$\cdots$，a_n。

符号 a 代表发展水平，下标 0，1，2，$\cdots$，n 表示时间序号，其中 a_0 称为最初水平，a_n 称为最末水平，在最初水平和最末水平之间的称为中间水平。

在对动态数列中的发展水平进行比较分析时，通常将要分析研究的那个时期的发展水平称为报告期水平，将作为比较基础时期的发展水平称为基期水平。

发展水平在文字上习惯用"增加到""增加为""降低到""降低为"来表述。如 2018 年某地区普通高校在校人数 29.77 万人，2019 年增加到 45.05 万人。

(二) 平均发展水平

将时间数列中各个发展水平加以平均而得到的平均数称为平均发展水平，用以反映现象在一段时间内发展变化所达到的一般水平。平均发展水平又称序时平均数或动态平均数。

这种平均数是将某种事物在时间上变动的差异平均化，用以说明一段时间内的一般水平。

◆　**思考**

序时平均数与算术平均数有何不同？

由于发展水平可以是绝对数、相对数或平均数，而绝对数又有时期指标和时点指标，因此计算平均发展水平的方法各不相同。

1. 由绝对数动态数列计算平均发展水平

1）时期数列平均发展水平的计算

时期数列具有可加性，根据时期数列计算平均发展水平，一般直接采用简单算术平均法计算，即将观察期内的各时期数据相加，再除以相应的时期数，用公式表示为

$$\bar{a} = \frac{\sum a}{n}$$

式中：$\bar{a}$——平均发展水平；

a——各时期的发展水平；

n——时期项数（发展水平的个数）。

2）时点数列平均发展水平的计算

由于时点指标反映的是现象在某一瞬间的数量特征，指标值直接相加无意义，因此不能直接用累计相加求出总量的办法计算平均发展水平。为了计算方便，通常以一定单位时间作为一个瞬间，实践中通常把一天作为一个瞬间单位，这样时点序列就可以分为连续时点序列和间断时点序列。

（1）由连续时点数列计算平均发展水平。

连续时点数列是将逐日（间隔相等）登记的资料按照时间先后顺序排列而形成的时间数列。对于逐日排列的时点资料，视其为连续时点资料。这样的连续时点数列，其序时平均数可按时期数列平均发展水平计算，即

$$\bar{a} = \frac{\sum a}{n}$$

另一种情形是，资料登记的时间单位仍然是 1 天，但实际上只在指标值发生变动时才记录一次。此时需采用加权算术平均数的方法计算序时平均数，权数是每一指标值的持续天数。计算公式如下：

$$\bar{a} = \frac{\sum af}{\sum f}$$

式中：a——时点指标值；

f——时点指标值持续不变的时间长度。

【例 5 - 1 - 1】　某企业 7 月份的产品库存量如表 5 - 1 - 3 所示，要求计算该企业 7 月份的平均库存量。

表 5 - 1 - 3　某企业 7 月份库存量统计表

日期	7 月 1 日 至 7 日	7 月 8 日 至 13 日	7 月 14 日 至 21 日	7 月 22 日 至 25 日	7 月 26 日 至 31 日
库存量/吨	46	53	46	56	53

解　该企业日平均库存量为

$$\bar{a} = \frac{\sum af}{\sum f} = \frac{46 \times 7 + 53 \times 6 + 46 \times 8 + 56 \times 4 + 53 \times 6}{7 + 6 + 8 + 4 + 6} = \frac{1550}{31} = 50(\text{吨})$$

（2）由间断时点数列计算平均发展水平。

间断时点数列指的是间隔一段时间对现象在某一时点上所表现的状况进行一次性登记，并将登记数据按照时间先后顺序排列所形成的时间数列。

为了计算方便，一般假设所研究对象在相邻时点之间的变动是均匀的，且假设本期末和下期初的时点指标为同一数值。可见，以此假设为前提计算得到的平均发展水平只是一个近似值。动态数列的间隔时间越长，其准确性就越差。

① 等间隔时点数列的平均发展水平。

计算等间隔时点数列的平均发展水平分两个步骤，首先计算各个间隔期内的平均水平，然后再将各间隔期平均水平进行平均，求得全数列平均发展水平。其计算公式为

$$\bar{a} = \frac{\frac{a_1 + a_2}{2} + \frac{a_2 + a_3}{2} + \cdots + \frac{a_{n-1} + a_n}{2}}{n-1} = \frac{\frac{a_1}{2} + a_2 + a_3 + \cdots + a_{n-1} + \frac{a_n}{2}}{n-1}$$

上述公式表明，等间隔时点数列的平均发展水平是"数列指标之和，首尾两项各半，项数减 1 去除"，故又称为"首末折半法"。

② 不等间隔时点数列的平均发展水平。

计算不等间隔时点数列的平均发展水平时，要用间隔长度作为权数，运用加权平均法进行计算。其计算公式为

$$\bar{a}=\frac{\left(\frac{a_0+a_1}{2}\right)f_1+\left(\frac{a_1+a_2}{2}\right)f_2+\cdots+\left(\frac{a_{n-1}+a_n}{2}\right)f_n}{f_1+f_2+\cdots+f_n}$$

【例 5-1-2】 某商场 2021 年某商品库存资料如表 5-1-4 所示，要求计算该商品的年均库存量。

表 5-1-4　某商场 2021 年某商品库存资料

时间	1 月初	3 月初	7 月初	10 月初	12 月末
库存量/件	1500	600	900	1600	1000

解　该商场 2021 年某商品年均库存量为

$$\bar{a}=\frac{\left(\frac{a_0+a_1}{2}\right)f_1+\left(\frac{a_1+a_2}{2}\right)f_2+\cdots+\left(\frac{a_{n-1}+a_n}{2}\right)f_n}{f_1+f_2+\cdots+f_n}$$

$$=\frac{\frac{1500+600}{2}\times2+\frac{600+900}{2}\times4+\frac{900+1600}{2}\times3+\frac{1600+1000}{2}\times3}{2+4+3+3}$$

$$=1062.5(件)$$

2. 由相对数或平均数动态数列计算平均发展水平

相对数或平均数动态数列中的指标数值 c_i，都是根据两个相联系的绝对数动态数列对应数值 a_i 和 b_i 相比而求得的，即 $c_i=\frac{a_i}{b_i}$。因此，由相对数或平均数数列计算序时平均数，应当先分别计算构成该相对数或平均数数列的分子数列和分母数列的序时平均数，再对比求得。其计算公式为

$$\bar{c}=\frac{\bar{a}}{\bar{b}}$$

在实际应用中，应先分析相比的分子和分母是时期数列还是时点数列，以及是哪一种时点数列，然后再按照前面所述的相应公式计算。

针对不同数列，平均发展水平的计算公式如表 5-1-5 所示。

表 5-1-5　平均发展水平计算

动态数列类型				计算公式
绝对数动态数列	时期数列			$\bar{a}=\dfrac{\sum a}{n}$
	时点数列	时点连续	间隔相等	$\bar{a}=\dfrac{\sum a}{n}$
			间隔不等	$\bar{a}=\dfrac{\sum af}{\sum f}$
		时点间断	间隔相等	$\bar{a}=\dfrac{\frac{a_1}{2}+a_2+a_3+\cdots+a_{n-1}+\frac{a_n}{2}}{n-1}$
			间隔不等	$\bar{a}=\dfrac{\left(\frac{a_0+a_1}{2}\right)f_1+\left(\frac{a_1+a_2}{2}\right)f_2+\cdots+\left(\frac{a_{n-1}+a_n}{2}\right)f_n}{f_1+f_2+\cdots+f_n}$
相对数或平均数动态数列				$\bar{c}=\dfrac{\bar{a}}{\bar{b}}$

（三）增长量

增长量也称增长水平，是报告期水平与基期水平之差，用以说明现象在一定时期内增长或减少的绝对量。根据所选择的基期不同，增长量可分为逐期增长量和累计增长量。

1. 逐期增长量

逐期增长量是报告期水平与其前一期水平之差，说明报告期发展水平比前一期发展水平增加（或减少）的绝对量。其计算公式为

$$逐期增长量＝报告期发展水平－前一期发展水平$$

即

$$a_1-a_0,\ a_2-a_1,\ \cdots,\ a_i-a_{i-1},\ \cdots,\ a_n-a_{n-1}$$

2. 累计增长量

累计增长量是报告期水平与某一固定基期水平之差，说明报告期发展水平比固定基期发展水平增加（或减少）的绝对量。其计算公式为

$$累计增长量＝报告期发展水平－固定基期发展水平$$

即

$$a_1-a_0,\ a_2-a_0,\ \cdots,\ a_i-a_0,\ \cdots,\ a_n-a_0$$

逐期增长量与累计增长量之间存在一定的换算关系：

（1）同一时间序列中，逐期增长量之和等于相应时期的累计增长量，即

$$\sum (a_i-a_{i-1})=a_n-a_0$$

（2）两相邻时期累计增长量之差等于相应时期的逐期增长量，即

$$(a_i-a_0)-(a_{i-1}-a_0)=a_i-a_{i-1}$$

（四）平均增长量

平均增长量是观察期各逐期增长量的平均数，用于描述现象在观察期内平均每期增长的数量，它可以根据逐期增长量计算，也可以根据累计增长量计算。其计算公式为

$$平均增长量＝\frac{逐期增长量之和}{逐期增长量个数}＝\frac{累计增长量}{观察值个数-1}$$

即

$$\frac{\sum\limits_{i=1}^{n}(a_i-a_{i-1})}{n}＝\frac{a_n-a_0}{n}$$

式中：n——逐期增长量个数，即动态数列的项数减 1。

单元二　动态速度指标

速度分析是水平分析的深入和继续，速度分析的主要内容包括发展速度、增长速度、平均发展速度和平均增长速度。

（一）发展速度

发展速度是报告期发展水平与基期发展水平之比，用于描述现象在观察期内的相对变化程度，通常用百分数表示。

根据采用的基期不同,发展速度可以分为环比发展速度和定基发展速度。具体计算如表 5-1-6 所示。

表 5-1-6 发展速度计算表

发展速度	计算公式	作　用
环比发展速度	$\dfrac{a_1}{a_0}, \dfrac{a_2}{a_1}, \cdots, \dfrac{a_n}{a_{n-1}}$	报告期水平与前一时期水平之比,说明现象逐期发展变化的程度
定基发展速度	$\dfrac{a_1}{a_0}, \dfrac{a_2}{a_0}, \cdots, \dfrac{a_n}{a_0}$	报告期水平与某一固定时期水平之比,说明现象在整个观察期内总的发展变化程度

在实际分析中,有时为了消除季节变动的影响,常用"年距发展速度"来反映现象一年后的发展变化方向和程度,它等于本期发展水平与上年同期发展水平之比,即

$$年距发展速度 = \frac{本期发展水平}{上年同期发展水平}$$

环比发展速度与定基发展速度之间存在着重要的数量关系:观察期内各个环比发展速度的连乘积等于相应时期的定基发展速度;两个相邻的定基发展速度,用后者除以前者,等于相应时期的环比发展速度。其计算公式为

$$\frac{a_n}{a_0} = \frac{a_1}{a_0} \times \frac{a_2}{a_1} \times \cdots \times \frac{a_n}{a_{n-1}}$$

$$\frac{a_i/a_0}{a_{i-1}/a_0} = \frac{a_i}{a_{i-1}}$$

(二)增长速度

1. 增长速度的含义

增长速度又称增减速度,是报告期比基期的增长量与基期水平之比,表示报告期水平比基期水平增长了百分之几或多少倍。其基本计算公式为

$$增减速度 = \frac{增减量}{基期水平} = \frac{报告期水平 - 基期水平}{基期水平} = 发展速度 - 1$$

增长速度一般用百分数表示,当增长速度大于 0 时,表明现象的发展是增长的,当增长速度小于 0 时,表明现象的发展是下降(负增长)的。

由于采用的基期不同,增长速度也可分为环比增长速度和定基增长速度。前者是逐期增减量与前一时期水平之比,用于描述现象逐期增减的程度,后者是累积增减量与某一固定时期水平之比,用于描述现象在观察期内总的增减程度。

设增长速度为 G,环比增长速度和定基增长速度的公式分别如下。

环比增长速度:

$$G_i = \frac{a_i - a_{i-1}}{a_{i-1}} = \frac{a_i}{a_{i-1}} - 1 \quad (i = 1, 2, \cdots, n)$$

定基增长速度:

$$G_i = \frac{a_i - a_0}{a_0} = \frac{a_i}{a_0} - 1 \quad (i = 1, 2, \cdots, n)$$

2. 增长 1% 的绝对值

增长速度指标虽然能够说明现象增长的程度,但却不能反映现象增长的实际效果。为

了更全面地对现象的发展实力进行分析，在比较现象的速度指标之外，还要分析现象增长1%的绝对值。

增长 1% 的绝对值是逐期增长量与环比增长速度之比，用以说明现象报告期比基期每增长 1% 的绝对数量是多少，即

$$增长 1\% 绝对值 = \frac{逐期增长量}{环比增长速度 \times 100} = \frac{前期水平}{100}$$

【例 5-1-3】 假定有两个生产条件基本相同的企业，各年的利润额及有关的速度值如表 5-1-7 所示，试分析甲、乙两企业的经营业绩。

表 5-1-7　甲、乙两个企业的有关资料

年份	甲企业		乙企业	
	利润额/万元	增长率/%	利润额/万元	增长率/%
2020	500	—	60	—
2021	600	20	84	40

解　(1) 从增长速度看，乙企业的利润增长速度比甲企业高出 1 倍。

(2) 计算增长 1% 绝对值。

甲企业：增长 1% 绝对值 $= \dfrac{500}{100} = 5$(万元)

乙企业：增长 1% 绝对值 $= \dfrac{60}{100} = 0.6$(万元)

甲企业速度每增长 1%，增加的利润额为 5 万元，而乙企业则为 0.6 万元，甲企业远高于乙企业。这说明甲企业的生产经营业绩比乙企业好。

◆　**思考**

为什么乙企业增长速度比甲企业高，而甲企业经营业绩却比乙企业好？

(三) 平均发展速度

平均发展速度是指各个时期环比发展速度的平均数，用于描述现象在整个观察期内平均发展变化的程度。

计算平均发展速度的常用方法是水平法。水平法又称几何平均法，它是根据各期的环比发展速度采用几何平均法计算出来的。其计算公式为

$$\bar{R} = \sqrt[n]{\frac{a_1}{a_0} \times \frac{a_2}{a_1} \times \cdots \times \frac{a_n}{a_{n-1}}} = \sqrt[n]{\frac{a_n}{a_0}}$$

式中：$\bar{R}$——平均发展速度；

n——环比发展速度的个数，它等于观察数据的个数减 1。

(四) 平均增长速度

平均增长速度说明现象逐期增减的平均程度。平均增长速度($\bar{G}$)与平均发展速度仅相差一个基数，即

$$\bar{G} = \bar{R} - 1$$

若平均增长速度为正值，则表明现象在某段时期内逐期平均递增的程度，也称为平均递增率；若为负值，则表明现象在某段时间内逐期平均递减的程度，也称为平均递减率。

以上各动态速度指标的计算及含义如表5-1-8所示。

表 5 - 1 - 8 动态速度指标的计算及含义

指　标		计 算 公 式	含　义
发展速度	环比发展速度	$\dfrac{a_n}{a_{n-1}}$	现象逐期发展变化的程度
	定基发展速度	$\dfrac{a_n}{a_0}$	在整个观察期内总的发展变化程度
增长速度	环比增长速度	$G_i=\dfrac{a_i-a_{i-1}}{a_{i-1}}=\dfrac{a_i}{a_{i-1}}-1$	现象逐期增减的程度
	定基增长速度	$G_i=\dfrac{a_i-a_0}{a_0}=\dfrac{a_i}{a_0}-1$	现象在观察期内总的增减程度
平均发展速度		$\bar{R}=\sqrt[n]{\dfrac{a_1}{a_0}\times\dfrac{a_2}{a_1}\times\cdots\times\dfrac{a_n}{a_{n-1}}}=\sqrt[n]{\dfrac{a_n}{a_0}}$	在整个观察期内平均发展变化的程度
平均增长速度		$\bar{G}=\bar{R}-1$	逐期增减的平均程度

❖ 任 务 实 施 ❖

任务 1　动态水平指标分析

在掌握相关知识的基础上，为该4S店分析其销售量的变动情况，分别从动态水平指标和动态速度指标进行描述。

进行动态数列分析之前，应先绘制时间序列图。

1. 绘制时间序列图

从表5-1-1的资料中可以看出销售量的增长趋势，这种趋势可以通过Excel中的图表绘制功能完成（具体操作可参见模块三中的折线图绘制）。

将数据输入Excel中，绘制汽车销量的变化趋势图，如图5-1-3所示。

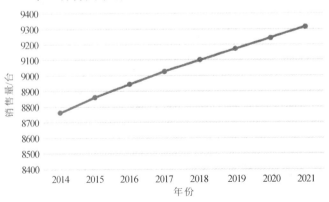

图 5 - 1 - 3　某品牌新能源汽车历年销售量变化趋势图

2. 水平指标分析

由图 5-1-3 和表 5-1-1 可知，该 4S 店的品牌汽车销量呈直线上升趋势。

1）发展水平

汽车销量从 2014 年的 8763 台，增加到 2021 年的 9315 台。

2）平均发展水平

2014 年至 2021 年，该汽车销售的平均发展水平为

$$\bar{a} = \frac{8763 + 8861 + \cdots + 9315}{8} = 9053（台）$$

3）增长量

该品牌汽车 2021 年与 2014 年相比，增加了 552 台。

4）平均增长量

2014 年至 2021 年，汽车销售平均每年增加 $\frac{552}{8-1} = 79$ 台。

任务 2　动态速度指标分析

根据动态速度指标相关计算公式分析该 4S 店 2014～2021 年 8 年来的新能源汽车销售发展速度与增长速度，如表 5-1-9 所示。

表 5-1-9　某品牌汽车销量速度指标计算表

年份	发展水平 /台	发展速度/%		增长速度		增长1%的绝对值/台
		定基	环比	定基	环比	
2014	8763	100	—	100	—	—
2015	8861	101.12	101.12	1.12	1.12	88
2016	8946	102.09	100.96	2.09	0.96	89
2017	9027	103.01	100.91	3.01	0.91	90
2018	9100	103.85	100.81	3.85	0.81	90
2019	9172	104.67	100.79	4.67	0.79	91
2020	9243	105.48	100.77	5.48	0.77	92
2021	9315	106.30	100.78	6.30	0.78	92

由此可知，该品牌车的销售从 2018 年呈现增长速度减缓的趋势，与当年的汽车产业销售情况相比，该 4S 店的销售情况不容乐观，应该作出相应策略调整。

◆ **实 训** ◆

1. 实训目的

(1) 了解动态数列分析的应用场合及其在经济工作中的地位；

(2) 培养学生应用动态数列指标分析实际问题的能力。

2. 实训内容

某市电脑经销商 A 公司在对市场调查的基础上作出相应的营销策略调整，决定以后将品牌 B 型的电脑作为主打销售品牌。现在公司销售部想根据该公司近年来的销售情况作出营销策略调整。2016 年至 2021 年 6 年中 B 型电脑的销售情况如表 5 - 1 - 10 所示。

表 5 - 1 - 10 电脑经销商 A 公司 B 型电脑历年销售情况

年份	2016	2017	2018	2019	2020	2021
销售量/千台	38.5	56.2	73.9	84.5	98.6	136.5

请以销售统计人员的身份对 B 型电脑的销售变动情况进行描述。

3. 实训要求

(1) 学生分组，每组 5～6 人，查阅动态数列的相关知识；

(2) 根据提供的信息分析解决步骤；

(3) 利用 Excel 绘制时间序列图；

(4) 计算动态水平指标和动态速度指标，并对指标进行描述；

(5) 各小组派代表发言；

(6) 小组互评与教师点评。

4. 实训评价

动态数列编制技能训练评价表见表 5 - 1 - 11。

表 5 - 1 - 11 动态数列编制技能训练评价表

	内　容	分值	教师评价
考评标准	时间序列图绘制准确	30	
	动态水平指标计算正确	30	
	动态速度指标计算正确，文字描述准确	20	
	成员课堂讨论热烈、积极回答课堂问题、积极参与操作	20	
合计		100	

注：实际得分＝自我评价×20％＋他人评价×30％＋教师评价×50％。

项目二 动态数列趋势预测

思政素材

从"双十一"看中国经济

2021年11月12日零点，一年一度的天猫双十一落下帷幕，总交易额为5403亿元，相比去年的4982亿元增加了421亿元。透过双十一的数据可以从三方面看到我国的经济韧性：一是消费潜力巨大。虽然整体经济增速稳中有缓，但购物节的开展使得居民消费潜力在双十一当天得到集中释放。二是升级趋势依旧持续。过去几年，医药健康、家装家饰、美容护理、书籍影像和电子数码是增长最快的门类，从中可以看出由生存型消费需求向发展型和享受型需求不断升级的趋势。与此同时，消费群体的年轻化和不同城市用户的深度参与，也正成为新消费时代的重要特征。三是基础设施改善。网络平台从此前的卡顿、拥堵到可以轻松经受海量流量冲击，快递行业从此前的拼人工、粗放经营向数字化、智能化应用转变，并创造出了大量的就业岗位。

中国经济是一片大海，而不是一个小池塘。在经历了十年高度增长并不断刷新历史高点之后，电商平台销售增速已经开始逐年放缓，这与整体经济增速放缓相吻合。随着消费对经济增长的基础性作用的持续发展，中国经济才有足够的深度和广度吸收外部冲击，才能体现持续多年的稳健增长。

天猫双十一历年来成交额数据如下：

2021年：5403亿元　　　2020年：4982亿元　　　2019年：2684亿元

2018年：2135亿元　　　2017年：1682.69亿元　　2016年：1207亿元

2015年：912亿元　　　 2014年：571亿元　　　　2013年：352亿元

2012年：191亿元　　　 2011年：33.6亿元　　　　2010年：9.36亿元

2009年：0.5亿元

能力目标

（1）能够对现象进行长期趋势的测定；

（2）具有应用 Excel 工具分析动态数列趋势的能力。

知识目标

（1）了解动态数列的因素构成；

（2）掌握移动平均法；

（3）掌握最小平方法。

素质目标

（1）通过对指标体系的设计，培养学生的逻辑思维能力；

（2）通过对统计职能的了解，培养学生的专业素养和法治意识。

❖ 项目概述与分析

在项目一的基础上，对该品牌汽车销售 4S 店 2022 年汽车销量进行预测。

在项目一中已经分析了该品牌汽车的销售增长情况，并获知该品牌汽车的销量呈直线增长趋势。若要根据时间序列预测 2022 年的销量，需要解决选用何种方法预测，以及如何建立预测模型两个问题。本项目通过以下两个任务来完成：

任务 1 动态数列长期趋势预测；

任务 2 应用 Excel 进行动态数列分析。

❖ 预 备 知 识 ❖

单元一 动态数列趋势外推预测

在分析社会经济现象动态变化时，计算动态数列水平指标和动态数列速度指标，只是分析了事物变动的一个方面。事物的发展变化是由多种因素共同作用的结果，因此有必要对动态数列进行因素分析，即运用统计分析方法测定某一动态数列中主要因素发展变化的情况，以认识经济现象发展变化的规律，为预测现象的未来发展提供依据。

一、动态数列的因素构成

客观现象的发展变化是多种因素影响的综合结果，由于各种因素影响的方向和强弱程度不同，使具体的时间数列呈现出不同的变动形态。动态分析的任务之一就是要对构成时间数列的各种因素加以分解和测定，以便对未来的状况做出判断和预测。构成时间数列的各种因素，按它们的性质和作用不同，可大致分解为长期趋势、季节变动、循环变动和随机变动四种。动态数列因素构成如图 5-2-1 所示。

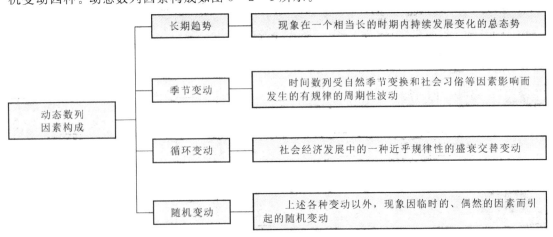

图 5-2-1 动态数列因素构成

本模块对动态数列的因素分析只分析长期趋势，利用时间序列预测法，测定数列的长期趋势，为预测、决策管理等管理活动提供依据。

二、时间序列预测法

时间序列预测法的基本原理是：一是承认事物发展的延续性，运用过去的数据来推测事物发展的趋势；二是考虑到事物发展偶然因素的影响产生的随机性来选择历史数据，可采用加权平均的方法加以处理。

时间序列预测方法很多，本模块主要介绍常用的移动平均法和最小平方法。

（一）移动平均法

移动平均法是对原有的时间数列，按照事先规定的移动时期长度来扩大时距，采用逐项推移的方法，计算一系列的序时平均数，形成由序时平均数组成的新的时间数列。这种移动平均数形成的时间数列，消除了短期的偶然因素的影响，使长期趋势更加明显。

1．一次移动平均数法

根据时间序列中观察期的逐项移动，依次计算包括含固定项数的序时平均数，形成一个序时平均数时间序列，并据此进行预测。一次移动平均数法的模型为

$$F_{t+1} = m_t^{(1)} = \frac{y_t + y_{t-1} + y_{t-2} + \cdots + y_{t-n+1}}{n} = \frac{1}{n}\sum y_i$$

式中：F_t——t 期的预测值；

$m_t^{(1)}$——$t+1$ 期的预测值 F_{t+1}；

y_t——t 期的实际值；

n——取平均值的数据个数。

【例 5-2-1】某公司 2021 年各月的销售额资料如表 5-2-1 所示，分别计算 3 个月、5 个月的移动平均趋势值，并进行比较。

表 5-2-1　某公司 2021 年各月销售额

单位：万元

月份	实际销售额	3 个月移动平均预测值（$n=3$）	5 个月移动平均预测值（$n=5$）
1	28	—	—
2	30	—	—
3	35	—	—
4	37	31	—
5	42	34	—
6	44	38	34.4
7	49	41	37.6
8	48	45	41.4
9	50	47	44.0
10	52	49	46.6
11	63	50	48.6
12	77	55	52.4
		64	58.0

根据简单移动平均公式，当 $n=3$ 时，移动平均趋势值 $F_4 = m_3^{(1)} = \dfrac{28+30+35}{3} = 31$ 为第 4 期预测值；

当 $n=5$ 时，移动平均趋势值 $F_6 = m_5^{(1)} = \dfrac{28+30+35+37+42}{5} = 34.4$ 为第 6 期预测值；

其余各期同理，结果见表 5-2-1。

2. 二次移动平均数法

一次移动平均数法在适当选取 n 值后，进行某些短期预测较为有效，但是当数据有线性趋势（长期趋势）时，移动平均数就不能适应现实的变化情况，它的移动平均数要落后于实际观察期数据的变化，形成滞后偏差。为克服这个滞后偏差，在对具有线性趋势的时间序列进行预测时，常采用二次移动平均数法。其计算公式为

$$m_t^{(2)} = \frac{m_t^{(1)} + m_{t-1}^{(1)} + m_{t-2}^{(1)} \cdots + m_{t-n+1}^{(1)}}{n}$$

式中：$m_t^{(2)}$——t 期的二次移动平均值；

$m_t^{(1)}$——t 期的一次移动平均值。

预测模型为

$$y = a + bt$$
$$a = 2m_t^{(1)} - m_t^{(2)}$$
$$b = \frac{2(m_t^{(1)} - m_t^{(2)})}{n-1}$$

运用二次移动平均数法进行预测的步骤如下：

（1）根据时间序列资料按公式计算 $m_t^{(1)}$、$m_t^{(2)}$；

（2）计算 a 和 b；

（3）按预测模型 $y = a + bt$ 进行预测。

注意：预测模型中的 t 指所要预测的时间跨度，即周期。

3. 加权移动平均法

一般来说，距预测期愈近的数据对预测值影响愈大，愈远则作用愈小。所谓加权移动平均法，就是利用不同的权值来反映距预测期远近不同的作用，距预测期近的作用大，权值要大，相反则权值应小。其模型为

$$F_{t+1} = \frac{1}{\sum w_i} \times \sum w_i y_i$$

式中：w_i——与 y_i 相对应的权值。

（二）最小平方法

最小平方法是分析测定长期趋势的最重要的方法，它可以拟合直线趋势模型、曲线趋势模型。本模块只介绍直线趋势模型。

当动态数列的逐期增长量大致相等，或用散点图观察现象的变动趋势近似为一条直线

时，就可以对现象的变动趋势拟合直线趋势模型。预测模型为

$$\hat{y} = a + bt$$

式中：$\hat{y}$——动态数列的趋势值；

t——动态数列的时间单位；

a、b——直线的截距和斜率，其中 a、b 的值是根据最小二乘法获得的，即

$$b = \frac{n\sum t_i y_i - (\sum t_i)(\sum y_i)}{n\sum t^2 - (\sum t)^2}$$

$$a = \frac{\sum y_i}{n} - b\frac{\sum t_i}{n}$$

式中：n——数据的项数。

【例 5-2-2】 某商店连续 7 年的销售资料如表 5-2-2 所示，要求拟合直线趋势模型并预测。

表 5-2-2 某商店 2015～2021 年销售额资料 单位：万元

年份	2015	2016	2017	2018	2019	2020	2021
销售额	45.2	57.5	69.4	82.9	95.7	108.3	120.4

解 由表 5-2-2 资料可以看出，该商店这几年的销售额的逐期增长量大致相等，可以建立直线趋势模型，计算有关数据，如表 5-2-3 所示。

表 5-2-3 某商店 2015～2021 年销售额计算表

年份	销售额 y/万元	时间序号 t	t^2	ty
2015	45.2	1	1	45.2
2016	57.5	2	4	115.0
2017	69.4	3	9	208.2
2018	82.9	4	16	331.6
2019	95.7	5	25	478.5
2020	108.3	6	36	649.8
2021	120.4	7	49	842.8
合计	579.4	28	140	2671.1

将以上资料代入公式得：

$$b = \frac{n\sum t_i y_i - (\sum t_i)(\sum y_i)}{n\sum t^2 - (\sum t)^2} = \frac{7 \times 2671.1 - 28 \times 579.4}{7 \times 140 - 28^2} = 12.625$$

$$a = \frac{\sum y}{n} - b\frac{\sum t}{n} = \frac{579.4}{7} - 12.625 \times \frac{28}{7} = 32.271$$

所拟合的直线趋势方程为：$\hat{y} = 32.271 + 12.625t$。如果预测 2022 年该商店的销售额，将 $t = 8$ 代入方程得：

$$\hat{y} = 32.271 + 12.625 \times 8 = 133.271(万元)$$

单元二　Excel 在时间数列分析中的运用

利用 Excel 计算动态分析指标的方法比较简单，可以直接用公式输入。在时间数列的趋势预测中主要使用"AVERAGE"函数和数据分析工具。

一、移动平均法

以例 5-2-1 中表 5-2-1 的资料为例，计算步骤如下：

（1）在 Excel 工作表的 B2:B13 区域中输入"某公司 2021 年各月销售额"资料。

（2）在 Excel 窗口的"数据"选项卡中选择"数据分析"选项，从其对话框的"分析工具"列表中选择"移动平均"，如图 5-2-2 所示，单击"确定"按钮后打开"移动平均"对话框。

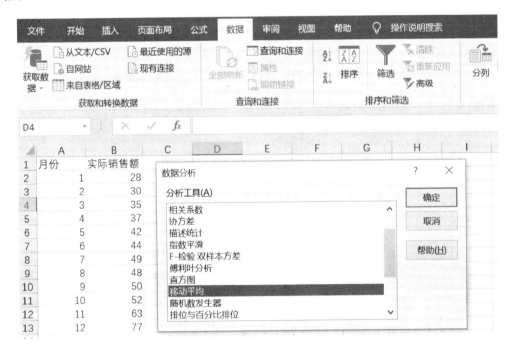

图 5-2-2　"移动平均"对话框打开步骤

（3）在"输入区域"中输入 B2:B13，在"间隔"中输入"3"表示进行 3 项移动平均，在"输出区域"中可选择任一空白单元格，并选择"图表输出"和"标准误差"（"图表输出"和"标准误差"可以根据需要进行勾选，本例为了对比移动平均前后的效果，勾选这两个复选框），如图 5-2-3 所示，单击"确定"按钮后，即在指定输出区域内输出计算结果，如图 5-2-4 所示。

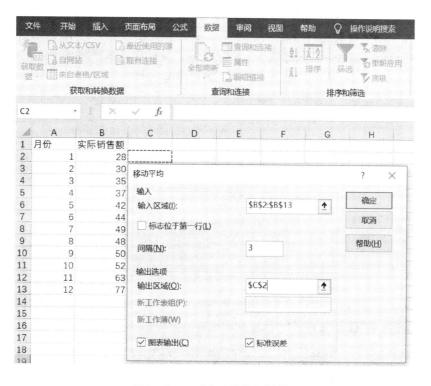

图 5-2-3 "移动平均"对话框

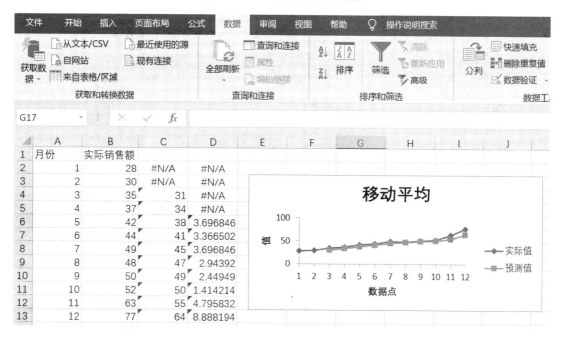

图 5-2-4 移动平均计算的结果

图 5-2-3 中，C 列数值是移动平均计算的趋势值的结果，D 列是标准差的结果。

二、最小平方法

以例 5-2-2 中的数据为例说明 Excel 中直线趋势预测的操作步骤。

(1) 因为年份作为数据计算量会非常大，所以首先需要将年份用自然数进行重新编号，即从 1 开始依次编号，结果如表 5-2-4 所示。编号后将数据输入 Excel 表格中。

表 5-2-4 时间序号编号

年份	时间序号 t	销售额 y/万元
2015	1	45.2
2016	2	57.5
2017	3	69.4
2018	4	82.9
2019	5	95.7
2020	6	108.3
2021	7	120.4

(2) 在 Excel"工具栏"中选择"数据分析"选项，从其对话框的"分析工具"列表中选择"回归"，单击"确定"按钮后打开"回归"对话框，如图 5-2-5 所示。

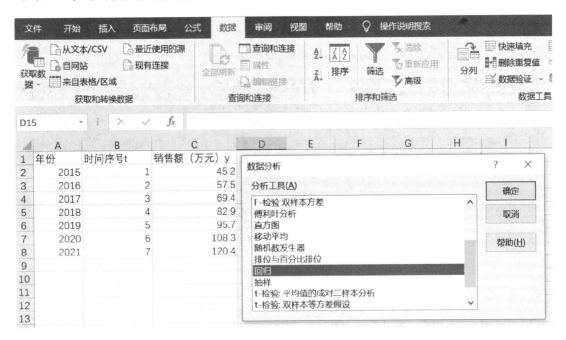

图 5-2-5 "回归"对话框打开步骤

(3) 在对话框中的"Y 值输入区域"中输入 C2:C8，在"X 值输入区域"中输入 B2:B8，在"输出区域"中选择 E2(任一空单元格)("输出选项"用于输出回归分析的结果，可以选择在新的工作表组、新工作簿或者在本工作簿中的相关区域输出，本次操作选择在本工作簿中的相关区域输出，选择任一空白单元格)，如图 5-2-6 所示。按"确定"按钮，得到回归分析结果，如图 5 - 2 - 7 所示。

图 5 - 2 - 6　"回归"对话框

SUMMARY OUTPUT							
回归统计							
Multiple R	0.9999						
R Square	0.999799						
Adjusted R	0.999759						
标准误差	0.423506						
观测值	7						
方差分析							
	df	SS	MS	F	ignificance F		
回归分析	1	4462.938	4462.938	24882.96	1.94E-10		
残差	5	0.896786	0.179357				
总计	6	4463.834					
	Coefficients	标准误差	t Stat	P-value	Lower 95%	Upper 95%	下限 95.0%	上限 95.0%
Intercept	32.27143	0.357928	90.16186	3.18E-09	31.35135	33.19151	31.35135	33.19151
X Variable	12.625	0.080035	157.7434	1.94E-10	12.41926	12.83074	12.41926	12.83074

图 5 - 2 - 7　回归分析结果

在图 5-2-7 中，第一部分是回归统计，第二部分是方差分析，第三部分是回归系数表，其中"Intercept"是回归方程的参数 a，"X Variable"为回归方程的参数 b，从表中可知：

$$a = 32.271\ 43, b = 12.625$$

因此直线趋势方程为

$$\hat{y} = 32.271\ 43 + 12.625t$$

❖ 任务实施 ❖

任务 1　动态数列长期趋势预测

进行动态数列长期趋势预测，先要判断预测方法。结合项目中的具体数据，同时根据项目一中绘制的时间序列图，选用移动平均法和最小平方法进行预测。

任务 2　应用 Excel 进行动态数列分析

1. 移动平均法预测汽车销量

利用 Excel 中的"移动平均"工具预测该 4S 店的汽车销售情况，结果如图 5-2-8 所示。由图 5-2-8 可知，由于移动平均预测的滞后性，2022 年该品牌汽车的销量为 9243 台。

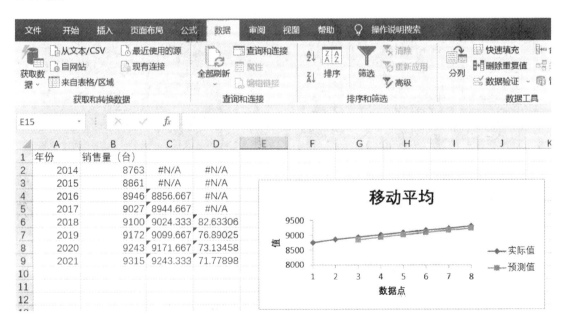

图 5-2-8　汽车销售量预测结果

2. 最小平方法预测汽车销量

利用 Excel 中的"回归"工具对时间序列进行直线趋势预测，预测结果如图 5 - 2 - 9 所示。

SUMMARY OUTPUT							
回归统计							
Multiple R	0.998473						
R Square	0.996949						
Adjusted R	0.996441						
标准误差	11.36908						
观测值	8						
方差分析							
	df	SS	MS	F	ignificance F		
回归分析	1	253426.3	253426.3	1960.655	8.88E-09		
残差	6	775.5357	129.256				
总计	7	254201.9					
	Coefficients	标准误差	t Stat	P-value	Lower 95%	Upper 95%	下限 95.0% 上限 95.0%
Intercept	8703.821	8.858715	982.5151	7.5E-17	8682.145	8725.498	8682.145 8725.498
X Variable	77.67857	1.754287	44.27928	8.88E-09	73.38599	81.97116	73.38599 81.97116

图 5 - 2 - 9 汽车销售回归分析结果

由图 5 - 2 - 9 可知，预测模型为

$$\hat{y} = 8703.821 + 77.679t$$

将 $t=9$ 代入，即得 2022 年汽车销售预测值为

$$\hat{y}_{2010} = 8703.821 + 77.679 \times 9 = 9403(台)$$

❖ 实 训 ❖

1. 实训目的

（1）掌握时间数列的预测方法及运用条件；

（2）培养学生应用时间数列趋势预测分析实际问题的能力。

2. 实训内容

在项目一实训的基础上，现在公司销售部想对 2022 年度的销售情况进行预测。请根据现在已掌握的市场销售信息进行预测，为该公司的市场销售提供决策信息。公司 2016 年至 2021 年 6 年中 B 型电脑的销售情况如表 5 - 1 - 10 所示。

3. 实训要求

（1）学生分组，每组 5～6 人，查阅时间数列预测的相关知识；

（2）根据提供的信息分析解决步骤，选择预测方法；

（3）利用 Excel 工具进行销售量预测；

（4）对预测结果进行描述与分析；

（5）各小组派代表发言；

（6）各组互评与教师点评。

4. 实训评价

动态数列趋势预测技能训练评价表见表 5－2－5。

表 5－2－5　动态数列趋势预测技能训练评价表

	内　　容	分值	教师评价
考评标准	预测方法选择正确，并能够解释选择该方法的原因	20	
	Excel 操作正确	20	
	预测模型正确，预测结果正确	40	
	各成员课堂讨论热烈、积极回答课堂问题、积极参与操作	20	
合计		100	

注：实际得分＝自我评价×20％＋他人评价×30％＋教师评价×50％。

模块六

统计指数分析

项目一 统计指数编制

思政素材

一季度 CPI 温和上涨，PPI 同比涨幅回落

2022 年以来，各地区各部门认真贯彻落实党中央、国务院决策部署，统筹疫情防控和经济社会发展，多措并举做好重要民生商品和大宗商品保供稳价工作。一季度，CPI（消费者物价指数）温和上涨，PPI（工业生产者出厂价格指数）同比涨幅高位回落。

一、消费领域价格温和上涨

CPI 保持温和上涨。一季度，CPI 同比上涨 1.1%，总体处于温和上涨区间。分月看，受春节因素和国际大宗商品价格上涨等共同影响，1、2 月份 CPI 环比分别上涨 0.4% 和 0.6%，同比均上涨 0.9%；虽节后消费需求有所回落，但由于国内疫情多点散发、国际能源价格持续上涨，加之去年同期基数较低，3 月份 CPI 环比持平，同比上涨 1.5%，涨幅略有扩大。

食品价格有所下降。一季度，食品价格同比下降 3.1%，影响 CPI 下降约 0.59 个百分点，主要是猪肉价格下降带动的。随着生猪产能持续恢复，一季度猪肉价格平均下降 41.8%；猪肉价格下降带动食用动物油价格下降 34.4%，羊肉和鸡肉价格分别下降 3.5% 和 2.3%；受养殖成本和运输成本上升影响，淡水鱼价格上涨 10.4%；受国际小麦、玉米和大豆等价格上涨影响，食用植物油、豆类和面粉价格分别上涨 6.4%、5.6% 和 3.3%；鲜果、鲜菌和鲜菜价格季节性上涨 6.9%、5.0% 和 3.7%。

能源价格涨幅较高。受国际能源价格上涨影响，一季度国内能源价格同比上涨 12.2%，影响 CPI 上涨约 0.84 个百分点。其中，汽油、柴油和液化石油气价格分别上涨 23.1%、25.4% 和 21.4%，合计影响 CPI 上涨约 0.76 个百分点，占 CPI 总涨幅近七成；居民用煤、车用天然气等价格也有上涨，一季度涨幅分别为 7.7% 和 4.6%。

核心 CPI 涨幅稳定。一季度，核心 CPI 同比上涨 1.2%，涨幅连续三个季度相同。扣除能源的工业消费品价格总体稳中微涨，一季度平均上涨 0.5%，影响 CPI 上涨约 0.13 个百分点，其中住房装潢材料、大型家用器具、小家电和家具价格分别上涨 4.0%、2.1%、

2.1%和1.6%。服务消费持续恢复，一季度服务价格上涨1.3%，涨幅比去年全年扩大0.4个百分点，也高于去年同期下降0.2%的水平。其中，飞机票和旅游价格分别上涨12.6%和6.4%，家政服务和装潢维修费分别上涨5.1%和5.0%，涨幅均有扩大；教育服务、养老服务和医疗服务价格涨幅稳定，分别上涨2.7%、1.5%和0.9%。

二、生产领域价格涨幅高位回落

PPI同比涨幅逐月回落。一季度，PPI同比上涨8.7%，涨幅比去年四季度回落3.5个百分点。分月看，虽然1月份PPI环比下降0.2%，2、3月份分别上涨0.5%和1.1%，但受对比基数影响，1—3月份PPI同比涨幅分别为9.1%、8.8%和8.3%，整体呈现逐月回落的态势。

生产资料价格涨幅回落。一季度，生产资料价格同比上涨11.3%，涨幅比去年四季度回落4.8个百分点，影响PPI上涨约8.49个百分点，占PPI总涨幅的98%。其中，采掘工业价格上涨35.3%，原材料工业上涨17.6%，加工工业上涨6.4%，涨幅比去年四季度分别回落21.6、5.8和3.3个百分点。保供稳价政策效果持续显现，煤炭、钢材等行业价格涨幅较前期明显回落，一季度，煤炭开采和洗选业价格同比上涨50.2%，黑色金属冶炼和压延加工业上涨12.3%，涨幅比去年四季度分别回落35.8和18.3个百分点。地缘政治等因素导致国际能源和有色金属价格剧烈波动，对国内相关行业冲击较大，石油和天然气开采业价格上涨42.8%，石油煤炭及其他燃料加工业上涨31.1%，有色金属冶炼和压延加工业上涨19.5%，燃气生产和供应业上涨12.2%。另外，燃煤发电上网电价市场化改革稳步推进，电力热力生产和供应业价格上涨8.3%，涨幅比去年四季度扩大5.6个百分点，一定程度上缓解了发电供热企业的阶段性困难。

生活资料价格总体平稳。一季度，生活资料价格同比上涨0.9%，涨幅与去年四季度相同，影响PPI上涨约0.21个百分点。其中，食品价格上涨0.6%，涨幅比去年四季度回落0.7个百分点；衣着上涨1.2%，一般日用品上涨1.6%，耐用消费品上涨0.5%，涨幅比去年四季度分别扩大0.2、0.4和0.4个百分点。部分行业价格涨幅相对较高，其中，中药饮片加工价格同比上涨9.2%，纺织业上涨7.6%，食品制造业上涨4.6%，家用电力器具制造上涨3.9%，造纸和纸制品业上涨2.9%，文教工美体育和娱乐用品制造业上涨2.7%，家具制造业上涨1.7%。

能 力 目 标

（1）能够编制经济生活中常用的简单指数；

（2）能够利用指数分析有关经济问题；

（3）具有应用Excel工具编制指数的能力。

知 识 目 标

（1）了解统计指数的概念及其种类；

（2）掌握综合指数的编制方法；

（3）理解同度量因素的概念；

（4）了解常见的几种指数应用。

素 质 目 标

（1）通过解读国家统计局发布的经济发展新动能指数，了解新兴统计指数的测算方法，培养学生的开拓和创新精神；

（2）通过比较中外恩格尔系数，加强学生对中国经济新常态的认识。

项目概述与分析

某商店 2020 年与 2021 年商品销售量及销售价格情况如表 6-1-1 所示。

表 6-1-1　某商店三种商品销售量和销售价格统计表

商品名称	计量单位	销售量		销售价格/万元	
		2020 年	2021 年	2020 年	2021 年
甲	千件	30	32	100	95
乙	千台	20	19	300	350
丙	千套	60	63	80	50

现商店经理想知道该商店 2021 年与 2020 年比，商品销售量的综合变动情况和商品销售价格的综合变动情况，以及商品销售量的变动对销售额的影响情况和商品销售价格的变动对销售额的影响情况。作为销售部工作人员，应如何按照经理的要求对这组数据进行分析？

要得到销售经理想得到的信息，必须明确要反映复杂现象的综合变动程度需要借助于统计中的何种分析工具；必须知道该种工具的含义、作用等，以及如何利用该分析工具进行分析。因此，本项目设置如下任务：

任务 1　综合指数的编制；

任务 2　平均指数的编制；

任务 3　应用 Excel 编制指数。

❖ 预 备 知 识 ❖

单 元 一　编 制 综 合 指 数

指数分析主要是研究总体现象在数量方面发生变化时，变化的内在因素及原因。统计指数在对复杂经济现象总体的综合变动分析中应用广泛。

一、统计指数的含义与种类

（一）含义

统计指数有广义和狭义之分，广义的统计指数是指反映社会经济现象数量变动的所有相对数，例如结构相对数、比例相对数等。狭义的统计指数是指反映不能直接相加的复杂社会经济现象综合变动程度的相对数，例如商品销售量指数、消费价格指数、股票价格指数等。本模块所介绍的是狭义的统计指数。

（二）统计指数的种类

统计指数从不同的角度有不同的分类，常用的分类如图 6 - 1 - 1 所示。

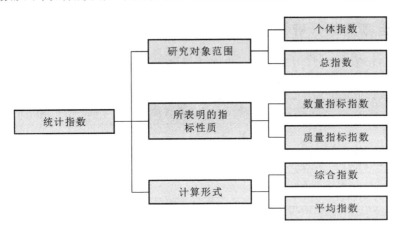

图 6 - 1 - 1　统计指数的分类

1. 个体指数和总指数

统计指数按照其研究对象范围的不同，可分为个体指数和总指数。

个体指数是反映个别现象数量变动的相对数，它是广义的指数。常用的个体指数如下：

（1）商品销售量个体指数：

$$k_q = \frac{q_1}{q_0}$$

（2）价格个体指数：

$$k_p = \frac{p_1}{p_0}$$

式中：q_1——报告期某种商品销售量；

q_0——基期同一商品销售量；

p_1——报告期某种商品价格；

p_0——基期同一商品价格。

总指数是反映复杂现象总体综合变动的相对数，它是狭义的指数。常见的总指数有销售量总指数和价格总指数等。

2. 数量指标指数和质量指标指数

统计指数按照其所表明的指标性质的不同，可分为数量指标指数和质量指标指数。

数量指标指数是根据数量指标计算的，用来反映数量指标变动的相对数，例如销售量指数、产量指数等。

质量指标指数是根据质量指标计算的，用来反映资料指标变动的相对数，例如价格指数、成本指数等。

3. 综合指数和平均指数

统计指数按照其计算形式的不同，可分为综合指数和平均指数。

综合指数是以两个总量指标为基础对比计算所形成的总指数，包括数量指标指数和质量指标指数。

平均指数是以个体指数为基础计算所形成的总指数。

二、综合指数编制的基本问题

综合指数是计算总指数的基本形式，它是将两个同类不能同度量的复杂现象数量转化为可同度量的数量，然后再进行对比所计算的说明复杂现象数量变动的相对数。

（一）同度量因素

同度量因素是把不能直接加总的指标过渡为可以相加的那个媒介因素。例如，要求计算社会商品零售价格总指数，但因商品的单价不能相加而无法计算，此时只要用同度量因素把单价过渡为销售额就可以相加了。又如，要计算社会商品销售量指数，但由于实物计量单位不同，故不能相加，这时，只要用同度量因素把它过渡为销售额就可以相加了。同度量因素不是随意选定的，而是从它们的经济联系考虑，用下面的经济关系式求得的：

$$商品销售额＝商品销售量×商品销售价格$$

计算商品销售价格指数时，以商品销售量为同度量因素；计算商品销售量指数时，以商品销售价格为同度量因素。

（二）综合指数编制原则

1. 确定同度量因素

应根据研究对象的特点和现象之间的关系来确定同度量因素。

2. 固定同度量因素的时期

为排除同度量因素变动的影响，应将其固定在同一时期。一般认为，编制数量指标指数时，应以基期的质量指标作为同度量因素；编制质量指标指数时，应以报告期的数量指标作为同度量因素。

3. 对比

将两个时期的指标数值进行对比，测定指标的综合变动。

三、综合指数的编制

由于研究社会经济现象时有数量指标与质量指标之分，因此综合指数也就有数量指标综合指数与质量指标综合指数之别。

（一）数量指标综合指数的编制

数量指标综合指数是反映数量指标综合变动程度的相对数。根据编制原则，数量指标综合指数计算公式如下：

$$\bar{k}_q = \frac{\sum q_1 p_0}{\sum q_0 p_0}$$

式中：$\bar{k}_q$——数量指标综合指数；

q——数量指标；

p——质量指标。

下标 0 和 1 分别表示基期和报告期。

(二)质量指标综合指数的编制

质量指标综合指数是反映质量指标综合变动程度的相对数。根据编制原则，其计算公式如下：

$$\bar{k}_p = \frac{\sum p_1 q_1}{\sum p_0 q_1}$$

式中：$\bar{k}_p$——质量指标综合指数。

【例 6-1-1】 某公司三种商品销售资料如表 6-1-2 所示，试编制数量指标综合指数。

表 6-1-2 某公司三种商品销售资料表

商品名称	计量单位	销售量		个体指数/%	价格/万元		个体指数/%
		基期 q_0	报告期 q_1		基期 p_0	报告期 p_1	
甲	台	160	200	125	0.20	0.25	125
乙	件	200	180	90	0.80	0.80	100
丙	吨	500	600	120	0.20	0.16	80

分析：

从表 6-1-2 可以看出，甲商品的销售量指数为 125%，增长了 25%；乙商品销售量指数为 90%，下降了 10%；丙商品销售量指数为 120%，增长了 20%。三种商品的销售量有升有降。但是要综合说明该公司三种商品销售量总的变动情况，就需要编制销售量总指数。

但从资料上看，该公司三种商品的性质、用途、计量单位不同，所以不能将三种商品销售量直接加总，直接加总其结果没有丝毫经济意义。根据社会经济现象的内在联系，商品价值量指标即商品销售额可以直接加总，而商品销售额又是商品销售量与商品销售价格的乘积，在计算商品销售量综合指数时，可引进商品销售价格作为同度量因素，把不能直接加总的商品销售量过渡为可以加总的商品销售额指标。在计算商品销售价格综合指数时，可引进商品销售量作为同度量因素，把不能直接加总的商品销售价格过渡为可以加总的商品销售额指标。

解 综合指数计算如表 6-1-3 所示。

表 6-1-3 综合指数计算表

商品名称	计量单位	销售量 q		价格 p/万元		销售额 pq/万元		
		q_0	q_1	p_0	p_1	$p_0 q_0$	$p_1 q_1$	$p_0 q_1$
甲	台	160	200	0.20	0.25	32	50	40
乙	件	200	180	0.80	0.80	160	144	144
丙	吨	500	600	0.20	0.16	100	96	120
合计	—	—	—	—	—	292	290	304

（1）销售量指标综合指数，即数量指标指数：

$$\bar{k}_q = \frac{\sum q_1 p_0}{\sum q_0 p_0} = \frac{304}{292} = 1.0411 \quad （即 104.11\%）$$

$$\sum q_1 p_0 - \sum q_0 p_0 = 304 - 292 = 12（万元）$$

计算结果表明，三种商品销售量指数为 104.11%，即在三种商品基期销售价格不变的情况下，该公司三种商品销售量报告期比基期增长了 4.11%；由于销售量上升而使得销售额相应增加了 12 万元。

（2）价格指标综合指数，即质量指标综合指数：

$$\bar{k}_p = \frac{\sum p_1 q_1}{\sum p_0 q_1} = \frac{290}{304} = 0.9539 \quad （即 95.39\%）$$

$$\sum p_1 q_0 - \sum p_0 q_0 = 290 - 304 = -14（万元）$$

计算结果表明，三种商品销售价格指数为 95.39%，即在三种商品报告期销售量不变的情况下，该公司三种商品销售价格报告期比基期下降了 4.61%；由于销售价格下降而使得销售额相应减少了 14 万元。

单元二　编制平均指数

一、平均指数的含义

平均指数是从指数化因素的个体指数出发，对个体指数进行加权平均计算总指数的一种方法，它是计算总指数的另一种重要形式。平均指数是在不具备复杂经济现象数量的全部原始资料，而只能提供某一指标的个体指数和报告期或基期的总值时编制的指数。平均指数克服了资料必须齐全和运算工作量大的特点，计算比较简便。平均指数可进一步分为加权算术平均指数和加权调和平均指数。

二、加权算术平均指数的编制

加权算术平均指数是以个体指数为变量，以基期总值指标为权数，按加权算术平均法计算的指数。其计算公式为

$$\bar{k}_q = \frac{\sum k_q \cdot q_0 p_0}{\sum q_0 p_0}$$

式中：k_q——数量指标个体指数，其余含义与前相同。

三、加权调和平均指数的编制

加权调和平均指数是以个体指数为变量，以报告期总值指标为权数，按加权调和平均法计算的指数。其计算公式为

$$\bar{k}_p = \frac{\sum q_1 p_1}{\sum \dfrac{q_1 p_1}{k_p}}$$

式中：k_p——质量指标个体指数，其余含义与前相同。

【例 6-1-2】 以例 6-1-1 的数据资料计算平均指数。

解 （1）加权算术平均指数。

计算过程如表 6-1-4 所示。

表 6-1-4 某公司三种商品销售情况及销售量指数计算表

商品名称	计量单位	销售量			基期销售额 $q_0 p_0$/万元	$k_q \cdot q_0 p_0$/万元
		基期 q_0	报告期 q_1	个体指数 $k_q = q_1/q_0$		
甲	台	160	200	1.25	32	40
乙	件	200	180	0.90	160	144
丙	吨	500	600	1.20	100	120
合计	—	—	—	—	292	304

三种商品销售量总指数为：

$$\bar{k}_q = \frac{\sum k_q q_0 p_0}{\sum q_0 p_0} = \frac{304}{292} = 104.11\%$$

$$\sum k_q q_0 p_0 - \sum q_0 p_0 = 304 - 292 = 12（万元）$$

（2）加权调和平均指数。

计算过程如表 6-1-5 所示。

表 6-1-5 某公司三种商品销售情况及价格指数计算表

商品名称	计量单位	价格 p/万元			报告期销售额 $p_1 q_1$/万元	$\dfrac{p_1 q_1}{k_p}$/万元
		基期 p_0	报告期 p_1	个体价格指数 $k_p = p_1/p_0$		
甲	台	0.20	0.25	1.25	50	40
乙	件	0.80	0.80	1.00	144	144
丙	吨	0.20	0.16	0.80	96	120
合计	—	—	—	—	290	304

三种商品价格总指数为：

$$\bar{k}_p = \frac{\sum q_1 p_1}{\sum \dfrac{q_1 p_1}{k_p}} = \frac{290}{304} = 95.39\%$$

$$\sum p_1 q_1 - \sum \frac{p_1 q_1}{k_p} = 290 - 304 = -14（万元）$$

计算结果与综合指数计算一致，只是采用的公式及利用资料不同。

四、平均指数的应用

下面介绍几种我国常用的平均指数。

（一）零售价格指数

零售价格指数是由国家统计局编制，用来反映城乡商品零售价格变动趋势的一种经济指数。一般按年或季进行编制。零售价格主要是居民购买生活消费品的价格，根据城乡居民的收入水平、消费构成的不同，分别编制成城镇零售价格指数和农村零售价格指数，用以反映零售价格变动对城乡人民生活的不同影响。利用零售价格指数，不但可以反映零售物价在不同时期的变动情况，还可分析由于零售价格变动对城乡居民货币支出和生活消费水平的影响。

零售价格指数编制思路如下：

（1）将所有零售商品区分为不同类别，在每一类中选择部分商品作为代表品。

（2）选择部分地区作为代表区域，就所选定的代表品采集价格资料。采集价格资料时，应根据不同市场选择若干个价格调查点。

（3）在所采集价格资料的基础上，先计算该品种的平均价格，而后按"选中市县—省—全国"的顺序分级编制计算各单项商品零售价格指数和类别指数。

（4）综合计算出零售商品价格总指数，运用加权算术平均法综合计算。其计算公式如下：

$$零售价格指数 = \sum \left(\frac{p_1}{p_2} \right) \cdot \left[\frac{w}{\sum w} \right]$$

即单项物价指数乘以代表品所代表类别的零售额在总零售额中所占的比重。

（二）股票价格指数

股票价格变动是股票市场（或称证券市场）最重要的经济现象之一，它既可以为投资者带来利益，也可以使投资者遭受损失。股票价格指数是用来表示多种股票价格一般变化趋势的相对数。

股票价格指数一般由证券交易所、金融服务机构、咨询研究机构或者新闻单位编制和发布。其编制的步骤如下：

（1）根据上市公司的行业分布、经济实力、资信等级等因素，选择适当数量的有代表性的股票，作为编制指数的样本股票。样本股票可以随时更换或做数量上的增减，以保持良好的代表性。

（2）按期到股票市场上采集样本股票，简称采样。

（3）利用科学的方法和先进的手段计算出指数值。

（4）通过新闻媒体向社会公众公开发布。

为保持股价指数的连续性，使各个时期计算出来的股价指数相互可比，有时还需要对指数作相应的调整。

编制股票价格指数的主要方法是加权综合法。即以样本股票的发行量或交易量为同度量因素（或称权数）计算的股价指数。其计算公式按同度量因素所属时期不同分为两种：

$$基期加权综合股价指数 = \frac{\sum p_1 q_0}{\sum p_0 q_0}$$

$$报告期加权综合股价指数 = \frac{\sum p_1 q_1}{\sum p_0 q_1}$$

式中：p_0、p_1——分别为基期、报告期的股价；

q_0、q_1——分别为基期、报告期的发行量或交易量。

以发行量加权的综合股价指数，称为市价总额指数；以交易量加权的综合股价指数，称为成交总额指数。

单元三 Excel 在指数分析中的运用

Excel 没有提供专门的指数分析工具，但是可以利用 Excel 的鼠标拖曳和公式复制的功能进行指数计算。下面以例 6-1-1 的数据为例说明 Excel 在综合指数计算中的运用。

第一步：建立数据库。

将某企业销售情况统计资料输入 Excel 电子表，如图 6-1-2 所示。

	A	B	C	D	E	F	G	H	I
1	商 品	计 量	销 售 量 q		价格 p（万元）		销 售 额 pq（万元）		
2	名 称	单 位	基期 q_0	报告期 q_1	基 期 p_0	报告期 p_1	$p_0 q_0$	$p_1 q_1$	$p_0 q_1$
3	甲	台	160	200	0.2	0.25	32	50	40
4	乙	件	200	180	0.8	0.8	160	144	144
5	丙	吨	500	600	0.2	0.16	100	96	120
6	合计	—	—	—	—	—	292	290	304
7			0.993151						
8			1.041096						
9			0.953947						

图 6-1-2 Excel 指数分析计算表

第二步：计算各种商品基期销售额 $p_0 q_0$ 和基期销售总额 $\sum p_0 q_0$。

在 G3 中输入"=C3 * E3"，并用鼠标拖曳将公式复制到 G3:G5 区域。选定 G3:G5 区域，单击工具栏上的"$\sum$"按钮，在 G6 出现该列的求和值。

第三步：计算各种商品报告期销售额 $p_1 q_1$ 和报告期销售总额 $\sum p_1 q_1$。

在 H3 中输入"=D3 * F3"，并用鼠标拖曳将公式复制到 H3:H5 区域。选定 H3:H5 区域，单击工具栏上的"$\sum$"按钮，在 H6 出现该列的求和值。

第四步：计算各种商品的 $p_0 q_1$ 和 $\sum p_0 q_1$。

在 I3 中输入"=E3 * D3"，并用鼠标拖曳将公式复制到 I3:I5 区域。选定 I3:I5 区域，单击工具栏上的"$\sum$"按钮，在 I6 出现该列的求和值。

第五步：计算销售额总指数。

在 C7 中输入"=H6/G6"，即求得销售额总指数。

第六步：计算销售量指数。

在 C8 中输入"＝I6/G6"，即得销售量指数。

第七步：计算价格指数。

在 C9 中输入"＝H6/I6"，即求得价格指数。

❖ 任 务 实 施 ❖

任务 1　综合指数的编制

通过项目概述与分析中的资料可以知道，只有通过计算该商店商品的销售量综合指数和销售价格综合指数才能分析 2021 年该商店中销售量和价格的变动情况。根据已掌握的资料，现按照综合指数的计算方法完成项目要求，即计算销售量综合指数和销售价格综合指数。

在该项目中，以 q 表示销售量，p 表示价格，下标 0 表示基期（2020 年数据），下标 1 表示报告期（2021 年数据）。

销售量综合指数，即数量指标综合指数 $\bar{k}_q = \dfrac{\sum q_1 p_0}{\sum q_0 p_0}$。

销售价格综合指数，即质量指标综合指数 $\bar{k}_p = \dfrac{\sum p_1 q_1}{\sum p_0 q_1}$。

具体计算过程在 Excel 工具中完成，见任务 3。

任务 2　平均指数的编制

在掌握前述理论知识的基础上，已知平均指数与综合指数的区别是掌握的资料不同（平均指数以个体指数为变量）。本任务中分别计算加权算术平均指数和加权调和平均指数。

1. 加权算术平均指数的编制

用 2020 年销售额 $p_0 q_0$ 作权数，对销售量个体指数进行加权平均计算销售量指标总指数。

销售量指标总指数 $\bar{k}_q = \dfrac{\sum k_q \cdot q_0 p_0}{\sum q_0 p_0}$。

2. 加权调和平均指数的编制

用 2021 年销售额 $p_1 q_1$ 作权数，对销售价格个体指数进行加权平均计算销售价格指标总指数。

销售价格指标总指数 $\bar{k}_p = \dfrac{\sum q_1 p_1}{\sum \dfrac{q_1 p_1}{k_p}}$。

具体计算过程在 Excel 工具中完成，见任务 3。

任务 3　应用 Excel 编制指数

根据综合指数和平均指数的计算公式在 Excel 中建立数据库，利用 Excel 的计算功能及鼠标拖曳功能进行计算。

1. Excel 数据计算

在 Excel 中输入数据，并计算，如图 6-1-3 所示。

	A	B	C	D	E	F	G	H	I
1	商品名称	计量单位	销售量（q）		销售价格（p）（万元）		销售额（万元）		
2			2020年（q_0）	2021年（q_1）	2020年（p_0）	2021年（p_1）	$p_0 q_0$	$p_1 q_1$	$p_0 q_1$
3			①	②	③	④	⑤	⑥	⑦
4	甲	千件	30	32	100	95	3000	3040	3200
5	乙	千台	20	19	300	350	6000	6650	5700
6	丙	千套	60	63	80	50	4800	3150	5040
7	合计	—	—	—	—	—	13800	12840	13940

⑤=①×③　　⑥=②×④　　⑦=②×③

图 6-1-3　综合指数计算表

2. 综合指数的编制

1）销售量综合指数

计算过程如下：

$$\bar{k}_q = \frac{\sum q_1 p_0}{\sum q_0 p_0} = \frac{13\,940}{13\,800} = 101.01\%$$

$$\sum q_1 p_0 - \sum q_0 p_0 = 13\,940 - 13\,800 = 140（万元）$$

计算结果表明，该商店商品销售量总指数为 101.01%，商品销售量增长了 1.01%，由于销售量增长使得销售额增加了 140 万元。

2）销售价格综合指数

计算过程如下：

$$\bar{k}_p = \frac{\sum p_1 q_1}{\sum p_0 q_1} = \frac{12\,840}{13\,940} = 92.11\%$$

$$\sum p_1 q_1 - \sum p_0 q_1 = 12\,840 - 13\,940 = -1100（万元）$$

计算结果表明，该商店商品销售价格总指数为 92.11%，商品销售价格下降了 7.89%，由于销售价格下降使得销售额减少了 1100 万元。

3. 平均指数的编制

1）加权算术平均指数

在 Excel 中计算销售量个体指数 k_q，见图 6-1-4。

	A	B	C	D	E	F	G	H	I
1	商品名称	计量单位	销售量（q）		销售价格（p）（万元）		2020年销售额（万元）	销售量指数（%）	$k_q p_0 q_0$
2			2020年（q_0）	2021年（q_1）	2020年（p_0）	2021年（p_1）	$p_0 q_0$	k_q	（万元）
3			①	②	③	④	⑤	⑥	⑦
4	甲	千件	30	32	100	95	3000	106.67	3200
5	乙	千台	20	19	300	350	6000	95.00	5700
6	丙	千套	60	63	80	50	4800	105.00	5040
7	合计	—	—	—	—	—	13800	—	13940

$⑤=①×③$ $⑥=\dfrac{②}{①}×100$ $⑦=⑤×\dfrac{⑥}{100}$

图 6-1-4 加权算术平均指数计算表

计算过程如下：

$$\bar{k}_q = \frac{\sum k_q q_0 p_0}{\sum q_0 p_0} = \frac{13\,940}{13\,800} = 101.01\%$$

$$\sum k_q q_0 p_0 - \sum q_0 p_0 = 13\,940 - 13\,800 = 140（万元）$$

计算结果表明，该商店商品销售量总指数为101.01%，商品销售量增长了1.01%，由于销售量增长使得销售额增加了140万元。

2）加权调和平均指数

在 Excel 中计算销售量个体指数 k_p，见图 6-1-5。

	A	B	C	D	E	F	G	H	I
1	商品名称	计量单位	销售量（q）		销售价格（p）（万元）		2021年销售额（万元）	销售价格指数（%）	$(p_1 q_1)/k_p$
2			2020年（q_0）	2021年（q_1）	2020年（p_0）	2021年（p_1）	$p_1 q_1$	k_p	（万元）
3			①	②	③	④	⑤	⑥	⑦
4	甲	千件	30	32	100	95	3040	95.00	3200
5	乙	千台	20	19	300	350	6650	116.67	5700
6	丙	千套	60	63	80	50	3150	62.50	5040
7	合计	—	—	—	—	—	12840	—	13940

$⑤=②×④$ $⑥=\dfrac{④}{③}×100$ $⑦=\dfrac{⑤}{⑥}×100$

图 6-1-5 加权调和平均指数计算表

计算过程如下：

$$\bar{k}_p = \frac{\sum q_1 p_1}{\sum \dfrac{q_1 p_1}{k_p}} = \frac{12\,840}{13\,940} = 92.11\%$$

$$\sum q_1 p_1 - \sum \frac{q_1 p_1}{k_p} = 12\,840 - 13\,940 = -1100（万元）$$

计算结果表明，该商店商品销售价格总指数为 92.11%，商品销售价格下降了 7.89%，由于销售价格下降使得销售额减少了 1100 万元。

◆ **思考**

利用平均指数与综合指数计算的销售价格和销售量综合指数的结果进行比较，可以得出什么结论？

❖ 实 训 ❖

1. 实训目的

(1) 了解综合指数的编制及其在经济现象分析中的作用；

(2) 培养学生应用统计指数的理论解决实际的经济问题的能力。

(3) 培养学生与人协作、沟通、团队合作的能力。

2. 实训内容

表 6-1-6 是某市电脑经销商 A 公司 2020 年 1 月份和 2 月份电脑散件销售统计表，现销售经理想知道 2 月份与 1 月份比，电脑散件销售量的综合变动情况和销售价格的综合变动情况，所以该公司销售统计员需要对此进行分析并上报总经理。

表 6-1-6 某市电脑经销商 A 公司 2020 年 1 月份与 2 月份电脑散件销售统计表

品　种	销售数量/个		销售金额/元		销售均价/元	
	1 月份	2 月份	1 月份	2 月份	1 月份	2 月份
CPU	174	179	102 070	109 410	586.61	611.23
DVD 光驱	122	133	22 015	24 183	180.45	181.83
内存条	162	145	43 680	40 660	269.63	280.41
打印机	64	63	74 880	74 910	1170.00	1189.05
显示器	45	52	39 198	45 160	871.07	868.46
硬盘	40	53	16 800	22 260	420.00	420.00
主板	46	55	16 340	20 220	355.22	367.64
合计	—	—	314 983	336 803	—	—

3. 实训要求

(1) 学生分组，每组 5～6 人，查阅指数编制的相关理论知识；

(2) 小组成员根据任务目的要求，利用各种资源各自完成综合指数和平均指数的分析与计算；

(3) 小组成员讨论分析各自的成果，组长带领成员分析各自成果的优缺点并整合成最后的小组成果；

(4) 小组派代表发言并展示成果；

(5) 其他小组提问、建议并进行打分；

（6）各组互评与教师点评；

（7）各小组修改完善。

4. 实训评价

统计指数编制技能训练评价表见表6-1-7。

表6-1-7　统计指数编制技能训练评价表

	内　　容	分值	教师评价
考评标准	销售量指数编制正确，分析到位	30	
	价格指数编制正确，分析到位	30	
	Excel 操作正确	20	
	成员课堂讨论热烈、积极回答课堂问题、积极参与操作	20	
	合计	100	

注：实际得分＝自我评价×20％＋他人评价×30％＋教师评价×50％。

项目二　因素影响分析

思政素材

从《政府工作报告》看统计数据的重要性

细数 2021 年《政府工作报告》（以下简称报告）中的统计数据超过 50 个。无论是总结去年工作成绩，还是部署今年重点工作，或是制定"十四五"规划和 2035 年远景目标，报告处处用数据说话，用数据展示成就，用数据量化目标，用数据引导预期，用数据描绘愿景，让报告更有说服力、更具景象。可以说，统计数据的重要性在报告中体现得淋漓尽致。

统计数据展示发展巨大成就。2020 年，GDP 增长 2.3％。看似不高的增幅，背后却意义非凡——我国是 2020 年全球主要经济体中唯一实现经济正增长的国家，在世界经济遭遇新冠肺炎疫情影响深度衰退的大背景下，具有非凡的象征意义。与此同时，全年城镇新增就业 1186 万人，年末全国城镇调查失业率降到 5.2％，就业保持稳定；CPI 上涨 2.5％，物价控制在合理水平。

此外，全年为市场主体减负超过 2.6 万亿元，其中减免社保费 1.7 万亿元；大型商业银行普惠小微企业贷款增长 50％以上，金融系统向实体经济让利 1.5 万亿元；等等。数据折射出我国政府牢牢锚定就业等关键问题，体现了务实高效的政策应对思路。

"十三五"时期的主要成就，数据更加亮眼。五年间，GDP 从不到 70 万亿元增加到超过 100 万亿元；5575 万农村贫困人口实现脱贫，960 多万建档立卡贫困人口易地搬迁；1亿农业转移人口和其他常住人口在城镇落户，城镇棚户区住房改造超过 2100 万套；城镇新增就业超过 6000 万人……一系列沉甸甸的统计数据，记录了不平凡的发展历程和伟大成就，也极大地提振了国人对未来发展的信心。

统计数据折射实事求是精神。报告提出 2021 年发展主要预期目标：GDP 增长 6% 以上；城镇新增就业 1100 万人以上，城镇调查失业率 5.5% 左右；CPI 涨幅 3% 左右；单位 GDP 能耗降低 3% 左右；粮食产量保持在 1.3 万亿斤以上……

设定 6% 以上的经济增长预期目标，习近平总书记在参加全国政协联组会时表示，去年是 2.3%，今年我们定的是 6% 以上，实际上可以高于这个指标，但是我们留有余地，这样我们更能够把主要精力用在高质量发展方面。李克强总理就此答记者问时也表示，我们不是定计划，而是希望把预期引导到巩固经济恢复增长基础，推动高质量发展，保持可持续性，尤其是与明年、后年目标衔接，不能造成大起大落。这体现了一种综合考量的思维，既有系统思维，也有重点思维、辩证思维、底线思维，充分反映了党中央国务院实事求是的精神、科学审慎的态度、理性务实的决策。

由此管窥，报告中任何一个统计数据，都是经过深思熟虑、反复推敲和科学测算的结果。

统计数据引导未来发展预期。报告量化"十四五"时期经济社会发展主要目标和重大任务。其中，城镇调查失业率控制在 5.5% 以内；全社会研发经费投入年均增长 7% 以上；常住人口城镇化率提高到 65%；森林覆盖率达到 24.1%；单位 GDP 能耗和二氧化碳排放分别降低 13.5%、18%；劳动年龄人口平均受教育年限提高到 11.3 年；人均预期寿命再提高 1 岁；基本养老保险参保率提高到 95%；粮食综合生产能力保持在 1.3 万亿斤以上；等等。这些数据，既有预期性指标，也有约束性指标，既有量的要求，更有质的要求，无不体现了以人民为中心的发展思想，突出了高质量发展导向，促进发展更高质量、更有效率、更加公平、更可持续、更为安全。

除了看得见的数据，报告中还有一些"看不见"的数据。例如，今年经济增长 6%，相当于 6 万亿元的经济增量。其他诸如"减半""取消""提高""大幅增加""大幅压减""基本平衡""稳步增长""合理区间"……的背后，更是隐含了大量数据。

《政府工作报告》作为指导全国经济社会发展的纲领性文件，是党中央国务院对人民做出的庄严承诺。报告中的每一个统计数据都事关国计民生，事关党中央国务院科学决策，事关党和政府的形象，事关统计工作者的无上荣光，只有始终坚持"真实可信、科学严谨、创新进取、服务奉献"的统计核心价值观，真实、准确、完整、及时提供统计数据，才能更好地服务党和政府工作大局，取信于民，立信于世。

（资料来源：《中国统计》2021 年第 3 期）

能力目标

（1）具有根据实际资料构建统计指数体系的能力；
（2）能够根据指数体系进行因素分析。

知识目标

（1）了解指数体系的含义；
（2）掌握因素分析。

（1）通过建立指数体系，培养学生的系统观；

（2）通过因素分析，培养学生对经济现象发展内在因素的辨别能力，使学生能够认识经济现象的发展规律。

项目概述与分析

在项目一任务完成的基础上，总经理已经获知该商店商品销售量综合增长了 1.01%，商品销售价格综合下降了 7.89%。现在总经理想进一步了解，在三种商品的销售额的变动中，价格和销售量的影响份额分别是多少？作为销售统计员，如何进行销售额变动的原因分析？

要完成上述任务，必须要明确销售额变动的影响因素有哪些，并能够建立起销售额与各因素之间的关系，从而建立指数体系，利用指数体系才能完成上述的分析。因此，本项目设置了如下任务：

任务 1　商品销售情况指数体系建立；

任务 2　商品销售情况因素分析。

❖ 预 备 知 识 ❖

单元一　指数体系的建立

一、指数体系的概念

指数体系是指在经济上有联系，在数量上存在一定关系的三个或三个以上的指数所组成的整体。

组成指数体系的各个指数之间存在经济上的联系，这种联系可以通过对应指标之间的关系式表达出来，例如：

$$销售额＝销售量×销售价格$$
$$生产总成本＝产品产量×单位产品成本$$

上述关系按指数形式表现时，同样也存在这种对等关系，即

$$商品销售额指数＝商品销售量指数×商品销售价格指数$$
$$生产总成本指数＝产品产量指数×单位产品成本指数$$

从上面所举的例子中可以发现，统计指数体系一般具有以下特征：

（1）具备三个或三个以上的指数。

（2）体系中的单个指数在数量上能相互推算。如已知销售额指数、销售量指数，则可推算出价格指数；已知价格指数、销售量指数，则可推算出销售额指数。

（3）现象总变动差额等于各个因素变动差额的和，即

销售额指数变动绝对额＝销售量指数变动带来的销售额增减额＋销售价格指数变动带来的销售额增减额

用公式表示为

$$\sum q_1 p_1 - \sum q_0 p_0 = \left(\sum q_1 p_0 - \sum q_0 p_0\right) + \left(\sum p_1 q_1 - \sum p_0 q_1\right)$$

二、指数体系的作用

指数体系主要有以下三方面的作用。

1. 指数体系是进行因素分析的根据

利用指数体系可以分析复杂经济现象总变动中各因素变动的影响方向和程度。

建立指数体系后，按编制综合指数的一般原理，以符号用公式可写成：

$$\frac{\sum q_1 p_1}{\sum q_0 p_0} = \frac{\sum q_1 p_0}{\sum q_0 p_0} \times \frac{\sum p_1 q_1}{\sum p_0 q_1}$$

　　　　商品销售额指数　　　　商品销售量指数　　　　商品销售价格指数

这是从相对量方面分析销售量和价格变动对销售额变动的影响。

利用指数体系同样可以从绝对量方面分析销售量和价格变动对销售额变动的影响。现象总变动差额等于各个因素变动差额的和，即

销售额指数变动绝对额＝销售量指数变动带来的销售额增减额＋销售价格指数变动带来的销售额增减额

用公式表示为

$$\sum q_1 p_1 - \sum q_0 p_0 = \left(\sum q_1 p_0 - \sum q_0 p_0\right) + \left(\sum p_1 q_1 - \sum p_0 q_1\right)$$

　　销售额的变动　　　销售量的变动带来的　　　销售价格的变动带来的
　　　　　　　　　　　销售额变动　　　　　　　销售额变动

2. 利用各指数之间的联系进行指数间的相互推算

例如，我国商品销售量总指数往往就是根据商品销售额总指数和价格总指数进行推算的，即

商品的销售量指数＝销售额指数÷价格指数

3. 指数体系是确定同度量因素时期的根据之一

用综合指数法编制总指数时，指数体系也是确定同度量因素时期的根据之一。因为指数体系是进行因素分析的根据，要求各个指数之间在数量上要保持一定的联系。因此，编制产品产量指数时，如果用基期价格作为同度量因素，那么编制产品价格指数时就必须用报告期的产品产量作为同度量因素；如果编制产品产量指数用报告期价格作为同度量因素，那么编制产品价格指数时就必须用基期的产品产量作为同度量因素。

单元二 因素分析

一、因素分析的概念

因素分析就是利用指数体系分析现象总变动中各因素变动的影响方向和影响程度的一种统计分析方法。例如，用指数体系来分析价格、销售量的变动对销售额的影响；分析工资水平、工人结构、工人总数的变动对工资总额的影响等。

因素分析按分析对象包含的因素多少可分为两因素分析和多因素分析；按分析的指标种类的不同可分为总量指标因素分析和平均指标因素分析。总量指标因素分析是指对总量指标变动中各影响因素的影响方向和影响程度的分析，如对产值变动中产量、出厂价格变动影响的分析；平均指标因素分析就是对平均指标变动中各影响因素影响方向和影响程度的分析，如同一单位不同时期职工平均工资受各类职工工资水平和职工人数构成因素影响的分析。本书只介绍总量指标的两因素分析。

二、总量指标的两因素分析

两因素分析中最关键的是确定同度量因素的时期，一般应遵循的原则是：若一个因素指数的同度量因素固定在报告期，则另一个因素指数的同度量因素固定在基期，即两个指数的同度量因素不能同时固定在报告期或同时固定在基期。现以实例说明总量指标两因素分析的方法。

【例 6 - 2 - 1】 某企业三种产品的资料如表 6 - 2 - 1 所示，要求据此分析产品产量、单位产品成本的变动对总成本的影响。

表 6 - 2 - 1 某企业总成本因素分析资料及计算表

产品名称	计量单位	产量 q		单位成本 z/元		总成本 zq/元		
		q_0	q_1	z_0	z_1	$q_0 z_0$	$q_1 z_1$	$q_1 z_0$
甲	台	200	250	20	22	4000	5500	5000
乙	件	500	600	10	8	5000	4800	6000
丙	吨	100	120	40	50	4000	6000	4800
合计	—	—	—	—	—	13 000	16 300	15 800

解 根据总成本指数＝产量指数×单位成本指数建立指数体系。

相对数体系：

$$\frac{\sum q_1 z_1}{\sum q_0 z_0} = \frac{\sum q_1 z_0}{\sum q_0 z_0} \times \frac{\sum q_1 z_1}{\sum q_1 z_0}$$

绝对数体系：

$$\sum q_1 z_1 - \sum q_0 z_0 = \left(\sum q_1 z_0 - \sum q_0 z_0 \right) + \left(\sum q_1 z_1 - \sum q_1 z_0 \right)$$

具体分析如下：

（1）三种产品总成本变动。

总成本指数：

$$\frac{\sum q_1 z_1}{\sum q_0 z_0} = \frac{16\ 300}{13\ 000} = 125.38\%$$

总成本变动额：

$$\sum q_1 z_1 - \sum q_0 z_0 = 16\ 300 - 13\ 000 = 3300（元）$$

计算结果表明三种产品的总成本报告期比基期增长 25.38%，在绝对数上增加 3300 元。

（2）各因素的影响情况。

三种产品产量变动及影响程度如下。

产量总指数：

$$\bar{k}_q = \frac{\sum q_1 z_0}{\sum q_0 z_0} = \frac{15\ 800}{13\ 000} = 121.54\%$$

产量变动对总成本的影响额：

$$\sum q_1 z_0 - \sum q_0 z_0 = 15\ 800 - 13\ 000 = 2800（元）$$

计算结果表明三种产品的产量报告期比基期增长 21.54%，由此导致总成本增加 2800 元。

三种产品出厂价格变动及影响程度如下。

单位成本总指数：

$$\bar{k}_z = \frac{\sum q_1 z_1}{\sum q_1 z_0} = \frac{16\ 300}{15\ 800} = 103.16\%$$

单位成本变动对总成本的影响额：

$$\sum z_1 q_1 - \sum z_0 q_1 = 16\ 300 - 15\ 800 = 500（元）$$

结果表明三种产品的单位成本报告期比基期增长 3.16%，由此导致总成本增加 500 元。

（3）用指数体系反映。

在相对数上：

$$121.54\% \times 103.16\% = 125.38\%$$

在绝对数上：

$$2800\ 元 + 500\ 元 = 3300\ 元$$

由此可见，由于三种产品产量报告期比基期上升 21.54%，使总成本增加 2800 元；又由于三种产品单位成本报告期比基期上升 3.16%，使总成本增加 500 元。两者共同作用的结果是，三种产品的总成本报告期比基期上升 25.38%，总成本增加 3300 元。

❖ 任务实施 ❖

任务 1 商品销售情况指数体系建立

由项目概述与分析可知，销售额、销售量和价格之间的关系为：销售额＝销售量×销售价格。因此可建立如下的指数体系：

销售额指数＝销售量指数×销售价格指数

根据建立的指数体系进行因素分析，见任务 2。

任务 2 商品销售情况因素分析

因素分析中涉及的计算如表 6-2-2 所示。

表 6-2-2　某商店三种商品销售量、销售价格和销售额计算表

产品名称	计量单位	销售量		销售价格/元		销售额/万元		
		q_0	q_1	p_0	p_1	$p_0 q_0$	$p_1 q_1$	$p_0 q_1$
甲	千件	30	32	100	95	3000	3040	3200
乙	千台	20	19	300	350	6000	6650	5700
丙	千套	60	63	80	50	4800	3150	5040
合计	—	—	—	—	—	13 800	12 840	13 940

相对数分析：

$$\frac{\sum q_1 p_1}{\sum q_0 p_0} = \frac{\sum q_1 p_0}{\sum q_0 p_0} \times \frac{\sum p_1 q_1}{\sum p_0 q_1}$$

绝对数分析：

$$\sum q_1 p_1 - \sum q_0 p_0 = \left(\sum q_1 p_0 - \sum q_0 p_0\right) + \left(\sum p_1 q_1 - \sum p_0 q_1\right)$$

下面建立指数体系。

在相对数上：

$$93.04\% = 101.01\% \times 92.11\%$$

在绝对数上：

$$-960 = 140 + (-1100)$$

从相对数看，该商店 2021 年与 2020 年相比，商品销售额下降了 6.96%，是由于销售量上升了 1.01% 和销售价格下降了 7.89% 两个因素共同影响的结果。

从绝对数看，该商店 2021 年与 2020 年相比，商品销售额减少了 960 万元，是由于销售量上升使销售额增加了 140 万元和销售价格下降使销售额减少了 1100 万元两个因素共同影响的结果。

❖ 实 训 ❖

1. 实训目的

（1）培养学生建立指数体系并进行因素分析的能力。

（2）培养学生与人协作、沟通、团队合作的能力。

2. 实训内容

在项目一中实训完成的基础上，某市电脑经销商 A 公司总经理要求销售统计员进行 2020 年 1 月份和 2 月份电脑散件销售额变动情况的原因分析。销售统计员应如何完成？

3. 实训要求

（1）学生分组，每组 5～6 人，查阅指数体系建立和因素分析的相关理论；

（2）小组成员根据任务目的要求，利用各种资源各自完成销售额指数的因素分析；

（3）小组成员讨论分析各自的成果，组长带领成员分析各自成果的优缺点并整合成最后的小组成果；

（4）小组派代表发言并展示成果；

（5）其他小组提问、建议并进行打分；

（6）各组互评与教师点评；

（7）各小组修改完善。

4. 实训评价

因素影响分析技能训练评价表见表 6-2-3。

表 6-2-3 因素影响分析技能训练评价表

	内 容	分值	教师评价
考评标准	指数体系建立正确	20	
	相关指数计算正确	30	
	因素分析准确	30	
	成员课堂讨论热烈、积极回答课堂问题、积极参与操作	20	
	合计	100	

注：实际得分＝自我评价×20％＋他人评价×30％＋教师评价×50％。

模块七

统计数据抽样估计

项目一 抽样分析

思政素材

2022年一季度居民收入和消费支出情况

一、居民收入情况

一季度，全国居民人均可支配收入 10 345 元，比上年名义增长 6.3%，扣除价格因素，实际增长 5.1%。分城乡看，城镇居民人均可支配收入 13 832 元，增长（以下如无特别说明，均为同比名义增长）5.4%，扣除价格因素，实际增长 4.2%；农村居民人均可支配收入 5778 元，增长 7.0%，扣除价格因素，实际增长 6.3%。

一季度，全国居民人均可支配收入中位数 8504 元，增长 6.1%，中位数是平均数的 82.2%。其中，城镇居民人均可支配收入中位数 11 720 元，增长 5.7%，中位数是平均数的 84.7%；农村居民人均可支配收入中位数 4608 元，增长 6.2%，中位数是平均数的 79.8%。

2022 年一季度居民人均可支配收入平均数与中位数如图 7-1-1 所示。

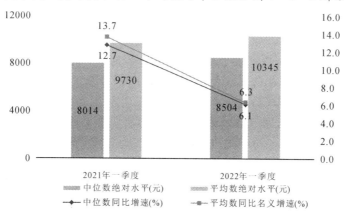

图 7-1-1 2022 年一季度居民人均可支配收入平均数与中位数

按收入来源分，一季度，全国居民人均工资性收入 5871 元，增长 6.6%，占可支配收入的比重为 56.8%；人均经营净收入 1733 元，增长 5.4%，占可支配收入的比重为 16.7%；

人均财产净收入 920 元，增长 6.1%，占可支配收入的比重为 8.9%；人均转移净收入 1822 元，增长 6.3%，占可支配收入的比重为 17.6%。

二、居民消费支出情况

一季度，全国居民人均消费支出 6393 元，比上年名义增长 6.9%，扣除价格因素影响，实际增长 5.7%。分城乡看，城镇居民人均消费支出 7924 元，增长 5.7%，扣除价格因素，实际增长 4.4%；农村居民人均消费支出 4388 元，增长 8.6%，扣除价格因素，实际增长 7.8%。

一季度，全国居民人均食品烟酒消费支出 2084 元，增长 4.9%，占人均消费支出的比重为 32.6%；人均衣着消费支出 453 元，增长 3.6%，占人均消费支出的比重为 7.1%；人均居住消费支出 1435 元，增长 6.7%，占人均消费支出的比重为 22.5%；人均生活用品及服务消费支出 356 元，增长 4.8%，占人均消费支出的比重为 5.6%；人均交通通信消费支出 791 元，增长 12.7%，占人均消费支出的比重为 12.4%；人均教育文化娱乐消费支出 583 元，增长 6.9%，占人均消费支出的比重为 9.1%；人均医疗保健消费支出 528 元，增长 9.1%，占人均消费支出的比重为 8.3%；人均其他用品及服务消费支出 163 元，增长 17.1%，占人均消费支出的比重为 2.5%。

2022 年一季度居民人均消费支出及构成如图 7-1-2 所示。

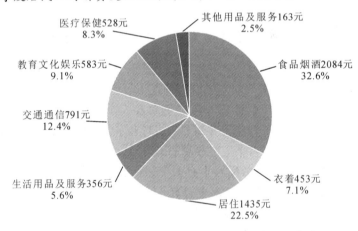

图 7-1-2 2022 年一季度居民人均消费支出及构成

附注

1. 指标解释

居民可支配收入是指居民可用于最终消费支出和储蓄的总和，即居民可用于自由支配的收入，既包括现金收入，也包括实物收入。按照收入的来源，可支配收入包括工资性收入、经营净收入、财产净收入和转移净收入。

居民消费支出是指居民用于满足家庭日常生活消费需要的全部支出，既包括现金消费支出，也包括实物消费支出。消费支出包括食品烟酒、衣着、居住、生活用品及服务、交通通信、教育文化娱乐、医疗保健以及其他用品及服务八大类。

人均收入中位数是指将所有调查户按人均收入水平从低到高顺序排列，处于最中间位置的调查户的人均收入。

季度收支数据中未包括居民自产自用部分的收入和消费，年度收支数据则包括。

2. 调查方法

全国及分城乡居民收支数据来源于国家统计局组织实施的住户收支与生活状况调查，

按季度发布。

国家统计局采用分层、多阶段、与人口规模大小成比例的概率抽样方法，在全国 31 个省（区、市）的 1800 个县（市、区）随机抽选 16 万个居民家庭作为调查户。

国家统计局派驻各地的直属调查队按照统一的制度方法，组织调查户记账采集居民收入、支出、家庭经营和生产投资状况等数据；同时按照统一的调查问卷，收集住户成员及劳动力从业情况、住房与耐用消费品拥有情况、居民基本社会公共服务享有情况等其他调查内容。数据采集完成后，市县级调查队使用统一的方法和数据处理程序，对原始调查资料进行编码、审核、录入，然后将分户基础数据直接传输至国家统计局进行统一汇总计算。

3. 部分数据因四舍五入的原因，存在总计与分项合计不等的情况。

（资料来源：国家统计局）

能力目标

（1）具有在实际工作中正确运用抽样方法进行样本选取的能力；

（2）能够根据研究目的进行抽样框的设计；

（3）具有应用 Excel 工具进行样本抽样的能力。

知识目标

（1）理解抽样推断的基本概念；

（2）了解抽样方法的选择。

素质目标

（1）通过对样本与总体的分析，使学生了解部分与整体的辩证关系；

（2）通过对抽样过程的分析，使学生认识偶然与必然的对立统一，培养学生独立思考能力。

项目概述与分析

某计算机经销商为了促进销售，在 2021 年作出营销策略——在购买品牌机价格达到 4500 元以上时赠送价值 150 元的"闪电"牌摄像头。实施此营销策略后，该经销商在获得一定利润的同时也收到了客户对该赠品的使用情况反馈——"闪电"牌摄像头存在质量问题。计算机经销商决定在供应商的选择上作出调整。经销商对所提供的摄像头进行抽检，现有 2021 年 4 月新到一批次 2000 件摄像头，经销商决定抽取 40 件样本进行质量检测（摄像头的使用标准时间为 8500 小时）。那么这家计算机经销商应如何选择样本？

进行产品的质量检测时不可能对所有产品进行一一检查，只能从总体中抽取部分检验，通常从总体中随机抽取部分样本作为检查对象，通过样本的特征来反映总体特征。计算机经销商需要解决如何选择样本，即从 2000 件产品中如何选择 40 件样本，并对样本进行分析。本项目可以通过以下两个任务来完成：

任务 1　抽样样本的选择；

任务 2　应用 Excel 抽取样本。

❖ 预 备 知 识 ❖

单元一　抽样推断的一般问题

一、抽样推断的含义

抽样推断又称抽样估计，是在抽样调查的基础上，利用样本实际资料计算样本指标数值，并对总体的数量特征作出具有一定可靠程度的估计和推断，以认识总体的一种统计研究方法。

二、抽样的基本概念

（一）总体和样本

1．总体

总体又称全及总体，是所要认识的研究对象的全体，是由调查对象范围内具有共同性质的个别单位所组成的整体。总体单位数通常都是很大的，甚至是无限的，这样才有必要组织抽样调查，进行抽样推断。总体单位数一般用符号 N 表示。

2．样本

样本又称子样，是从总体中随机抽取出来的部分调查单位所组成的集合体。样本的单位数是有限的。样本单位数一般用符号 n 表示，也称样本容量。

对于某一特定研究问题来说，作为推断对象的总体是唯一确定的。但是一个总体可能抽取多个样本，全部样本的可能数目和每一样本的容量有关，它也和随机抽样的方法有关。对于不同的样本容量和抽样方法，样本的可能数目也有很大的差别。抽样本身是一种手段，目的在于对总体做出判断，因此，样本容量的多少，要怎样取样，样本的数目可能有多少，它们的分布又怎样，这些都关系到对总体判断的准确程度，都需要加以认真的研究。

（二）样本容量和样本个数

1．样本容量

样本容量是指一个样本所包含的单位数，用 n 表示。一般来讲，样本单位数达到或超过 30 个的样本称为大样本，而在 30 个以下的样本称为小样本。社会经济统计的抽样推断多取大样本，而科学实验的抽样观察则多取小样本。

2．样本个数

样本个数又称样本可能数目，是指在一个抽样方案中从总体中所有可能被抽取的样本的总数。全部样本的可能数目，既和样本容量的大小有关，也和样本的抽取方法有关。在样本容量确定后，样本的可能数目取决于抽样方法。

（三）抽样方法

抽样方法有重复抽样和不重复抽样两种。

1. 重复抽样

重复抽样，也称重置抽样、放回抽样、回置抽样等，是指从全及总体 N 个单位中随机抽取一个容量为 n 的样本时，每次抽中的单位经登录其有关标志表现后又放回总体中重新参加下一次的抽选。在这种抽样方法中，同一单位有被重复抽中的机会。

用重复抽样的方法从总体 N 个单位中抽取 n 个单位组成样本，可能得到的样本总数为 N^n 个。

2. 不重复抽样

不重复抽样也称不重置抽样、不放回抽样、不回置抽样等，是指从全及总体 N 个单位中随机抽取一个容量为 n 的样本时，每次抽中的单位登录其有关标志表现后不再放回总体中参加下一次的抽选。下一次则从剩下的总体单位中继续抽取，如此反复，最终构成一个样本。在这种抽样方法中，同一单位没有被重复抽中的机会。

◆　**练一练**

用不重复抽样的方法从总体 N 个单位中抽取 n 个单位可能得到的样本总数是多少？比较两种抽样方法得到的样本个数。

（四）参数和统计量

说明总体数量特征的指标称为总体参数，简称为参数。由抽样总体各个标志值或标志特征计算的综合指标称为抽样指标，又称统计量。在一个抽样调查的总体中，参数是唯一确定量，是一个未知数，需要通过样本资料计算样本指标来进行推算。

常用的参数有总体平均数 $(\bar{X})$、总体方差 (σ^2)（或标准差 (σ)）、总体成数 (P) 和总体成数的方差 (σ_P^2)（或标准差 (σ_P)）。统计量和参数计算原理相同，为了与参数相区别，用对应的小写字母表示。统计量主要有样本平均数 $(\bar{x})$、样本方差 (s^2)（或标准差 (s)）、样本成数 (p) 和样本成数的方差 (σ_p^2)（或标准差 (σ_p)）。常用参数和统计量的计算公式如表 7 - 1 - 1 所示。

表 7 - 1 - 1　参数和统计量的计算公式

		参　　数		统　计　量	
		变量总体	属性总体	变量总体	属性总体
平均指标	分组资料	$\bar{X} = \dfrac{\sum X \cdot f}{\sum f}$	$P = \dfrac{N_1}{N}$	$\bar{x} = \dfrac{\sum x \cdot f}{\sum f}$	$p = \dfrac{n_1}{n}$
	未分组资料	$\bar{X} = \dfrac{\sum X}{N}$		$\bar{x} = \dfrac{\sum x}{n}$	
变异指标	分组资料	$\sigma = \sqrt{\dfrac{\sum (X-\bar{X})^2 \cdot f}{\sum f}}$	$\sigma_P = \sqrt{P(1-P)}$	$s = \sqrt{\dfrac{\sum (x-\bar{x})^2 \cdot f}{\sum f}}$	$\sigma_p = \sqrt{p(1-p)}$
	未分组资料	$\sigma = \sqrt{\dfrac{\sum (X-\bar{X})^2}{\sum N}}$		$s = \sqrt{\dfrac{\sum (x-\bar{x})^2}{\sum n}}$	

注：① 各参数的含义及计算方法详见模块四；

② 属性总体中 N_1、n_1 表示具有某种属性的总体单位数和样本单位数。

◆　**练一练**

试推导表 7 - 1 - 1 中成数与成数标准差的公式。

（五）抽样框和抽样单元

抽样框，又称抽样结构，是指对可以选择作为样本的总体单位列出名册或排序编号，以确定总体的抽样范围和结构。设计出了抽样框后，便可采用抽签的方式或按照随机数表来抽选必要的单位数。构成抽样框的单元称为抽样单元。为了方便抽样的实施，必须有一个目录性清单，这个目录性清单的每个目录与实际总体的每个单元之间存在确定的对应关系，根据一个目录项总可以找到实际抽样总体中特定的一个或一些单元。抽样框就是这样的一个目录性清单。

抽样时，我们抽取的并不是具体的总体中的某个单元，而是它的编号，我们是用抽样框进行抽取操作的。为了保证抽样之后，调查者能根据抽样框找到具体的抽样单元，因此必须做到：① 抽样框必须是有序的编号；② 抽样框中的抽样单元必须"不重不漏"。

三、抽样组织方式

如何科学组织抽样调查是一个至关重要的问题。为了保证样本数据对总体参数的代表性，主要采用概率抽样。概率抽样有以下几种形式。

（一）简单随机抽样

简单随机抽样又称纯随机抽样，它是按随机原则直接从总体中抽取 n 个个体作为样本的。在有抽样框的条件下，可用抽签的方式，但更常见的是利用随机数表来抽取 n 个个体。

（二）分层抽样

分层抽样又称类型抽样，它是首先按照主要标志将总体的所有个体分为若干"层"，然后在每一层内进行抽样的。把总体中标志值比较接近的个体归为一层，使各层内个体的分布比较均匀，而且保证各层都有中选的机会，因此具有较好的抽样效果。

（三）整群抽样

整群抽样首先将全部总体分为若干部分，每一部分称为一个群，把每个群作为一个抽样单位，在群里进行抽样，然后在被抽中的群中做全面调查。例如，在市场调查的入户调查中，可以对被选作抽样单位的某个大院的每家每户进行调查。

（四）等距抽样

等距抽样又称系统抽样，它是事先将总体所有个体按某一标志排列，然后依固定顺序和间隔来抽取子样的。这一方法比较常用，有时还可以与分层抽样和整群抽样结合，形成多阶段抽样等。

单元二　Excel 在样本抽取中的运用

一、抽样样本的选择

在编制抽样框的基础上，利用 Excel 中的"数据分析"工具的"抽样"进行样本的抽取。在 Excel 中输入抽样框的编号，然后进行以下操作。

第一步：打开"抽样"对话框。

在"工具"菜单中单击"数据分析"选项，从其对话框的"分析工具"列表中选择"抽样"，点击"确定"按钮后进入"抽样"对话框，如图7-1-3所示。

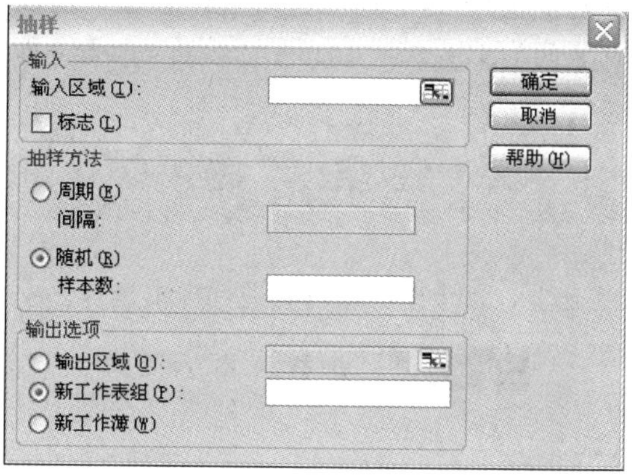

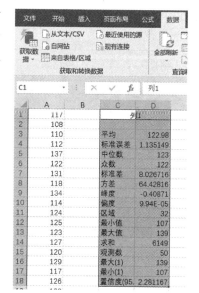

图7-1-3 "抽样"对话框

第二步：设置"抽样"对话框并得到样本。

在"抽样"对话框中，在"输入区域"输入抽样框编号所在单元格区域；在"样本数"输入样本容量；在"输出区域"输入任意空单元格。点击"确定"按钮即得到随机抽取的样本。

二、使用描述统计工具对样本数据进行描述

在完成样本选取的基础上需要对样本数据进行描述，即计算其均值、标准差等。可以利用Excel的计算功能输入公式计算，另外可以使用Excel的描述统计工具一次给出样本平均数、标准差等十几项描述数据分布的统计指标，如图7-1-4所示。描述统计的功能可参考模块四中的具体操作。

部分统计指标含义如下：

（1）"平均"指样本均值，是"求和"项和"计数"项的比值。"求和"指样本标志值合计，"观测数"（计数）指样本单位数。

（2）"标准误差"指样本平均数的抽样平均误差，是"标准差"与"观测数"平方根的比值，其计算过程为

$$\mu = \frac{s}{\sqrt{n}} = \frac{8.03}{\sqrt{50}} \approx 1.135$$

（3）"标准差"指样本标准差。

（4）"方差"指样本标准差的平方。

图7-1-4 描述统计结果表

（5）"峰度"也称峰值，是次数分布数列的特征之一。其值若小于3，画出的次数分布钟形曲线为平顶；若大于3，画出的次数分布钟形曲线为尖顶；若小于1.8，则钟形曲线呈U形。

（6）"偏度"也称斜度，是次数分布数列的另一特征。其值若为正值，则钟形曲线向右偏斜；若为负值，则钟形曲线向左偏斜；越接近0，越趋于正态分布即钟形分布。

（7）"区域"指极差，也称全距。

（8）"最大（1）"（最大值）和"最小（1）"（最小值）都是相对全数列（所有样本数据）而言的。

（9）"置信度（95％）"对应值"2.281 167"是指估计总体平均数的极限误差约为 2.28，因此，总体平均数的估计区间为 122.98－2.28～122.98＋2.28，即 121 个～125 个之间。

❖ 任务实施 ❖

在掌握相关知识的基础上，为计算机经销商进行样本选择。

任务 1　抽样样本的选择

1．界定抽样调查总体

该计算机经销商需要从 2021 年 4 月的这一批次的 2000 件摄像头中抽取样本，因此这一批次 2000 件摄像头是本次抽样调查的总体。

2．选择抽样方法

本次样品抽样检查采用简单随机抽样。

3．编制抽样框

由于是对产品质量检验，因此需要对 2000 件摄像头的特征编制抽样框显示，主要是为 2000 件摄像头进行编号。抽样框的编制如表 7-1-2 所示。

表 7-1-2　抽 样 框

编号	价格	动态像素	感应器	生产商
1				
2				
⋮				
2000				

4．确定样本规模

一般的试验样本抽查为小样本，即 30 个样本单位以下。该计算机经销商在本次质量抽检中选取样本 40 件，即大样本抽样，样本容量为 40。

5．实际抽取样本

利用 Excel 的抽样函数功能，根据样本框的编号进行样本选择，具体操作见任务 2。

6．搜集整理样本资料

根据抽样获得的样本，对样本资料进行整理。

7．样本指标计算

根据整理的样本资料计算相应的统计量，作为抽样估计的基础。

任务 2　应用 Excel 抽取样本

1. 数据编号

根据抽样框中的编号建立 Excel 数据库，如图 7-1-5 所示。

	A	B	C	D	E	F	G	H	I	J	K	L	M	N	O	P	Q	R	S	T
1	1	101	201	301	401	501	601	701	801	901	1001	1101	1201	1301	1401	1501	1601	1701	1801	1901
2	2	102	202	302	402	502	602	702	802	902	1002	1102	1202	1302	1402	1502	1602	1702	1802	1902
3	3	103	203	303	403	503	603	703	803	903	1003	1103	1203	1303	1403	1503	1603	1703	1803	1903
4	4	104	204	304	404	504	604	704	804	904	1004	1104	1204	1304	1404	1504	1604	1704	1804	1904
5	5	105	205	305	405	505	605	705	805	905	1005	1105	1205	1305	1405	1505	1605	1705	1805	1905
6	6	106	206	306	406	506	606	706	806	906	1006	1106	1206	1306	1406	1506	1606	1706	1806	1906
7	7	107	207	307	407	507	607	707	807	907	1007	1107	1207	1307	1407	1507	1607	1707	1807	1907
8	8	108	208	308	408	508	608	708	808	908	1008	1108	1208	1308	1408	1508	1608	1708	1808	1908
9	9	109	209	309	409	509	609	709	809	909	1009	1109	1209	1309	1409	1509	1609	1709	1809	1909
10	10	110	210	310	410	510	610	710	810	910	1010	1110	1210	1310	1410	1510	1610	1710	1810	1910
11	11	111	211	311	411	511	611	711	811	911	1011	1111	1211	1311	1411	1511	1611	1711	1811	1911
12	12	112	212	312	412	512	612	712	812	912	1012	1112	1212	1312	1412	1512	1612	1712	1812	1912
13	13	113	213	313	413	513	613	713	813	913	1013	1113	1213	1313	1413	1513	1613	1713	1813	1913
14	14	114	214	314	414	514	614	714	814	914	1014	1114	1214	1314	1414	1514	1614	1714	1814	1914
15	15	115	215	315	415	515	615	715	815	915	1015	1115	1215	1315	1415	1515	1615	1715	1815	1915
16	16	116	216	316	416	516	616	716	816	916	1016	1116	1216	1316	1416	1516	1616	1716	1816	1916
17	17	117	217	317	417	517	617	717	817	917	1017	1117	1217	1317	1417	1517	1617	1717	1817	1917
18	18	118	218	318	418	518	618	718	818	918	1018	1118	1218	1318	1418	1518	1618	1718	1818	1918
19	19	119	219	319	419	519	619	719	819	919	1019	1119	1219	1319	1419	1519	1619	1719	1819	1919
20	20	120	220	320	420	520	620	720	820	920	1020	1120	1220	1320	1420	1520	1620	1720	1820	1920
21	21	121	221	321	421	521	621	721	821	921	1021	1121	1221	1321	1421	1521	1621	1721	1821	1921
22	22	122	222	322	422	522	622	722	822	922	1022	1122	1222	1322	1422	1522	1622	1722	1822	1922
23	23	123	223	323	423	523	623	723	823	923	1023	1123	1223	1323	1423	1523	1623	1723	1823	1923
24	24	124	224	324	424	524	624	724	824	924	1024	1124	1224	1324	1424	1524	1624	1724	1824	1924
25	25	125	225	325	425	525	625	725	825	925	1025	1125	1225	1325	1425	1525	1625	1725	1825	1925
26	26	126	226	326	426	526	626	726	826	926	1026	1126	1226	1326	1426	1526	1626	1726	1826	1926
27	27	127	227	327	427	527	627	727	827	927	1027	1127	1227	1327	1427	1527	1627	1727	1827	1927
28	28	128	228	328	428	528	628	728	828	928	1028	1128	1228	1328	1428	1528	1628	1728	1828	1928

图 7-1-5　编号数据库

2. 样本选取

打开"抽样"对话框(在"数据"菜单中单击"数据分析"选项，从其对话框的"分析工具"列表中选择"抽样"，点击"确定"按钮进入"抽样"对话框)，并进行对话框设置。

在"输入区域"中输入摄像头编号所在单元格区域 A1:T100；在"样本数"框中输入样本量"40"；在"输出区域"输入单元格 V1，如图 7-1-6 所示。

单击"确定"按钮，得到随机抽取的 40 件摄像头的编号，排序后如图 7-1-7 所示。

	A	B	C	D	E
1	143	527	974	1548	
2	146	633	984	1584	
3	168	661	1038	1615	
4	219	671	1101	1629	
5	264	705	1188	1648	
6	273	759	1243	1810	
7	277	795	1265	1854	
8	318	845	1308	1951	
9	350	865	1410	1974	
10	376	925	1501	1990	
11					

图 7-1-6　"抽样"对话框设置　　　　图 7-1-7　随机抽取的 40 件摄像头的样本编号

3. 样本整理及指标计算

根据样本编号整理对应的样本框的资料。对抽取的 40 件摄像头进行耐用时间测试,得到样本的耐用时间如表 7-1-3 所示。

表 7-1-3　样本的耐用时间　　　　　　　　　　　　　单位:小时

编号	耐用时间	编号	耐用时间	编号	耐用时间	编号	耐用时间	编号	耐用时间
143	10000	350	9200	795	8500	1188	9000	1615	8400
146	10000	376	8100	845	9700	1243	9200	1629	9700
168	9000	527	9800	865	8300	1265	8900	1648	8900
219	9300	633	9500	925	9300	1308	9500	1810	9300
264	8500	661	8400	974	8200	1410	9700	1854	9700
273	9000	671	8600	984	9600	1501	9000	1951	8300
277	8900	705	9100	1038	9000	1548	8500	1974	9700
318	8900	759	8800	1101	8800	1584	8900	1990	9000

通过 Excel 的描述统计功能对样本的耐用时间进行分析,计算结果如图 7-1-8 所示。由图 7-1-8 可知,抽取的样本数据中 40 件摄像头的平均耐用时间为 9055 小时,抽样平均误差约为 81.57 小时,样本标准差约为 515.88 小时。

	A	B	C	D
1	10000			
2	10000	列1		
3	9000			
4	9300	平均	9055	
5	8500	标准误差	81.56718169	
6	9000	中位数	9000	
7	8900	众数	9000	
8	8900	标准差	515.8761529	
9	9200	方差	266128.2051	
10	8100	峰度	-0.85105428	
11	9800	偏度	0.049701521	
12	9500	区域	1900	
13	8400	最小值	8100	
14	8600	最大值	10000	
15	9100	求和	362200	
16	8800	观测数	40	
17	8500	最大(1)	10000	
18	9700	最小(1)	8100	
19	8300	置信度(95.0%)	164.9851962	
20	9300			

图 7-1-8　描述统计计算结果

由于产品的标准使用时间为 8500 小时，所以从抽取的 40 件摄像头中获知，其中合格品数量为 34 件，不合格品数量为 6 件，样本中产品合格率为 85%，样本合格率的标准差为 35.7%。

那么如何用抽取的 40 件摄像头样本指标估计 2000 件摄像头的指标？可参考项目二。

❖ 实 训 ❖

1. 实训目的

（1）了解抽样分析的应用场合及其在经济工作中的地位；

（2）掌握样本选取的分析方法；

（3）培养学生应用抽样方法分析实际问题的能力。

2. 实训内容

某高职院校为了解在校 00 后学生的消费价值观组织抽样调查。学院共有 5600 名学生，要求随机抽取 40 名学生作为样本，调查该学院的学生的日常消费主要状况，为学校的助学政策提供参考，同时为大学生提供合理消费的建议。

3. 实训要求

（1）学生分组，每组 5～6 人，查阅抽样分析相关知识；

（2）根据提供的信息分析解决步骤；

（3）利用 Excel 进行样本选取；

（4）分析样本指标，同时讨论样本的选取结果，并解释原因；

（5）小组派代表发言；

（6）各组互评与教师点评。

4. 实训评价

抽样分析技能训练评价表见表 7-1-4。

表 7-1-4 抽样技能训练评价表

	内　　容	分值	教师评价
考评标准	Excel 抽样样本操作正确	30	
	样本统计量计算正确	30	
	总体参数与样本统计量分析准确	20	
	成员课堂讨论热烈、积极回答课堂问题、积极参与操作	20	
合计		100	

注：实际得分＝自我评价×20%＋他人评价×30%＋教师评价×50%。

项目二　参　数　估　计

思政素材

山东：食品合格率98%以上，药品抽检合格率99.8%

山东省政府新闻办2022年4月12日举办"创新引领走在前，聚力实现新突破"主题系列新闻发布会第十二场，介绍全省食品药品安全工作相关情况。记者从发布会上获悉，去年山东大力推进"食安山东""品质鲁药"建设，全力守护人民群众饮食用药安全，全省主要农产品和食品合格率均在98%以上，药品抽检合格率达99.8%，全省食品药品安全形势总体稳定向好。

省市场监管局副局长陈耕介绍，在食品药品安全监管方面，山东着力创新，健全长效监管机制。将"最严谨的标准"落实到生产过程，9035家食品生产企业开展亮标承诺、对标生产、核标出厂"三标"行动。104家食用农产品批发市场全部推行驻场监管、互联网＋快检、定量抽检、扫码追溯、半年检查等"五项制度"，快检319.4万批，把好食用农产品入市第一道关口。建成全省市场监管一体化平台，开发"山东菜场"APP和食品安全信息预警平台，全省食用农产品和食品追溯系统（"山东食链"）投入试运行。制定完善《药品生产经营企业风险自查报告管理办法》《医疗器械不良事件预警管理办法》等制度文件，提升药品监管规范化水平。

立足于严，山东坚决守牢安全底线。进口冷链食品疫情防控，在全国率先实施全域专仓防控模式，全省建设运行47个监管专仓，入仓检测消杀货物246万吨，采样检测食品、环境样本470万份，检出阳性186批，全部第一时间封在仓内，没有流入市场。严格落实药店疫情防控责任，强化疫情防控用药械监管，全力服务新冠病毒抗原检测试剂产品加快上市，2家抗原检测试剂盒成功获批上市。组织食品安全风险隐患大排查大整治，把餐饮具清洗消毒整治列为"我为群众办实事"项目，餐饮具合格率由84.8%提高到97%。去年，全省共查办食品药品安全违法案件6.78万件，罚没款3.8亿元，持续保持严惩重处的高压态势。

（资料来源：山东省委机关报《大众日报》）

能力目标

（1）具有在实际工作中正确运用参数估计的方法进行抽样推断的能力；

（2）具有应用Excel工具进行样本分析的能力，并能够用文字进行描述。

知识目标

（1）理解抽样误差的含义；

（2）理解抽样估计的含义；

（3）掌握区间估计的计算方法。

素质目标

（1）通过对抽样误差的分析，培养学生追求精益求精的工匠精神；

（2）通过抽样推断方法的应用，使学生认识实践是检验真理的唯一标准。

项目概述与分析

在项目一的基础上已经利用 $Excel$ 工具抽取了 40 件摄像头作为样本，同时已经对样本的耐用时间进行了相关试验，样本数据如表 7－1－3 所示。那么这家电脑经销商应如何用样本数据推断总体的 2000 件摄像头的平均耐用时间和合格率，并根据推断结果进行供应商的选择？

在项目一的基础上，已经完成了样本选择，同时对样本指标进行了分析，即计算了样本的平均指标和成数指标。用样本统计量推断参数，即估计参数的平均值和成数，需要通过以下两个任务来完成：

任务 1　参数的区间估计；

任务 2　应用 $Excel$ 求置信区间。

❖　预　备　知　识　❖

单元一　抽　样　估　计

一、抽样估计的方法

抽样估计就是根据样本统计量（样本平均数 $\bar{x}$ 和样本成数 p）对总体参数（总体平均数 $\bar{X}$ 和总体成数 P）进行推断估计。抽样估计的直接目的，就是为了推断 $\bar{X}$ 和 P，然后再结合总体单位数 N 去推算总体的有关标志总量。对总体指标的推断有点估计和区间估计两种方法。

（一）点估计

点估计就是用样本统计量的某个取值直接作为总体参数的估计值。如用样本均值直接作为总体均值的估计值或用样本方差直接作为总体方差的估计值，即

$$\bar{x} = \bar{X}, \qquad p = P$$

由于样本抽取的随机性，所抽出的某一个具体样本得到的估计值很可能不同于总体的真实值，因此在用此方法进行估计时必须给出对应的可靠性，以说明估计值与总体参数真实值的接近程度。然而一个具体的点估计值无法给出估计的可靠性的度量，因此该项缺陷限制了其在实践中的应用。

（二）区间估计

区间估计是在点估计的基础上给出总体参数估计的一个区间范围，根据样本指标和抽

样误差来推断总体指标的最大可能范围，并同时指出估计的可靠程度的方法。点估计与区间估计的具体特点如图 7 - 2 - 1 所示。

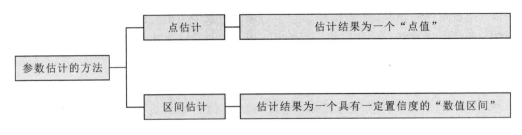

图 7 - 2 - 1　参数估计的方法

二、抽样估计的可靠程度

（一）抽样误差

我们已经知道，抽样推断的目的是从局部推断整体。拿点估计来说，就是根据样本的估计量对总体相应参数作出估计，这二者之间必然存在着差距，这个差距就是误差。抽样误差不是指那种由人为因素所造成的登记性误差，而是指随机抽样本身所固有的一种代表性误差。抽样误差具有以下特点：

（1）因为总体参数是未知的，所以这种误差在每一次实际的抽样中是未知的；

（2）这种误差是不可避免的，但可以用大数定律的数学公式确定它的界限，并通过抽样设计加以控制；

（3）抽样误差是一个随机变量，它不是固定的一个数。

（二）抽样平均误差

1. 抽样平均误差的含义

反映抽样误差的一般水平称为抽样平均误差，通常用样本平均数（或样本成数）的标准差来表示，符号为 μ。抽样平均误差的计算如表 7 - 2 - 1 所示。

表 7 - 2 - 1　抽样平均误差计算表

抽样方法	样本平均数的平均误差	样本成数的平均误差
重复抽样	$\mu_{\bar{x}} = \dfrac{\sigma}{\sqrt{n}}$	$\mu_p = \sqrt{\dfrac{P(1-P)}{n}}$
不重复抽样	$\mu_{\bar{x}} = \sqrt{\dfrac{\sigma^2}{n}\left(\dfrac{N-n}{N-1}\right)}$	$\mu_p = \sqrt{\dfrac{P(1-P)}{n}\left(\dfrac{N-n}{N-1}\right)}$

2. 影响抽样平均误差的因素

由表 7 - 2 - 1 可知，影响抽样平均误差的因素包括全及总体标志值的变异程度、抽样单位数目的多少、抽样方法和抽样的组织形式。

1）全及总体标志值的变异程度

全及总体标志值的变异程度越大，抽样平均误差就越大；反之，全及总体标志值变异程度越小，则抽样平均误差就越小。两者呈正比关系。例如，总体各单位标志值都相等，即标准差为零时，那么抽样指标就等于全及指标，抽样平均误差就不存在。

2）抽样单位数目的多少

在其他条件不变的情况下，抽样单位数越多，抽样误差就越小。因为抽样单位数越多，样本就越能反映总体的数量特征。如果把抽样单位数扩大到接近于总体单位数，那么抽样调查也就近似于全面调查，抽样误差就缩小到几乎完全消失的程度。

3）抽样方法

对于一个既定的研究总体，在样本容量相同的情况下，重复抽样的抽样平均误差大于不重复抽样的抽样平均误差。

4）抽样的组织形式

不同的抽样组织形式，其样本单位在总体中的分布不同，对总体的代表性也不同，因而就有不同的抽样误差。一般来说，类型抽样、等距抽样误差较小，而单随机抽样、整群抽样误差较大。

（三）抽样极限误差

抽样平均误差并不等同于子样均值与总体均值，或子样比例与总体比例的实际误差，它只是衡量可能误差范围的一种尺度。我们无法计算，也不必要计算实际误差，只能把抽样误差控制在一定的范围内，这就是抽样极限误差，也称为抽样允许误差。抽样极限误差是指抽样估计量和总体参数之间抽样误差的可能范围，记为 $\Delta_{\bar{x}}$ 和 Δ_p。

（四）抽样误差的概率度

1. 抽样估计的概率度

抽样极限误差 Δ 是单个样本值与总体指标值之间的绝对离差，而抽样平均误差 μ 是所有可能样本值与总体指标值之间的平均离差。用抽样极限误差与抽样平均误差相比，从而使由单一样本值得到的抽样极限误差标准化，称为抽样标准极限误差，但通常称其为概率度 t 或相对误差范围，计算公式为

$$t = \frac{\Delta}{\mu}$$

2. 抽样估计的可靠程度

置信区间的测定总是在一定的概率保证程度下进行的，因为既然抽样误差是一个随机变量，就不能指望抽样指标落在置信区间内成为必然事件，只能视为一个可能事件，这样就必定要用一定的概率来给予保证。抽样误差的可能范围是估计的准确性问题，而保证抽样指标落在抽样误差的可能范围之内则是估计的可靠性问题。所以抽样估计可靠程度又称置信度。具体来说，置信区间是以一定的概率把握程度确定总体指标所在的区间。置信度是总体指标落在某个区间的概率把握程度。

抽样估计的可靠程度即概率用 P 表示，P 是 t 的函数。而 $p = F(t)$ 表明概率分布是概率度 t 的函数。确定抽样估计的可靠程度，就是要确定抽样平均数 $\bar{x}$ 或抽样成数 p 落在置信区间 $(\bar{x} - \Delta_x, \ \bar{x} + \Delta_x)$ 或 $(p - \Delta_p, \ p + \Delta_p)$ 中的概率 P。

应用标准正态分布概率表，可以得出抽样指标落在置信区间内的置信度。

抽样误差范围决定了抽样估计的准确性，概率保证程度决定了抽样估计的可靠性，二者密切联系，但又同时矛盾，所以，对抽样估计的准确性和可靠性的要求应慎重考虑。

◆ 思考
抽样估计的可靠程度与抽样极限误差的关系。

三、总体均值的区间估计

均值的区间范围为 $\bar{x} \pm \Delta_{\bar{x}}$，具体计算公式如表 7 - 2 - 2 所示。

表 7 - 2 - 2　均值区间范围估计公式

均值的区间范围估计公式	全及总体指标所在范围估计公式
$\bar{x} - \Delta_{\bar{x}} \leqslant \bar{X} \leqslant \bar{x} + \Delta_{\bar{x}}$ 或	$N(\bar{x} - \Delta_{\bar{x}}) \leqslant N\bar{X} \leqslant N(\bar{x} + \Delta_{\bar{x}})$ 或
$\bar{x} - t\mu_x \leqslant \bar{X} \leqslant \bar{x} + t\mu_x$	$N(\bar{x} - t\mu_x) \leqslant N\bar{X} \leqslant N(\bar{x} + t\mu_x)$

注：二者的关系是，由均值的区间范围估计全及总体指标所在范围时，可在均值对应公式两边同乘总体单位数 N。

在进行区间估计时，根据所给定条件的不同，总体均值区间估计有以下两种情况。

（一）根据已给定的样本资料和置信度（概率）进行区间估计

这种情况下，区间估计步骤如下：

（1）抽取样本，计算抽样指标，即计算样本平均数 $\bar{x}$ 作为总体指标的估计值；

（2）计算抽样平均误差 μ_x；

（3）根据置信度 $F(t)$ 的要求，查正态分布概率表求得概率度 t 的值；

（4）计算抽样极限误差 $\Delta_{\bar{x}} = t\mu_x$；

（5）计算被估计总体参数的上限和下限，进行区间估计。

【例 7 - 2 - 1】　某奶牛场有 10 000 头奶牛，随机抽取 100 头进行日产奶量调查，分组整理得到如表 7 - 2 - 3 所示的数据，试以 95.45% 的把握度估计该奶牛场奶牛的日平均产奶量及奶牛场的产奶总量。

表 7 - 2 - 3　100 头奶牛产奶量及计算表

每头牛日产量/千克	奶牛头数 f	组中值 x	xf	$x - \bar{x}$	$(x - \bar{x})^2 f$
6～8	15	7	105	−4.78	342.726
8～10	18	9	162	−2.78	139.1112
10～12	20	11	220	−0.78	12.168
12～14	19	13	247	1.22	28.2796
14～16	16	15	240	3.22	165.8944
16～18	12	17	204	5.22	326.9808
合计	100	—	1178	—	1015.16

解 已知 $N=10\ 000$，$n=100$。

（1）样本平均产奶量：

$$\bar{x} = \frac{\sum xf}{\sum f} = \frac{1178}{100} = 11.78（千克）$$

样本标准差：

$$\sigma = \sqrt{\frac{\sum (x-\bar{x})^2 f}{\sum f}} = \sqrt{\frac{1015.16}{100}} = 3.19（千克）$$

（2）平均产奶量抽样平均误差：

$$\mu_x = \frac{\sigma}{\sqrt{n}} = \frac{3.19}{\sqrt{100}} = 0.319（千克）$$

（3）根据 $F(t)=0.9545$，查表（正态分布概率表）得 $t=2$。

（4）计算抽样极限误差：

$$\Delta_{\bar{x}} = t\mu_x = 2 \times 0.319 = 0.638$$

（5）区间估计。

下限：

$$\bar{x} - \Delta_{\bar{x}} = 11.78 - 0.638 = 11.142（千克）$$

上限：

$$\bar{x} + \Delta_{\bar{x}} = 11.78 + 0.638 = 12.418（千克）$$

产奶总量区间估计。

下限：

$$10\ 000 \times 11.142 = 111\ 420（千克）$$

上限：

$$10\ 000 \times 12.418 = 124\ 180（千克）$$

计算结果表明：以 95.45% 的概率保证奶牛的日平均产奶量在 11.142 千克至 12.418 千克之间，该奶牛场的产奶总量在 111 420 千克至 124 140 千克之间。

（二）根据样本资料和误差的可允许范围进行区间估计和概率保证程度的计算

这种情况下，区间估计步骤如下：

（1）抽取样本，计算抽样指标，即计算样本平均数 $\bar{x}$ 作为总体指标的估计值；

（2）根据误差的可允许范围和点估计量进行区间估计；

（3）确定总体参数落入区间范围的概率保证程度。

【例 7-2-2】 某贸易企业欲了解某商品的市场价格目标情况，随机抽取了 100 名消费者进行调查。调查得到的平均目标价格为 400 元，标准差为 10 元。要求估计误差范围不超过 3 元，试进行平均目标价格的区间估计并计算总体参数落入该范围的概率保证程度。

解 已知：$n=100$，$\bar{x}=400$，$\sigma=10$，$\Delta_{\bar{x}}=3$。

平均目标价格的区间估计。

下限：

$$\bar{x} - \Delta_{\bar{x}} = 400 - 3 = 397（元）$$

上限：

$$\bar{x} + \Delta_{\bar{x}} = 400 + 3 = 403（元）$$

则平均目标价格的区间范围在 397 元至 403 元之间。

总体参数落入该范围的概率保证程度：

$$\mu_x = \frac{\sigma}{\sqrt{n}} = \frac{10}{\sqrt{100}} = 1$$

$$t = \frac{\Delta_{\bar{x}}}{\mu_x} = \frac{3}{1} = 3$$

查表得：$F(t) = 99.73\%$。

计算结果表明：平均目标价格的区间范围在 397 元至 403 元之间，总体参数落入该范围的概率保证程度为 99.73%。

四、总体成数的区间估计

成数的区间范围为：$\bar{x} + \Delta_{\bar{x}}$，具体计算公式如表 7-2-4 所示。

表 7-2-4　成数区间范围估计公式

成数的区间范围估计公式	全及总体指标单位数所在范围估计公式
$p - \Delta p \leqslant P \leqslant p + \Delta p$ 或	$N(p - \Delta_p) \leqslant NP \leqslant N(p + \Delta_p)$ 或
$p - t\mu_p \leqslant P \leqslant p + t\mu_p$	$N(p - t\mu_p) \leqslant NP \leqslant N(p + t\mu_p)$

注：二者的关系是，由成数的区间范围估计全及总体指标单位数所在范围时，可在成数对应公式两边同乘总体单位数 N。

在进行区间估计时，根据所给定条件的不同，总体成数区间估计有以下两种情况。

(一) 根据已给定的样本资料和置信度(概率)进行区间估计

这种情况下，区间估计步骤如下：

(1) 抽取样本，计算抽样指标，即计算样本成数 p 作为总体指标的估计值；

(2) 计算抽样平均误差 μ_p；

(3) 根据置信度 $F(t)$ 的要求，查正态分布概率表求得概率度 t 的值；

(4) 计算抽样极限误差 $\Delta_p = t\mu_p$；

(5) 计算被估计总体参数的上限和下限，进行区间估计。

【例 7-2-3】 以表 7-2-3 资料为例，若规定日产奶量 10 千克以上的奶牛为良种奶牛，试以 99.73% 的概率保证程度估计该奶牛场奶牛的良种率及良种奶牛总头数的范围。

解　已知样本中日产奶量 10 千克以上的奶牛数为

$$n_1 = 20 + 19 + 16 + 12 = 67（头）$$

(1) 样本的良种率：

$$p = \frac{n_1}{n} = \frac{67}{100} = 67\%$$

(2) 抽样平均误差：

$$\mu_p = \sqrt{\frac{p(1-p)}{n}} = \sqrt{\frac{67\% \times (1 - 67\%)}{100}} = 4.7\%$$

(3) 根据 $F(t) = 99.73\%$，查表得 $t = 3$。

（4）抽样极限误差：

$$\Delta_p = t\mu_p = 14.1\%$$

（5）区间估计。

下限：

$$p - \Delta_p = 67\% - 14.1\% = 52.9\%$$

上限：

$$p + \Delta_p = 67\% + 14.1\% = 81.1\%$$

良种奶牛总头数范围。

下限：

$$N(p - \Delta_p) = 10\ 000 \times 52.9\% = 5290$$

上限：

$$N(p + \Delta_p) = 10\ 000 \times 81.1\% = 8110$$

计算结果表明：以 99.73% 的概率保证该奶牛场的奶牛良种率为 52.9%～81.1%，良种奶牛数量为 5290 头～8110 头。

（二）根据样本资料和误差的可允许范围进行区间估计和概率保证程度的计算

这种情况下，区间估计步骤如下：

（1）抽取样本，计算抽样指标，即计算样本成数 p 作为总体指标的估计值；

（2）根据误差的可允许范围和点估计量进行区间估计；

（3）确定总体参数落入区间范围的概率保证程度。

【例 7-2-4】　某电视节目主持人想了解观众对其主持节目的喜好情况，抽查了 500 个观众，发现喜欢其主持节目的有 175 人。若该主持人希望估计的极限误差不超过 5%，那么有多大把握程度？

解　（1）已知 $n = 500$，$n_1 = 175$。

样本成数 $p = \dfrac{n_1}{n} = \dfrac{175}{500} = 35\%$。

（2）抽样平均误差：

$$\mu_p = \sqrt{\frac{p(1-p)}{n}} = \sqrt{\frac{35\% \times (1 - 35\%)}{100}} = 2.13\%$$

若极限误差不超过 5%，则 $\Delta_p = 5\%$，因此：

$$t = \frac{\Delta_p}{\mu_p} = \frac{5\%}{2.13\%} = 2.35$$

（3）查表得 $F(t) = 98.12\%$。

计算结果表明：若该主持人希望估计的极限误差不超过 5%，那么概率保证程度为 98.12%。

单元二　Excel 在抽样估计中的运用

对总体均值与比例的区间估计使用的主要是 Excel 的"CONFIDENCE""NORMSINV"和"TINV"函数。

一、总体均值的区间估计

（一）利用"CONFIDENCE"函数计算允许误差

允许误差即极限误差。CONFIDENCE 函数适用于大样本数据。下面以以下数据为例。

为了解某企业员工的收入情况，随机抽取了 50 个员工进行调查，调查结果为：月平均收入 $\bar{x}=2200$ 元，标准差 $\sigma=640$ 元。试以 95.45% 的概率保证程度估计该企业员工的月平均收入的区间。操作步骤如下。

第一步：打开"CONFIDENCE"对话框。

单击任一空单元格如 A1，点击常用工具栏中的粘贴函数"f_x"按钮，弹出"插入函数"对话框。在对话框的"函数分类"中选择"统计"，在"函数名"中选择"CONFIDENCE"函数，按"确定"按钮，弹出"CONFIDENCE"对话框。

第二步：设置对话框。

在对话框中的"Alpha"框中输入给定的概率的显著水平 0.0455（即 $1-95.45\%$），在"Standard_dev"框中输入标准差 640，在"Size"框中输入样本容量 50，如图 7-2-2 所示。单击"确定"按钮，得出允许误差为 181.019 557 2。

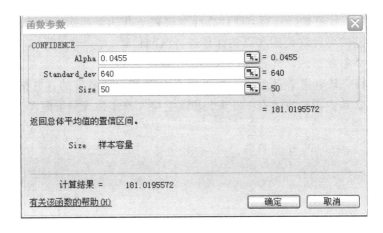

图 7-2-2　"CONFIDENCE"对话框

（二）利用"NORMSINV""TINV"函数计算允许误差

1. 利用"NORMSINV"函数计算允许误差

仍以上例为例。

月平均收入 $\bar{x}=2200$ 元，标准差 $\sigma=640$ 元。

第一步：计算 $z_{\alpha/2}$。

因为样本容量 $n=50$ 属于大样本，可以认为样本服从正态分布。利用 Excel 的"NORMSINV"函数求出置信水平为 95.45% 时的正态分布的分位数值。$1-\alpha=95.45\%$，则 $\alpha/2=0.022\,75$，求 $z_{\alpha/2}$ 的操作步骤如下。

单击任一空单元格，点击常用工具栏中的粘贴函数"f_x"按钮，弹出"插入函数"对话框。在对话框的"函数分类"中选择"统计"，在"函数名"中选择"NORMSINV"函数，点击

"确定"按钮,弹出"NORMSINV"对话框。在"NORMSINV"对话框的"Probability"框中输入 0.022 75,得到的计算结果为 $-2.000\ 002\ 444$,如图 7-2-3 所示。

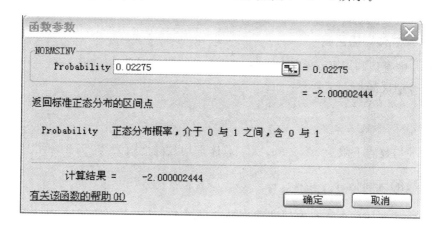

图 7-2-3 "NORMSINV"对话框

第二步:计算允许误差。

$$z_{a/2} \cdot \frac{\sigma}{\sqrt{n}} = 2.0 \times \frac{640}{\sqrt{50}} = 181.0193$$

2. 利用"TINV"函数计算允许误差

上例为大样本,如果是小样本,则使用"TINV"函数计算允许误差。如果上例中样本数为 20,其他数值不变,则计算允许误差步骤如下。

第一步:使用"TINV"函数计算置信水平为 95.45% 时的 $t_{a/2}(n-1)$ 值。

单击任一空单元格,点击常用工具栏中的粘贴函数"f_x"按钮,弹出"插入函数"对话框。在对话框的"函数分类"中选择"统计",在"函数名"中选择"TINV"函数,点击"确定"按钮,弹出"TINV"对话框。在"TINV"对话框的"Probability"框中输入 0.045,在"Deg_freedom"框中输入自由度 19(即 $n-1=20-1$),单击"确定"按钮,得到 t 值为 2.146 031 95,如图 7-2-4 所示。

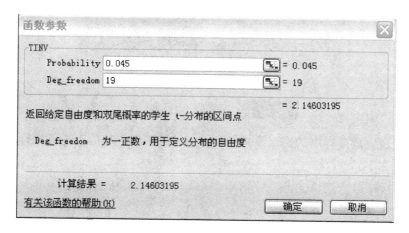

图 7-2-4 "TINV"对话框

第二步：计算允许误差。

$$t_{a/2} \cdot \frac{s}{\sqrt{n}} = 2.146 \times \frac{640}{\sqrt{50}} = 194.2366$$

（三）计算总体均值区间

在 Excel 中直接利用 Excel 的计算功能代入公式进行计算。

本例中置信区间为

$$\bar{x} \pm z_{a/2} \cdot \frac{\sigma}{\sqrt{n}}$$

计算得总体平均数的下限为 2018.981 元，总体平均数的上限为 2381.019 元。

二、总体成数的区间估计

某企业对其产品在消费者中的满意情况进行调查，在抽选的 200 人中，有 140 人回答对产品的外包装不满意，现要求以 95％的概率保证程度估计全体市民中对产品外包装不满意的人数比例。操作步骤如下。

第一步：计算样本成数。

在空单元格 B1 中输入"＝140/200"，回车确定，得样本成数为 0.7。

第二步：计算平均误差。

在空单元格 B2 中输入"＝SQRT((0.7＊0.3)/200)"，回车确定，得样本平均误差为 0.0324。

第三步：计算极限误差。

由正态分布表查得 t 值为 1.96，在单元格 B3 中输入"＝B2＊1.96"，回车确定，得极限误差为 0.064。

第四步：计算总体成数的上下限。

单击空单元格 B4，输入"＝B1－B3"，回车确认；单击空单元格 B5，输入"＝B1＋B3"，回车确认。得到以 95％的概率保证估计的全体市民中对产品外包装不满意的人数比例在 63.6％～76.4％之间。

❖ 任 务 实 施 ❖

任务 1　参数的区间估计

项目一已经完成了样本的选取及指标计算。本任务在此基础上进行抽样推断。抽样推断具备的条件如下：

（1）样本指标；

（2）抽样误差范围；

（3）抽样概率置信度。

现假设区间估计的置信水平为 95％，即以 95％的概率保证程度推断总体的耐用时间和合格品数量。

1. 样本指标计算

项目一中已经获知 40 件摄像头的平均耐用时间 $\bar{x}=9055$ 小时，样本标准差 $s=515.88$ 小时；样本中产品合格率 $p=85\%$，样本合格率的标准差 $\sigma_p=35.7\%$。

2. 耐用时间均值估计

任务中抽取的样本为 40，属于大样本，可以用"CONFIDENCE"函数计算允许误差，然后代入公式 $\bar{x}\pm z_{\alpha/2}\cdot\dfrac{\sigma}{\sqrt{n}}$ 计算均值区间。由于参数 σ 未知，因此可以样本标准差 s 代替。

3. 合格品率区间估计

合格品率的计算同样可以用"CONFIDENCE"函数计算样本成数的允许误差，然后代入公式 $p\pm z_{\alpha/2}\cdot\sqrt{\dfrac{P(1-P)}{n}}$ 计算合格品率的区间。由于参数 P 未知，因此可以样本成数 p 代替。以上操作均在 Excel 实现，具体操作参考任务 2。

任务 2 应用 Excel 求置信区间

1. 耐用时间区间估计

具体计算如下：

（1）平均耐用时间 $\bar{x}=9055$ 小时，样本标准差 $s=515.88$ 小时。

（2）允许误差计算。

打开"CONFIDENCE"对话框，在对话框中的"Alpha"框中输入给定的概率的显著水平 0.05（即 $1-95\%$），在"Standard_dev"框中输入标准差 515.88，在"Size"框中输入样本容量 40，如图 $7-2-5$ 所示。单击"确定"按钮，得出允许误差为 159.869 930 6。

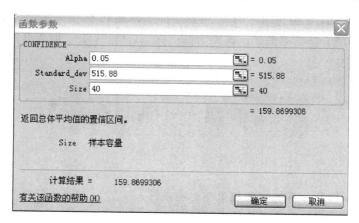

图 $7-2-5$ 耐用时间区间估计

（3）区间估计。

$$\bar{x}\pm z_{\alpha/2}\cdot\frac{\sigma}{\sqrt{n}}=9055\pm159.87=(8895.13,9214.87)$$

由以上计算得，在置信水平 95% 的条件下，由 40 件摄像头的耐用时间估计该批次 2000 件摄像头的平均耐用时间的置信区间为 $(8895.13, 9214.87)$ 小时。

2. 合格品率区间估计

具体计算如下：

(1) 样本中产品合格率 $p = 85\%$，样本合格率的标准差 $\sigma_p = 35.7\%$。

(2) 允许误差计算。

打开"CONFIDENCE"对话框，在对话框中的"Alpha"框中输入给定的概率的显著水平 0.05（即 $1-95\%$），在"Standard_dev"框中输入标准差 0.357，在"Size"框中输入样本容量 40，如图 7-2-6 所示。单击"确定"按钮，得出允许误差为 0.110 633 413。

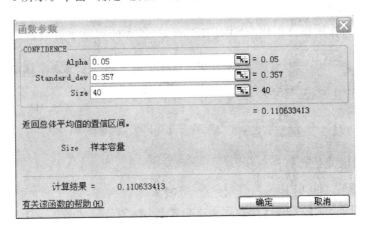

图 7-2-6　合格品率区间估计

(3) 区间估计。

$$p \pm z_{\alpha/2} \cdot \sqrt{\frac{p(1-p)}{n}} = 85\% \pm 11.06\% = (96.06\%, 73.94\%)$$

由以上计算可知，在置信水平为 95% 的条件下，由 40 件摄像头的合格品率估计该批次 2000 件摄像头的合格品率的置信区间为 $(96.06\%, 73.94\%)$。由此可知该批次产品的合格品数量区间为 $(1921.2, 1478.8)$ 件，即合格品数量区间为 $(1922, 1478)$ 件。

❖　　实　　　　训　　❖

1. 实训目的

(1) 掌握抽样推断分析的基础知识与运用条件；

(2) 培养学生应用抽样推断分析实际问题的能力。

2. 实训内容

在项目一实训的基础上，通过采用大样本抽样调查，已获得该高职院校 40 名学生的日常消费资料，如表 7-2-5 所示。那么如何对样本的生活费水平进行计算分析，并用样本资料推断该高职院校 5600 名学生的消费水平？

表 7 - 2 - 5　40 名学生的月生活费用支出

单位：元

编号	性别	月生活费	编号	性别	月生活费	编号	性别	月生活费	编号	性别	月生活费
1	1	420	11	0	880	21	1	1000	31	0	400
2	0	510	12	0	790	22	0	1170	32	1	100
3	1	200	13	1	530	23	0	850	33	0	300
4	1	440	14	0	540	24	1	660	34	0	330
5	0	200	15	1	180	25	1	240	35	1	890
6	0	490	16	0	260	26	1	290	36	1	330
7	0	220	17	1	240	27	0	1310	37	0	340
8	1	380	18	0	840	28	0	1000	38	1	510
9	1	360	19	1	210	29	0	980	39	0	340
10	1	350	20	0	150	30	0	180	40	1	610

注：性别中 1 表示男性，0 表示女性。

3. 实训要求

（1）学生分组，每组 5～6 人，查阅参数估计相关知识；

（2）根据提供的信息分析解决步骤，利用 Excel 工具建立数据库；

（3）根据样本指标计算平均生活支出允许误差和总体平均生活费置信区间；

（4）根据样本指标计算性别比例（成数）、成数标准差和成数允许误差，计算总体成数置信区间；

（5）根据样本指标推断总体，并说明原因；

（6）小组派代表发言；

（7）教师点评。

4. 实训评价

参数区间估计技能训练评价表见表 7 - 2 - 6。

表 7 - 2 - 6　参数区间估计技能训练评价表

	内　　容	分值	教师评价
考评标准	总体均值区间估计计算正确	30	
	总体比例区间计算正确	30	
	样本推断总体文字分析描述到位	20	
	各成员课堂讨论热烈、积极回答课堂问题、积极参与操作	20	
合计		100	

注：实际得分＝自我评价×20％＋他人评价×30％＋教师评价×50％。

模块八

相关分析与回归分析

项目一 相关分析

思政素材

能源数字化助推碳中和

目前，我国年碳排放量在 100 亿吨左右，按照"3060"战略部署，到 2030 年实现碳达峰时，我国碳排放量将控制在 116 亿吨左右，此后碳排放量逐年下降，到 2060 年左右与碳吸收量相等，从而实现碳中和。当前我国碳吸收量为 12 亿～14 亿吨，净排放接近 90 亿吨。从行业来看，我国碳排放来源占比分别为：火电 45％；重、化工 35％；交通 1.5％以及其他 5％。不难看出，在我国碳排放总量中，几乎所有的碳排放都与能源有关，都产生于能源的生产、储运和使用环节。因此可以认为，碳中和问题本质上就是能源问题，解决问题的途径就是减少能源全生命周期过程中的碳排放。按照国务院在 2021 年 10 月 26 日发布的《2030 年前碳达峰行动方案》，我国的目标是到 2025 年，非化石能源消费比重达到 20％左右，单位国内生产总值能源消耗比 2020 年下降 13.5％，单位国内生产总值二氧化碳排放比 2020 年下降 18％，为实现碳达峰奠定坚实基础；到 2030 年，非化石能源消费比重达到 25％左右，单位国内生产总值二氧化碳排放比 2005 年下降 65％以上，顺利实现 2030 年前碳达峰目标。这样的目标如果能实现的话，将是全世界范围内有史以来碳排放强度的最大降幅。

能源企业对这些数据治理的实践主要集中在结构化数据方面，通常分为以下三种流派：

第一，分析域数据治理，也称"元数据治理"。其以元数据为核心，目标是理顺数据分析建模过程，提高数据质量，为构建分析型数据应用提供保障。而元数据主要解决所谓的"数据四问"，即我是谁？我在哪里？我从哪里来？我往何处去？

第二，事务域数据治理，也称"主数据治理"。其以主数据为核心，目标是确保业务应用及其集成与交互的顺畅，提高数据质量，降低业务风险。

第三，数据质量驱动的数据治理，即对业务应用、分析应用在数据采集、传输、存储、建模、利用过程中涉及的数据，针对其技术上的唯一性、一致性、完整性等质量特性，以及业务上的准确性、标准化、全面性等质量特性，进行梳理、清洗、检验、维护等治理工作。

（资料来源：中国电力网）

能 力 目 标

（1）具有运用正确理论和方法判定现象之间的相关关系的能力；

（2）能够编制相关表和绘制相关图；

（3）具有应用 Excel 工具进行相关分析的能力。

知 识 目 标

（1）理解相关关系的含义；

（2）掌握相关关系的类别划分标志；

（3）掌握相关系数的计算。

素 质 目 标

（1）通过分析经济现象，培养学生科学把握数据之间的联系的能力；

（2）通过对经济现象中相关程度的判定，培养学生的发散思维，引导学生正确认识经济现象中的内在联系，强化学生的社会责任感。

项目概述与分析

在模块四中，全家福超市上层管理层通过对 2021 年的运营状况分析，查找了企业经营过程中的存在问题，现已经开始着手进行运营策略调整。在这一过程中，管理层发现员工的工作积极性和工作效率对超市营业收入具有重要的影响。现在，上层管理层要求超市销售部分析位于 S 市的朝阳路店的销售利润与员工工资之间的关系，期望以此超市为试点从调整员工工资收入着手，提高员工工作效率。朝阳路店的销售统计员收集的 2012 年至 2021 年 10 年的销售利润与工资支出资料如表 8-1-1 所示。

表 8-1-1　全家福超市朝阳路店的历年销售利润和员工工资支出资料

年度	销售利润/万元	工资支出/万元
2012	2700	90
2013	2780	100
2014	2860	118
2015	2920	132
2016	3050	145
2017	3145	156
2018	3230	172
2019	3308	188
2020	3502	201
2021	4005	230

作为销售部负责人，如何根据表8-1-1的资料分析总店的销售利润与员工工资支出的关系，为上层管理层的工资调整决策提供数据依据？

由表8-1-1的资料可知，超市的销售利润与员工工资支出都呈现上升的趋势，但是若要用数字来描述这两者之间的关系，则需要测度销售利润和员工工资支出的相关程度。本项目可以通过以下两个任务来完成：

任务1　相关程度的确定；

任务2　应用Excel求相关系数。

❖ 预 备 知 识 ❖

单元一　相关分析概述

一、相关关系的含义和种类

在客观世界中，任何事物或现象的存在都不是孤立的，总是和其他事物或现象彼此联系、相互制约。离开周围的现象和条件而孤立存在的现象是没有的。例如，人的身高和体重之间存在依存关系，广告费支出和销售量之间存在依存关系。这些依存关系都可通过数量关系反映出来。

（一）相关关系的含义

客观现象之间确实存在的但关系数值不确定的数量上的依存关系叫作相关关系。对现象之间相互关系密切程度的研究，称为相关分析。

相关关系的特点表现为：第一，现象之间确实存在数量上的依存关系。如果一个现象发生数量上的变化，则另一个现象也会相应地发生数量上的变化。第二，现象之间数量上的依存关系是不确定的。相关关系是变量之间确实存在着数量上的相互关系，但其关系值是不固定的。

与相关关系对应的是函数关系。函数关系反映现象之间存在严格的依存关系。在这种关系中，对于某一变量的每一个数值，都有另一个变量的确定的值与之相应，并且这种关系可以用一个数学表达式反映出来。

◆　思考以下各种关系中哪些属于相关关系？

　　① 家庭收入增多，其消费支出也有增长的趋势；

　　② 物价上涨，商品的需求量下降；

　　③ 农作物的收获量和雨量、气温、施肥量有着密切的关系；

　　④ 圆的半径越大，其面积也越大。

在实践中，由于存在现实误差和测量误差，函数关系常常通过相关关系表示出来，在研究相关关系时，也常利用函数关系作为工具，以一定的函数关系表现相关关系的数量联系。在具有相关关系的两个变量中，作为变化的量叫自变量，用 x 表示；发生对应变化的量叫因变量，用 y 表示。

（二）相关关系的种类

现象之间的相互关系很复杂，它们涉及的变动因素不同，作用方向不同，表现出来的形态也不同。相关关系的种类如表 8-1-2 所示。

表 8-1-2　相关关系的种类

分类标准	相关关系	含　义
按相关的程度	完全相关	一个变量的数量完全由另一个变量的数量变化所确定，即两者存在函数关系
	不完全相关	两个变量的关系介于完全相关和不相关之间
	不相关	变量之间彼此互不影响
按相关的方向	正相关	当一个变量的值增加或减少时，另一个变量的值也随之增加或减少
	负相关	当一个变量的值增加或减少时，另一变量的值反而减少或增加
按相关的形式	线性相关	当一个变量变动时，另一变量随之发生大致均等的变动
	非线性相关	当一个变量变动时，另一变量也随之发生变动，但这种变动不是均等的

不完全相关关系是统计研究的主要对象。

二、相关关系的测度

相关关系可以通过相关表、相关图和相关系数的计算进行测度。其中相关表和相关图是研究相关关系的直观工具，一般在进行详细的定量分析之前，可以利用它们对现象之间存在的相关关系的方向、形式和密切程度作大致的判断，属于定性分析。相关系数是通过构建数学模型来显示相关关系及密切程度的，属于定量分析。

（一）相关表

相关表是一种统计表，它是直接根据现象之间的原始资料，将一变量的若干变量值按从小到大的顺序排列，并将另一变量的值与之对应排列形成的统计表，如表 8-1-3 所示的相关表。

表 8-1-3　某公司 A 产品广告费与销售收入相关表

年广告费/万元	1	2	3	4	5	6	7	8	9	10
年销售收入/万元	50	51	52	53	53	54	55	56	56	57

从表 8-1-3 中可以直观地看出，销售收入随着广告费的增加而增长，二者之间存在着一定的正相关关系。

◆　**小贴士**

相关表根据资料是否分组可以分为简单相关表和分组相关表。简单相关表是资料未经分组，只将一个变量值按一定的顺序排列，同时列出与之对应的其他变量的变量值所形成的表，如表 8-1-3 就是简单相关表。分组相关表是在简单相关表的基础上，将原始数据加以分组而制成的表。由于相关关系中有两个变量，因此分组相关表可分为单变量分组相关表和双变量分组相关表两种。本书只涉及简单相关表。

（二）相关图

通过编制相关图可以更加直观地判断变量之间呈现的关系。相关图也称相关散点图或散点图，是将具有相关关系的两个变量值描绘在坐标图上，以横轴表示自变量 x，纵轴表示因变量 y，按两变量的对应值标出坐标点的分布状况的统计图。通过点的分布状况，可以直观地大致判断出两个现象之间存在的关系性质和密切程度。根据表 8-1-3 绘制的相关图如图 8-1-1 所示。

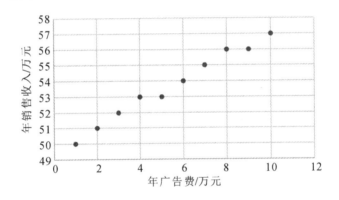

图 8-1-1　广告费与销售收入关系图

图 8-1-1 中的横轴表示产量 x，纵轴表示单位成本 y，两个变量值的坐标点显示两个变量的相关关系，从图 8-1-1 中可以看出，x 与 y 之间的相关关系近似于一条直线，它们属于线性正相关。

（三）相关系数

1. 相关系数的概念

从相关表和相关图中可以判断两个现象是否相关以及它们之间的相关类型，但不能准确判断相关关系的密切程度。要判断现象之间相关关系的密切程度，需计算相关系数。相关系数是指在直线相关的条件下，说明两个现象之间相关关系密切程度的统计分析指标，用 r 表示，取值范围为：$-1 \leqslant r \leqslant 1$。一般情况下，通过相关系数判断相关关系密切程度的标准如下：

（1）$r=0$，表明两变量无直线相关关系。

（2）r 的绝对值越接近于 1，表明相关关系越密切；越接近于 0，表明相关关系越不密切。

（3）$r=+1$ 或 $r=-1$，表明两现象完全相关。

（4）$r>0$，现象呈正相关；$r<0$，现象呈负相关。实践中，一般将现象的相关关系分为四个等级：$|r|<0.3$ 表示不相关；$0.3 \leqslant |r| < 0.5$ 表示低度相关；$0.5 \leqslant |r| < 0.8$ 表示显著相关；$|r| \geqslant 0.8$ 表示高度相关。

2. 相关系数的计算

目前，一般采用简化公式计算相关系数。计算公式为

$$r = \frac{n\sum x_i y_i - \sum x_i \sum y_i}{\sqrt{n\sum x_i^2 - \left(\sum x_i\right)^2}\sqrt{n\sum y_i^2 - \left(\sum y_i\right)^2}}$$

【例 8-1-1】 某企业上半年产品产量与单位成本资料如表 8-1-4 所示，请计算相关系数。

表 8-1-4　某企业上半年产品产量与单位成本资料相关系数计算

月份	产量 x/千件	单位成本 y/(元/千件)	x^2	y^2	xy
1	2	73	4	5329	146
2	3	72	9	5184	216
3	4	71	16	5041	284
4	3	73	9	5329	219
5	4	69	16	4761	276
6	5	68	25	4624	340
合计	21	426	79	30 268	1481

解　相关系数为

$$r = \frac{n\sum x_i y_i - \sum x_i \sum y_i}{\sqrt{n\sum x_i^2 - (\sum x_i)^2}\sqrt{n\sum y_i^2 - (\sum y_i)^2}}$$

$$= \frac{6 \times 1481 - 21 \times 426}{\sqrt{6 \times 79 - 21^2} \cdot \sqrt{6 \times 30\,268 - 426^2}} = -0.9091$$

计算结果表明，产品产量与单位成本之间是高度负相关关系。

单元二　Excel 在相关分析中的运用

一、相关图的绘制

利用 Excel 中的图表绘制功能绘制散点图，以图 8-1-1 为例，具体操作步骤如下：

第一步：将表 8-1-3 中的广告费与销售收入数据导入 Excel 中，在 Excel 中选取广告费与销售收入所在的数据区域。

第二步：点击"插入"，选择"图表"功能，打开"插入图表"对话框，在"所有图表"中选择"XY 散点图"，如图 8-1-2 所示。

图 8-1-2　选择"XY 散点图"

第三步：在散点图样式列表中选择所需的样式，窗口中即可生成相应的散点图，对图形进行修饰编辑，最后得到如图 8-1-1 所示的广告费与销售收入之间的散点图。

二、相关系数的计算

Excel 中提供的"CORREL"函数可计算相关系数，此外，也可以利用 Excel 的数据分析工具。

（一）"CORREL"函数

以表 8-1-3 中的数据为例，具体步骤如下：

第一步：建立 Excel 数据库。

第二步：打开"CORREL"对话框。

点击"公式"，打开"插入函数"对话框，在"选择类别"中选择"统计"，选择"CORREL"函数，打开"CORREL"对话框。

第三步：对话框设置。

在"Array1"和"Array2"中分别输入广告费和销售收入数据，如图 8-1-3 所示。点击"确定"按钮，得到广告费和销售收入的相关系数为 0.992 157 238，可以判断广告费和销售收入之间是高度正相关。

图 8-1-3　"CORREL"函数对话框设置

（二）"相关系数"数据分析工具

利用数据分析工具的操作步骤如下：

第一步：建立数据库。

由于"相关系数"数据分析工具的数据需要按列计算，所以需要将广告费与销售收入按列排列输入 Excel 表格。

第二步：打开"相关系数"对话框。

点击"数据"，选择"数据分析"，打开"数据分析"对话框，选择"相关参数"，如图 8 - 1 - 4 所示。

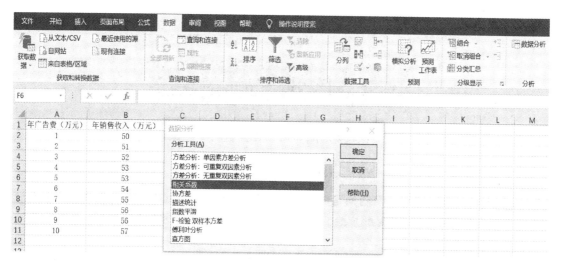

图 8 - 1 - 4　"相关系数"对话框打开步骤

第三步：设置对话框，输入数据区域，在"输出选项"中任选一空单元格，单击"确定"按钮，如图 8 - 1 - 5 所示。

图 8 - 1 - 5　"相关系数"对话框设置

第四步：得到相关系数，如图 8-1-6 所示，可知广告费与销售收入之间相关系数为 0.992 157 238，与"CORREL"函数计算结果一致。

	年广告费（万元）	年销售收入（万元）
年广告费（万元）	1	
年销售收入（万元）	0.992157238	1

图 8-1-6　"相关系数"数据分析工具计算结果

◆　**思考**
在相关系数计算过程中，自变量与因变量互换是否会影响计算结果？

❖　**任 务 实 施**　❖

在掌握相关知识的基础上，为朝阳路店的销售利润与工资支出的关系进行测度。

任务 1　相关程度的确定

利用 Excel 的绘图工具绘制销售利润与员工工资支出的散点图。以销售利润作为自变量 x，员工工资支出作为因变量 y 绘制散点图，如图 8-1-7 所示。

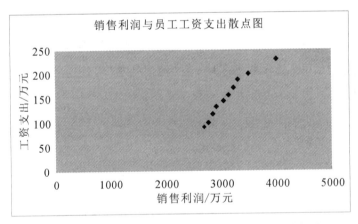

图 8-1-7　朝阳路店销售利润与员工工资支出散点图

任务 2　应用 Excel 求相关系数

在本任务中，选择"CORREL"函数计算销售利润与员工工资的相关系数。计算过程如图 8-1-8 所示。计算结果为 0.967 580 546，表明销售利润与员工工资支出之间存在高度正相关关系。

也可利用"相关系数"数据分析工具，计算过程如图 8-1-9 所示。

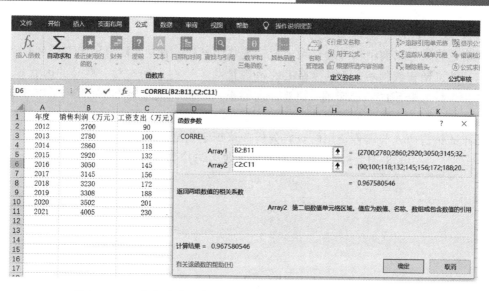

图 8-1-8 朝阳路店销售利润与员工工资支出相关系数计算过程

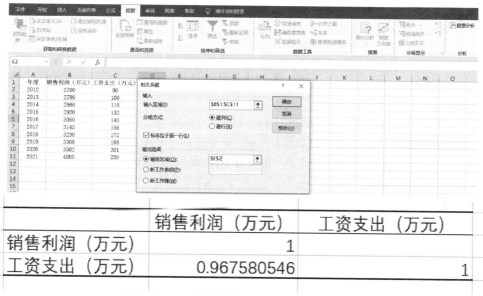

	销售利润（万元）	工资支出（万元）
销售利润（万元）	1	
工资支出（万元）	0.967580546	1

图 8-1-9 数据分析工具相关系数计算过程

计算结果表明，销售利润与员工工资存在显著的高度正相关。

❖ 实 训 ❖

1. 实训目的

（1）了解相关分析的应用场合及其在经济工作中的地位；

（2）培养学生应用相关系数测定现象之间的相关关系的能力；

（3）培养学生的团队合作能力。

2. 实训内容

某市计算机经销商销售经理在做出营销策略调整的过程中，从历年的电脑的广告投入费用与计算机销售额判断，发现计算机的销售量除了受到市场定位、型号的因素影响外，还受到广告投入费用的直接影响。销售经理要求销售统计人员将2014～2021年8年的计算机销售收入与广告投入的费用进行整理，资料如表8-1-5所示。销售统计人员应如何根据历年的销售收入与广告费用的资料分析并认识它们之间的关系？

表8-1-5 某品牌电脑销售收入与广告投入费用资料

年度	销售收入/万元	广告费用/万元
2014	7300	50
2015	8200	64
2016	10 800	90
2017	12 300	120
2018	11 400	150
2019	13 200	200
2020	15 000	260
2021	17 200	330

3. 实训要求

(1) 学生分组，每组5～6人，查阅相关分析相关知识；

(2) 根据提供的信息分析解决步骤；

(3) 利用Excel进行相关系数计算，并判定销售收入与广告费用的相关关系；

(4) 用文字描述销售收入与广告费用的相关关系；

(5) 各小组派代表发言；

(6) 各组互评与教师点评。

4. 实训评价

相关分析技能训练评价表见表8-1-6。

表8-1-6 相关分析技能训练评价表

	内　　容	分值	教师评价
考评标准	Excel相关图绘制正确	30	
	Excel相关系数计算正确	30	
	销售收入与广告费用关系测定准确	20	
	各成员课堂讨论热烈、积极回答课堂问题、积极参与操作	20	
合计		100	

注：实际得分＝自我评价×20％＋他人评价×30％＋教师评价×50％。

项目二　回归分析

❯❯ 思政素材

高尔顿与回归分析的起源

"回归"是由英国著名生物学家兼统计学家高尔顿（Francis Galton，1822—1911，生物学家达尔文的表弟）在研究人类遗传问题时提出来的。为了研究父代与子代身高的关系，高尔顿搜集了1078对父亲及其儿子的身高数据。他发现这些数据的散点图大致呈直线状态，也就是说，总的趋势是父亲的身高增加时，儿子的身高也倾向于增加。但是，高尔顿对试验数据进行了深入的分析，发现了一个很有趣的现象——回归效应。因为当父亲的身高高于平均身高时，他们的儿子身高比他更高的概率要小于比他更矮的概率；父亲的身高矮于平均身高时，他们的儿子身高比他更矮的概率要小于比他更高的概率。这反映了一个规律，即这两种身高的父亲的儿子的身高，有向他们父辈的平均身高回归的趋势。对于这种现象，一般的解释是：大自然具有一种约束力，使人类身高的分布相对稳定而不产生两极分化，这就是所谓的回归效应。

❯❯ 能力目标

（1）具有在实际工作中根据有关直线回归资料配合回归直线方程的能力；

（2）具有应用 Excel 工具进行回归分析的能力，并能够用文字描述回归系数的含义。

❯❯ 知识目标

（1）掌握回归方程参数的计算方法；

（2）掌握一元线性回归方程的建立方法。

❯❯ 素质目标

（1）通过建立回归模型，培养学生的发散思维；

（2）通过回归分析，培养学生对问题导向的思辨能力，探究经济现象的变化及成因。

❯❯ 项目概述与分析

在项目一中已经通过绘制相关图和计算相关系数判断出全家福超市朝阳路店的销售利润与工资支出之间存在高度正相关关系。如果销售部经理想知道销售利润的增长对员工工资支出的影响有多大，并以此作为调整员工工资的依据，同时为提高员工工作效率提供数据支撑。数据如表 8-1-1 所示。那么如何在相关分析的基础上进行销售利润与员工工资支出关系的判断？

在项目一的基础上，已经完成相关分析。对于具有高度相关关系的变量，可以进一步了解变量之间的影响关系,这需要对数据进行回归分析。本项目可通过以下两个任务来完成。

任务1　建立回归方程;

任务2　应用 Excel 进行一元线性回归分析。

❖　预 备 知 识　❖

单元一　回归方程的建立及应用

借助相关分析可以确定经济现象中变量的相关关系,但是要进一步明确变量间的数学关系并进行合理预测,则需要借助回归方程。

一、回归分析的含义与特点

(一) 回归分析的含义

回归分析是指对具有相关关系的现象,根据其变量之间的数量变化规律,运用一个相关的数学模型(称为回归方程式)近似地表示变量间的平均变化关系,并进行估算和预测的一种统计分析方法。

回归分析可按不同的标准进行分类,从变量间回归关系的表现形式看,分为线性回归分析和非线性回归分析;按回归分析涉及自变量的多少,分为一元回归分析和多元回归分析。本模块只介绍一元线性回归分析。

(二) 回归分析的特点

1. 回归分析的两个变量是非对等关系

在回归分析中,两个变量之间哪一个是因变量哪一个是自变量,要根据研究目的的具体情况来确定。自变量、因变量不同,所得出的分析结果也不相同。而在相关分析中,相关关系的两个变量是对等的,不必区分哪一个是自变量,哪一个是因变量。

2. 随机变量和可控变量

在回归分析中,因变量 y 是随机变量,自变量 x 是可控变量,可依据研究的目的分别建立对于 x 的回归方程或对于 y 的回归方程;而在相关分析中,被研究的两个变量都是随机变量,只能通过计算相关系数来反映两个变量之间的密切程度。

二、一元线性回归分析(简单线性回归分析)

用直线方程来表明两个变量之间的变动关系,并进行估计推算的分析方法称为一元线性回归分析或简单线性回归分析。一元线性回归分析是回归分析中最简单且应用最广泛的一种,它是一般回归分析的基础。

(一) 一元线性回归分析的条件

并非给定任何资料都可配合一元线性回归方程。能够用一元线性回归方程进行的回归分析需具备以下几个条件：

（1）现象间确实存在数量上的相互依存关系。

（2）现象间的关系是直线关系，这种直线关系可通过绘制相关图来判断。

（3）具备一组自变量与因变量的对应资料，且明确哪个是自变量，哪个是因变量。

（二）一元线性回归方程的建立

在两现象资料满足以上相关的条件下，可建立一元线性回归方程：

$$y_c = a + bx$$

式中：y_c——y 的估计推算值，即因变量的估计值；

x——自变量；

a——回归直线的起点值；

b——回归系数，即回归直线的斜率。

y_c 是根据回归方程推算出来的回归直线上因变量的理论值；a 在相关图上表现为 $x=0$ 时纵轴上的一个点，数学上称为 y 的截距；b 为回归直线的斜率，统计上称为回归系数，它表示自变量 x 每增加一个单位量时，因变量 y 的平均变动值。a 和 b 的值通过统计中的最小二乘法获得，计算公式为

$$\begin{cases} b = \dfrac{n\sum x - \sum x \sum y}{n\sum x^2 - \left(\sum x\right)^2} \\ a = \bar{y} - b\bar{x} = \dfrac{\sum y}{n} - b\dfrac{\sum x}{n} \end{cases}$$

a 和 b 确定后，回归直线方程 $y_c = a + bx$ 就确定下来了。给定 x 值，即可估计推算 y 的值。

◆ **思考**

回归系数 b 与相关系数 r 的关系。

三、一元回归模型的检验

回归方程的一个重要作用在于根据自变量的已知值估计因变量的理论值（估计值）。而理论值 y_c 与实际值 y 存在着差距，这就产生了推算结果的准确性问题。如果差距小，说明推算结果的准确性高；反之，则低。

为了度量 y 的实际水平和估计值离差的一般水平，可计算估计标准误差。估计标准误差是衡量回归直线代表性大小的统计分析指标，用于说明观察值围绕着回归直线的变化程度或分散程度，其值越小，估计值 y_c（或回归方程）的代表性越强，用回归方程估计或预测的结果越准确。

估计标准误差的计算公式如下：

$$S_{yx} = \sqrt{\dfrac{\sum (y - y_c)^2}{n-2}} = \sqrt{\dfrac{\sum y^2 - a\sum y - b\sum xy}{n-2}}$$

【例 8-2-1】　年广告费和年销售收入数据如表 8-2-1 所示，请根据表中数据建立年广告费和年销售收入的回归方程。

解 设年广告费为自变量 x，年销售收入为因变量 y，则有：

$$y = a + bx$$

列表计算，计算过程如表 8-2-1 所示。

表 8-2-1 一元线性回归方程计算表

年份	年广告费 x/万元	年销售收入 y/万元	x^2	y^2	xy
2011	2	50	4	2500	100
2012	2	51	4	2601	102
2013	3	52	9	2704	156
2014	4	53	16	2809	212
2015	5	53	25	2809	265
2016	6	54	36	2916	324
2017	6	55	36	3025	330
2018	6	56	36	3136	336
2019	7	56	49	3136	392
2020	7	57	49	3249	399
合计	48	537	264	28 885	2616

依据表 8-2-1 中的数据可得：

$$\begin{cases} b = \dfrac{n\sum x - \sum x \sum y}{n\sum x^2 - (\sum x)^2} = \dfrac{10 \times 48 - 48 \times 537}{10 \times 264 - 48^2} \approx 1.1429 \\ a = \bar{y} - b\bar{x} = \dfrac{\sum y}{n} - b\dfrac{\sum x}{n} = \dfrac{537 - 1.1429 \times 48}{10} \approx 48.2143 \end{cases}$$

所以一元线性回归方程为

$$y_c = 48.2143 + 1.1429x$$

方程中 $b = 1.1429$ 为回归系数，表明年广告费每增加一万元，年销售收入将会增加 1.1429 万元。

单元二 Excel 在回归分析中的运用

Excel 在回归分析中的运用主要是利用回归分析工具配合回归方程，并进行显著性检验和回归预测。

一、使用数据分析工具进行回归分析

以例 8-2-1 中的数据为例进行说明，具体步骤如下：

第一步：在 Excel 中输入数据。

第二步：设置"回归"对话框。

在"数据"菜单中选择"数据分析"，从其对话框的"分析工具"列表中单击"回归"，打开"回归"对话框，如图 8-2-1 所示。

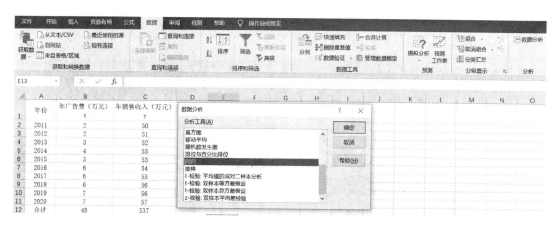

图 8-2-1　"回归"对话框打开步骤

在"回归"对话框中，输入 y 值的区域 C2:C11 和 x 值的区域 B2:B11。在"输出区域"中任选一空单元格 E2，如图 8-2-2 所示。

图 8-2-2　"回归"对话框操作设置

在"回归"对话框中，可根据对话框中的内容进行选择。

（1）若要求回归直线从原点(0)开始，可单击"常数为零"复选框。

（2）若要求改变概率保证程度(系统默认为 95%)，可单击"置信度"复选框，并在其右

侧框中输入指定的概率。

（3）若要求输出残差表和标准残差，可单击"残差""标准残差"复选框。

（4）单击"残差图""线性拟合图""正态概率图"三个复选框，可输出相应的统计图。本例只要求输出回归的计算结果。

第三步：结果分析。

对话框设置后，单击"确定"按钮，得到回归分析输出结果，如图8-2-3所示。

SUMMARY OUTPUT

回归统计	
Multiple R	0.955188
R Square	0.912385
Adjusted R Square	0.901433
标准误差	0.7258
观测值	10

方差分析

	df	SS	MS	F	ignificance F
回归分析	1	43.88571	43.88571	83.30847	1.67E-05
残差	8	4.214286	0.526786		
总计	9	48.1			

	Coefficients	标准误差	t Stat	P-value	Lower 95%	Upper 95%	下限 95.0%	上限 95.0%
Intercept	48.21429	0.643353	74.9422	1.12E-12	46.73071	49.69786	46.73071	49.69786
X Variable 1	1.142857	0.125212	9.127348	1.67E-05	0.854117	1.431597	0.854117	1.431597

图8-2-3　回归分析结果

由图8-2-3输出的回归分析可知分析结果包括三部分，具体含义如表8-2-2、表8-2-3和表8-2-4所示。

表8-2-2　**SUMMARY OUTPUT**（摘要输出）

回归统计	
Multiple R	0.955 188（相关系数 R）
R Square	0.912 385（判定系数）
Adjusted R Square	0.901 433（经过调整的判定系数）
标准误差	0.7258（估计标准误差）
观测值	10（项数）

表8-2-3　方差分析

	df（自由度）	SS（平方和）	MS（方差）	F（F 统计量）	Significance F
回归分析	1	43.885 71	43.885 71	83.308 47	1.67E-05
残差	8	4.214 286	0.526 786	—	—
总计	9	48.1	—	—	—

表 8 - 2 - 4　回归系数表

	Coefficients （系数）	标准误差	t Stat	P-value	下限 95%	上限 95%
Intercept （截距 a）	48.214 29	0.643 353	74.9422	1.12E-12	46.730 71	49.697 86
X Variable 1 （回归系数 b）	1.142 857	0.125 212	9.127 348	1.67E-05	0.854 117	1.431 597

根据输出的结果图可知直线回归方程为 $y_c = 48.21429 + 1.142857x$。

二、运用 LINEST 函数进行回归分析

以例 8 - 2 - 1 中的数据为例进行说明，具体步骤如下：

第一步：建立 Excel 数据库。

第二步：在空白区域放置计算结果的单元格区域，计算结果需要两列五行，用鼠标拖动选定。

第三步：打开"LINEST"对话框。

单击"公式"，选择"插入函数"对话框，或选择类别中选择"统计"，选择"LINEST"函数，打开"LINEST"对话框，如图 8 - 2 - 4 所示。

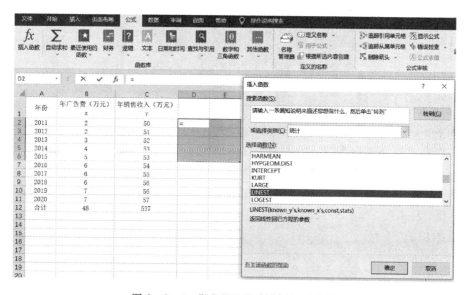

图 8 - 2 - 4　"LINEST"对话框打开步骤

第四步：对话框设置，如图 8 - 2 - 5 所示。

在"Known-y's"文本框中输入销售收入数据区域 C2:C11（因变量的数据区域）。

在"Known-x's"文本框中输入广告费数据区域 B2:B11（自变量的数据区域）。

在"Const"文本框中要求输入逻辑值，如果 Const＝TRUE 或者忽略，b 取正常值，如果 Const＝FALSE，$b=0$。本例填写"TRUE"。

在"Stats"文本框中要求输入逻辑值，如果需要返回附加的回归统计值，填写 TRUE，如果只需要返回系数 m 和常数 b，则填写 FALSE。本例填写"TRUE"。

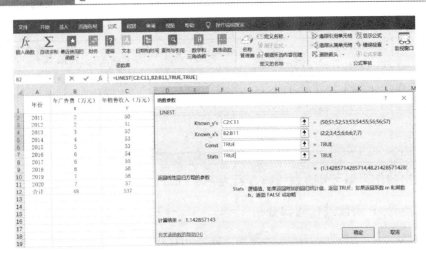

图 8-2-5 "LINEST"对话框设置

填写完毕后,同时按住"Ctrl＋Shift＋Enter"组合键,在窗口指定位置(第二步选定的空白区域)输出计算结果,如图 8-2-6 所示。

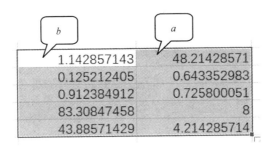

图 8-2-6 "LINEST"计算结果

在图 8-2-6 中,第一个数是回归方程的参数 b 的取值,即本例中 $b \approx 1.142857$,第一行的第二个数是回归方程参数 a 的取值,即本例中 $a \approx 48.21429$。计算结果与数据分析工具中的回归分析结果一致。

图 8-2-6 中其他数值依次是,斜率的标准差、截距的标准差、判定系数、估计标准误差、统计量、自由度、回归平方和以及平方和。这些数据可以用于进行回归直线拟合程度和显著性的检验。

❖ 任 务 实 施 ❖

任务 1 建立回归方程

在项目一中通过相关分析,已经判断出员工工资与销售利润之间存在高度正相关的关系。以销售利润为自变量 x,员工工资支出为因变量 y,建立员工工资与销售利润的线性回归方程 $y_c = a + bx$。

通过 Excel 确定回归方程中系数 a 和 b,具体分析过程见任务 2。

任务 2　应用 Excel 进行一元线性回归分析

将数据输入 Excel 表格，利用回归分析工具进行分析，计算过程如图 8－2－7 所示。计算结果如图 8－2－8 所示。

图 8－2－7　员工工资支出与销售利润回归分析

SUMMARY OUTPUT

回归统计	
Multiple R	0.967581
R Square	0.936212
Adjusted R	0.928239
标准误差	12.09126
观测值	10

方差分析

	df	SS	MS	F	ignificance F
回归分析	1	17166.01	17166.01	117.4157	4.65E-06
残差	8	1169.589	146.1986		
总计	9	18335.6			

	Coefficients	标准误差	t Stat	P-value	Lower 95%	Upper 95%	下限 95.0%	上限 95.0%
Intercept	-199.053	32.73219	-6.08126	0.000296	-274.533	-123.572	-274.533	-123.572
X Variable	0.111826	0.01032	10.83585	4.65E-06	0.088028	0.135624	0.088028	0.135624

图 8－2－8　员工工资支出与销售利润回归分析结果

由图 8－2－8 可知，可建立员工工资支出与销售利润一元线性回归方程为

$$y_c = -199.1 + 0.112x$$

该方程表明，企业员工工资支出与企业销售利润能保持同步增长，企业销售利润增长较快的同时，员工工资增长也较快，销售利润每增加 1 万元，员工工资支出平均增加 1120 元。

❖ 实 训 ❖

1．实训目的

（1）掌握回归分析应注意的问题；

（2）培养学生应用一元线性回归模型分析经济现象的发展的能力，并能够通过模型进行预测。

2．实训内容

在项目一实训的基础上，通过相关系数的测定发现计算机的销售收入与广告费用之间具有相关性，现在销售经理想进一步判定这两者之间的关系，试通过回归分析建立销售收入与广告费用之间的关系，为2022年的广告投入提供数据依据。该计算机经销商历年销售收入与广告费用资料如项目一中实训资料表8-1-5所示。

3．实训要求

（1）学生分组，每组5~6人，查阅回归分析相关知识；

（2）根据提供的信息分析解决步骤；

（3）利用 Excel 工具建立回归方程；

（4）根据回归方程解释广告投入与销售收入的关系；

（5）根据回归方程和营销策略确定2022年的广告投入；

（6）各小组派代表发言；

（7）各组互评与教师点评。

4．实训评价

回归分析技能训练评价表见表8-2-5。

表8-2-5　回归分析技能训练评价表

	内　　容	分值	教师评价
考评标准	回归方程建立正确，Excel 操作准确	30	
	对广告投入与销售收入的关系分析准确	30	
	利用回归方程为2022年广告投入做出正确决策	20	
	各成员课堂讨论热烈、积极回答课堂问题、积极参与操作	20	
合计		100	

注：实际得分＝自我评价×20%＋他人评价×30%＋教师评价×50%。

模块九

统计调查报告撰写

项目一　构思统计调查报告框架

能力目标

（1）具有根据调查目的确定调查报告的主题及拟定提纲的能力；

（2）通过学习如何确定调查报告主题培养一定的语言组织能力。

知识目标

（1）了解调查报告的种类；

（2）掌握统计调查报告的一般程序。

素质目标

（1）通过培养学生的文字表达能力，进而提高学生的综合素质；

（2）培养、提高学生的团队合作协调能力。

项目概述与分析

消费观是消费者对消费的基本观点和基本态度，是价值观的具体体现。随着我国经济发展进入新阶段，迈入大学校园的"00 后"青年出现了新的社会消费的现象。00 后大学生群体的消费水平及结构备受人们的关注。为了帮助大学生树立科学的消费观，理性选择消费行为，2021 年某省一所职业技术学院成立调查项目小组，对 00 后大学生的消费观进行问卷调查，在该校在校大学生群体中，随机发放《大学生消费观调查问卷》500 份，对大学生的月消费水平、支出类别及金额、生活资金及来源、社会兼职及目的、家庭收入、自我评价等问题，进行问卷访谈。之后，项目小组审核整理回收的调查问卷，得到了 480 份有效问卷，在编码录入后进行了数据分析。最后，项目小组需要将调查及分析结果撰写成一份统计调查报告并提交。

现在，项目小组成员根据这次调查活动获得的调查资料与数据分析的结果，应当如何撰写这份统计调查报告呢？

统计调查报告是对统计工作的总结，调查报告如何提交和陈述，调查报告是否科学、完整，关系到统计活动的全过程。统计调研人员必须了解其特点，掌握撰写的方法，才能够较好地完成统计调查报告的撰写。

完成调查报告的前提是必须确定主题及拟定提纲，本项目首先通过以下两个任务来完成。

任务 1　确定统计调查报告的主题；

任务 2　拟定统计调查报告提纲。

❖ 预 备 知 识 ❖

单元一　统计调查报告的特点

统计调查的目的是为了发现问题、反映情况、总结经验和掌握规律，并以此指导或影响人们的社会实践。在统计调查、分析的基础上，必然要进行调查报告的撰写。统计调查报告，是指用书面表达的方式反映统计调查过程和调查结果的一种分析报告，它是统计调查成果的集中体现。

一、统计调查报告的特点

统计调查报告既可以书面形式向管理者或用户报告调查的结果，也可作为口头汇报和沟通调查结果的依据，亦可制作成多媒体演示课件，向决策者或用户进行演示、解说和沟通。

统计调查报告一般具有如下的特点：

（1）统计调查报告是统计调查活动的总结和说明，产生于统计调查分析之后，它是统计调查过程的高度概括。

（2）统计调查报告反映的是社会现象中的主要矛盾和社会活动中的新问题。调查报告既反映了对现有认识的广度和深度，又反映了对未知领域广度和深度的探索，同时它的针对性也很强。

（3）统计调查报告是科学的。报告是以调查事实为依据的分析和总结，如实反映了客观世界，是客观事物间内在联系的总结和反映。统计调查报告中运用的调查资料和数据是采用科学的方法获取的。

（4）统计调查报告对社会现象不是一般性的描述，而是经过对现象的科学分析和总结，揭示出事物的本质。调查报告展示了社会现象发生、发展和变化的规律。

二、统计调查报告的种类

统计调查报告依据不同标准可分为多种类型。依据不同的调查对象的范围和关系可分为概况型调查报告和专题型调查报告；依据不同的研究目的可分为理论型调查报告和实际型调查报告；依据不同的调研性质可分为叙述型调查报告和分析型调查报告；依据不同的表达形式可分为文字报告与口头报告。下面对前四种类型进行详细说明。

1. 概况型调查报告

概况型调查报告是围绕调查对象的基本状况而撰写的全貌表述。其主要用途是较详尽地记录调查结果，较系统地陈述调查资料，以弄清调查对象发生和发展的基本状况，使人们对调查对象有个全面的了解。

2. 专题型调查报告

专题型调查报告是围绕某一专题而撰写的。这些专题可以是典型经验、新生事物、历史事件或存在问题等。专题型调查报告名目繁多，范围很广，实用性很强。专题型调查报告的主要用途是研究具体问题，及时反馈情况，揭露事物某一侧面的矛盾，根据调查分析结果提出建议和对策。

3. 理论型调查报告

如果调查分析的目的是提出、证明或补充某个经济理论观点，其报告就为理论型调查报告。其主要特点是注重理论研究和陈述，讲求分析问题的立场和方法。

4. 实际型调查报告

实际型调查报告是针对某市场现象和有影响的问题，或对方案提出意见和建议而撰写的。

单元二　撰写统计调查报告的一般程序

调查报告是调查分析结果的书面表现形式。撰写调查报告是指把调研分析的结果用文字表述出来。撰写调查报告的目的是反映实际情况，为决策提供书面依据。调查报告的撰写是在对调研资料进行科学的整理、分析的基础上进行的。在正式撰写之前，调研人员首先要构思市场调查报告的整体框架，确定写作的思路。调查报告的撰写一般分为确定主题、取舍材料、拟定提纲、撰写报告和修改报告等五个步骤。

一、确定主题

调查报告的主题是调查报告的中心问题。主题是否明确，是否有价值，对调查报告具有决定性意义。确定主题由选题和确定观点两个步骤完成。

1. 选题

选题是发现、选择、确定、分析论题的过程，选题是对分析对象和目的分析的概括，一般表现为调查报告的标题，也就是调查报告的题目。选题必须准确揭示调查报告的主题思想，做到题文相符，高度概括，具有较强的吸引力。选题一般是通过扼要地突出统计调查全过程中最为有特色的环节的方式，揭示本报告所要论述的内容。

2. 确定观点

观点是调研者对分析对象所持有的看法和评价，是调研材料的客观性与调研者主观认识的统一体，是形成思路、组织材料的基本依据和出发点。要从实际调研的情况和数字出发，通过现象而把握本质，具体分析，提炼观点，并立论新颖，用简单、明确、易懂的语言阐述。

3. 确定主题应注意的问题

（1）调查报告的主题必须与调查主题相一致。一般来说，调查的主题就是调查报告的主题。因此选题也是调查主题确定的关键。调查主题在统计调查之初已基本确定，而调查报告的主题观点则产生在调查分析之后。

（2）要根据调查分析的结果确立观点并重新审定主题。

（3）调查报告的主题不宜过大。为便于反映问题，主题要相对小些、集中些。

二、取舍资料

资料是形成调查报告主题观点的基础。观点是资料的统帅和代表，观点决定着资料的取舍和使用。只有达到资料与观点的高度统一，资料才能充分地说明调查报告的主题。这是撰写调查报告必须遵循的主要原则。

三、拟定提纲

在确定主题，取舍材料之后，撰写调查报告时就有了一个轮廓。拟定一份提纲会使初步形成的"模糊"的报告明确呈现出来。提纲是调查报告的骨架，可以理清思路，表明调查报告各部分之间的联系。

调查报告提纲可以采用从层次上列出报告的章节形式的条目提纲，或者列出各章节要表述的观点形式的观点提纲。一般先拟定提纲框架，把调查报告分为几大部分。然后在各部分中再充实，按次序或轻重，横向或纵向罗列而形成较细的提纲。提纲越细，越能更清晰地反映调研者的思路，同时也便于对调查报告进行调整。

◆　**练一练**

试为项目素材拟定调查报告提纲。

四、撰写报告

在拟定较细的提纲基础上，便可以正式撰写调查报告了。在撰写调查报告的过程中，要注意以下问题：

（1）要做到通俗易懂；

（2）使用材料要准，分析问题要深刻；

（3）文字生动、活泼，形式灵活多样。如使用图表可以打破一味叙述论证的"呆板"形式。

五、修改报告

任何调查报告都不是一次完成的，调查报告写完后必须反复修改，逐句审查，严把质量关。

修改报告的主要任务是：第一，调查引用资料依据是否合理，全篇报告是否言之有理，持之有据；第二，检查调查报告中所用的观点是否明确，表达是否准确；第三，检查调查报告的思想基调是否符合调查的目的和要求。最后在通读报告时检查语言是否流畅，及有无错别字和用错的标点符号。

❖　**任 务 实 施**　❖

任务 1　确定统计调查报告的主题

主题包括选题与确定观点两部分内容，需要在列提纲前首先确定好。

1. 选题

本次关于大学生消费价值观的调查只在该学院进行，如果不加副标题，容易让人误解为一个区域甚至全国范围内的调查，这样标题没有做到"题文相符"。所以在选题的时候可以加副标题。

调查报告题目确定为：

00后大学生消费价值观问题调查分析报告

——××学院在校生消费情况调查分析

2. 确定观点

通过对实际调查数据整理、分析，项目小组对形成的材料的调查报告的主要观点为：

（1）消费平均水平趋于合理，但个体呈现两极分化；

（2）消费整体趋于理性，消费多元化，消费比重有一定的不合理性；

（3）有一定的独立意识，对家庭还是有一定的依赖；

（4）自我价值实现意识强，存在一定的攀比心理，有超前消费现象。

任务 2　拟定统计调查报告提纲

调查报告的观点确定以后，可以围绕这些观点对提纲进行构思，同时要对调查方案和调查过程进行必要的说明。提纲拟定如下。

引言：概述调查的意义与目的。

第一部分：陈述问卷调查的情况。内容包括问卷涵盖的问题、样本的获取方法及数量、有效问卷等。

第二部分：调查数据的统计分析。说明数据处理的方法，分析数据的主要计算结果，涉及消费总额及结构比例分析、收入情况分析、通信与交友情况分析、社会兼职及收入分析、自我评价分析等。

第三部分：调查结果分析。就调查数据结果，结合访谈资料，分析大学生消费不合理现象，并进行成因分析。

第四部分：结论与建议。就分析结果提出引导大学生理性消费的建议，从家庭、社会、政府、学校四方面论述。

❖ 实 训 ❖

1．实训目的

(1) 通过实训，使学生了解调查报告在市场调研工作中的重要性；

(2) 通过实训，使学生掌握统计调查报告的主题确定方法；

(3) 培养、提高学生的团队合作协调能力。

2．实训内容

本项目是一项综合技能训练，在前面项目完成的基础上，即根据计算机经销商 A 公司的要求完成在校大学生计算机使用情况的调查。现在在完成调查数据整理与分析的基础上，以小组为单位完成大学生计算机使用情况统计调查报告。请先确定该项调查报告的主题并拟定提纲。

3．实训步骤

(1) 学生分组，每组 5～6 人，汇总统计调查、统计分析的相关数据；

(2) 每组确定统计调查报告的主题；

(3) 每组拟定调查报告的提纲；

(4) 各组汇报，并交流意见；

(5) 教师点评。

4．实训评价

构思统计调查报告框架技能训练评价表见表 9－1－1。

表 9－1－1　构思统计调查报告框架技能训练评价表

	内　　　容	分值	教师评价
考评标准	主题明确，符合调查目的	30	
	提纲拟定准确，表述清晰	40	
	各成员课堂讨论热烈、积极回答课堂问题、积极参与操作	20	
	按时完成操作	10	
	合计	100	

注：实际得分＝自我评价×20％＋他人评价×30％＋教师评价×50％。

项目二　撰写统计调查报告

≫　能　力　目　标

（1）具有根据调查结果设计统计调查报告基本框架的能力；

（2）具有根据调查数据对具体问题提出建议并进行分析的综合能力；

（3）通过学习如何撰写调查报告培养一定的语言组织能力。

≫　知　识　目　标

（1）了解撰写统计调查报告的技巧；

（2）掌握统计调查报告的基本结构。

≫　素　质　目　标

（1）通过统计报告的撰写，培养学生对数据的综合应用和实践能力；

（2）培养、提高学生的团队合作协调能力。

≫　项目概述与分析

前一项目中已经确定了统计调查报告的主题，拟定了调查报告的提纲，那么现在项目小组成员应当如何撰写这份统计调查报告呢？

确定主题，拟定提纲，只是统计调查报告的前期准备工作，要完成整个统计调查报告，还需要结合统计数据分析和合适的语言表述，并且要结合提纲构思统计调查报告的框架。统计调查报告如何提交和陈述，调查报告是否科学、完整，关系到统计活动的全过程。比起统计调查获得的资料，这项工作完成的形式与质量，将会更加影响到对统计调查成果的领悟，以及决策者实施决策活动。本项目通过以下两个任务来完成。

任务 1　构思统计调查报告的结构；

任务 2　撰写统计调查报告。

❖　预　备　知　识　❖

单元一　统计调查报告的结构

好的调查报告不仅言之有理，还应言之有序，需要精心安排其结构。如果说观点是调查报告的灵魂，材料是血肉，那么结构就是调查报告的骨骼。

调查报告形式各种各样。一般是根据其主题要求，确定论证方法，从而决定其结构形式。但是不论何种形式，一篇规范的调查报告，一般应包括三个部分：前言部分、主体部分和结尾部分，如图9－2－1所示。

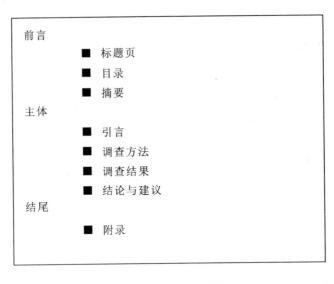

图9－2－1　调查报告的结构与内容

一、前言

前言部分通常包括标题页、目录、摘要等。

（一）标题页

标题页即封面，包括调查报告的题目或标题，还包括执行调查项目的研究人员或机构等。作为一种习惯做法，通常在封面上的调查报告题目的下方，紧接着注明报告人或单位、报告日期，然后另起一行，注明报告呈交的对象。这些内容编排在调查报告的首页上，即标题页，如图9－2－2所示。

《××市商业网点布局调查》

××职业技术学院经济管理学院
××市科教新城学院路1号
2021年4月

图9－2－2　标题页

标题是调查报告的名字。好的标题既深刻、吸引人，又能直接体现中心思想和主要内容。依据调查目的列出的标题，有单（行）标题和双（行）标题两种。

1. 单标题

用一个内容的文字简单地直接表示的标题称为单标题。如《中学生发扬艰苦奋斗精神现状的调查》。

2. 双标题

用两行、两个内容表述同一主题的标题，称为双标题。双标题有两行标题，采用正、副标题形式，一般正标题表达调查主题，副标题用于补充说明调查对象和主要内容。如《艰苦奋斗的精神不能丢——××中学学生生活态度和表现的调查》。不管采用哪种标题形式，都要符合调查的主题。

（二）报告目录

当市场调查报告的页数较多时，应使用目录或索引的形式列出主要纲目及页码，编排在报告题目的后面。

（三）报告摘要

报告摘要是调查报告中最重要的内容，是整个报告的精华，摘要应概括地说明调查活动所获得的主要成果。摘要应当用清楚、简洁、概括的手法，扼要地说明调查的主要结果。详细的论证资料只要在正文中加以阐述即可。

报告摘要主要包括四方面内容：

（1）明确指出本次调研的目标。

（2）简要指出调研时间、地点、对象、范围以及调研的主要项目。

（3）简要介绍调研实施的方法、手段以及对调研结果的影响。

（4）调研中的主要发现或结论性内容。

二、主体

调查报告的主体部分是调查报告的正义，具体构成可能因研究项目的不同而异，但基本上包含导语、正文和结论等三个部分。

（一）导语（引言）

导语又称引言，它简洁明了地介绍有关调查的情况，或提出全文的引子，为正文写作做好铺垫。引言或导语放在调查报告的开头，好的开头能起到提纲挈领的作用，既可以使全文顺利展开，又可以吸引读者的注意力，使之产生阅读的欲望。

常见的导语有以下几种：

（1）简介式导语。对调查的课题、对象、时间、地点、方式、经过等作简明的介绍；

（2）概括式导语。对调查报告的内容（包括课题、对象、调查内容、调查结果和分析的结论等）作概括的说明；

（3）交代式导语。即对课题产生的由来作简明的介绍和说明。

（二）正文

正文是调查报告的分析论证部分，是调查报告的中心。正文部分应依据调研提纲设定的内容充分展开，这部分要分章节运用大量事实和数据及有关图表来陈述调查材料，进行系统分析，阐明观点。因而这部分在全篇中所占的比重也是最大的。

正文的结构有不同的框架，主要包括以下几种。

（1）根据逻辑关系安排材料的框架，有纵式结构、横式结构、纵横式结构，这三种结构，以纵横式结构最为常用。

（2）按照内容表达的层次组成的框架，有"情况—成果—问题—建议"式结构，多用于反映基本情况的调查报告；"成果—具体做法—经验"式结构，多用于介绍经验的调查报告；"问题—原因—意见或建议"式结构，多用于揭露问题的调查报告；"事件过程—事件性质结论—处理意见"式结构，多用于揭示案件是非的调查报告。

写好正文部分的关键在于：利用尽可能多的准确的数据、材料，并对它们进行科学分类和符合逻辑的安排，做到结构严谨、条理清楚、重点突出。

（三）结论

结论和建议是撰写调查报告的主要目的，包括对引言和正文部分所提出的主要内容的总结。仅仅将统计的结果总结出来是不够的，调查员应当按照定义的问题来解释统计结果，并从中提炼出一些结论性的东西。然后根据调查统计结果和结论，向决策者提出如何利用已被证明为有效的措施以及解决某一具体问题可供选择的方案和建议。

调查报告的结论部分，应根据写作目的、内容的需要采取灵活多样的写法，要简明扼要、意尽即止，切不可画蛇添足、弄巧成拙。

三、结尾

结尾部分由附录或附件组成。附件是指调查报告正文包含不了的或对正文结论的说明，是正文报告的补充或更为详细的专题性说明，一般包括数据的汇总表、统计公式或参数选择的依据。与本调研题目相关的整体环境资料或有直接对比意义的完整数据，调查问卷、访谈提纲等，均可单独成为报告的附件。

附录中通常包括以下内容：

- 调查方案；
- 调查问卷；
- 抽样方案；
- 统计分析和计算的细节；
- 数据汇总表；
- 原始资料背景材料；
- 名词注释、人名和专业术语对照表；
- 参考文献等。

附录也不是调查报告不可缺少的部分，只有大型调查报告才需要附录。附录的内容不应随意扩张，只有那些与调查报告密切相关而又无法为调查报告所包含的内容才应列入附录之内。

◆ **思考**

若调查报告的提纲已经拟定，还有必要确定调查报告的格式和结构吗？为什么？

单元二 统计调查报告的撰写技巧

调查报告是一种陈述性和说明性相结合的文体，在篇章结构、语言运用等各方面有它独特的要求。

一、写作的表达方式

调查报告的表达方式以说明为主。"说明"在调查报告中的主要作用是将研究对象及其存在的问题，产生的原因、程度以及解决问题的办法解释清楚，使读者了解、认识和信服。在报告中不论是陈述情况、介绍背景，还是总结经验、罗列问题、分析原因以及反映事物情节、特征和状况等，都要加以说明。即使提出建议和措施也要说明。因此，调查报告是一种特殊说明文，而且特殊在处处都要说明。

（一）背景说明

背景说明一般放在导语部分，有时为了论述便利，也可以化整为零，分别插入各部分中。

（二）情况说明

事物在产生和发展的过程中，会呈现出各种不同的结构、状态、变化、规模和性质等各种情况。调查报告的重要任务之一就是要说明这些情况。为了达到客观、准确，必须要对研究对象有深入、细致的了解和清晰的说明。

（三）建议说明

建议说明是调查报告的必然成分，这部分必须明确具体、切实中肯，具有较强的针对性和可行性。

二、调查报告的语言

调查报告不是文学作品，它具有较强的应用性，因此它的语言应该严谨、简明和通俗。

（一）语言要严谨

在调查报告中不宜使用如"可能""也许""大概"等含糊的词语，还要注意在选择使用表示强度的副词或形容词时，要把握词语的程度差异，比如，"有所反应"与"有反应"，"较大反响"与"反应强烈"，"显著变化"与"很大变化"之间的差别。

为确保用词精确，最好用数字来反映。还要区分相近、易于混淆的概念，如"发展速度"与"增长速度"，"番数"与"倍数"，"速度"与"效益"。

（二）语言要简明

在叙述事实情况时，力争以较少的文字清楚地表达较多的内容。要使语言简明，重要的是训练作者的思维。只有思维清晰、深刻，才能抓住事物的本质和关键，用最简练的语言概括和表述。

（三）语言要通俗

调查报告主要是面向公众的，因此报告的语言应力求朴实严肃、平易近人、通俗易懂，

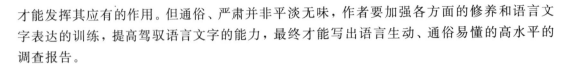

才能发挥其应有的作用。但通俗、严肃并非平淡无味，作者要加强各方面的修养和语言文字表达的训练，提高驾驭语言文字的能力，最终才能写出语言生动、通俗易懂的高水平的调查报告。

三、调查报告中数字的运用

较多地使用数字、图表是调查报告的主要特征。调查报告中的数字既要准确，又要讲求技巧，力求把数字用活，用得恰到好处。

(一) 要防止数字文学化

数字文学化表现为在调查报告中到处都是数字。在大量使用数字时，要注意使用方式。一般我们应该使用图表来说明数字。

(二) 运用数字的技巧

为了增加统计数字的表现力，使之更加鲜明生动，通俗易懂，还要对数字进行加工和换算。

1. 比较法

这是基本的数字加工方法，可以纵向比较和横向比较，纵向比较可反映事物自身的发展变化，横向比较可以反映事物间的差距。对比可形成强烈的反差，增强数字的鲜明性。

2. 化小法

有时数字太大，不易理解和记忆，如果把大数字换算成小数字则便于记忆。如把某厂年产电视机 525 600 台换算成每分钟生产一台效果更好；153 000 000 千米换算成 1.53 亿千米更容易记忆。

3. 推算法

有时个体数量较小，不易引起人们的重视，但由此推算出的整体数量却大得惊人。如对农民建房占用耕地情况调研时发现 12 个村 3 年每户平均占用耕地 2 分 2 厘，而由此推算全县农村建房三年共占用耕地上万亩。

4. 形象法

这种方法并不使用事物本身的具体数字，而是用人们熟悉的数字表示代替，以增强生动感。例如，乐山大佛高 71 米，头长 14.7 米……，换成形象法为：佛像有 20 层楼高，耳朵有 4 个人高，每只脚背上可停放 5 辆解放牌卡车。相比较而言后者更具有吸引力。

(三) 使用数字的常规

在调查报告中，使用的汉字与阿拉伯数字应统一。总的原则是可用阿拉伯数字的地方，均应使用阿拉伯数字。

(1) 公历世纪、年代、年、月、日和时间应使用阿拉伯数字，星期几则一律用汉字，年份一般不用简写。

(2) 计数与计量应使用阿拉伯数字。不具有统计意义的一位数可以使用汉字(如一个人，九本书等)。

(3) 数字作为词素构成定型的词、词组、惯用语或具有修辞色彩的语句应当用汉字(如"十五"规划等)。

（4）邻近的两个数并列连用表示概数时应当用汉字（如三五天，十之八九等）。

四、撰写调研报告时注意的问题

一篇高质量的调研报告，除了符合调研报告一般的格式以及具有很强的逻辑性结构外，其写作手法是多样的，但必须注意以下两个问题。

1. 调研报告不是流水账或数据的堆积

数据用于为理论分析提供客观依据。市场调研报告需要概括评价整个调研活动的过程，需要说明这些方案执行落实的情况，特别是实际完成的情况对于调研结果的影响，需要认真分析清楚。

2. 市场调研报告必须真实、准确

从事实出发，而不是从某人观点出发，先入为主地做出主观判断。调研前所设计的理论模型或先行的工作假设，都应毫不例外地接受调研资料的检验。凡是与事实不符的观点，都应该坚决舍弃，凡是暂时还拿不准的，应如实写明，或放在附录中加以讨论。

❖ 任务实施 ❖

任务 1　构思统计调查报告的结构

调查报告的提纲只是限定了调查报告的正文内容，一份完整的统计调查报告正文仅是其中最主要的部分。本项目的统计调查报告从一般结构上看，包括题目、目录、摘要、正文和附件等几部分。本模块只对《00 后大学生消费价值观问题调查分析报告》的正文部分进行介绍。

任务 2　撰写统计调查报告

00 后大学生消费价值观问题调查分析报告
——××学院在校生消费情况调查分析

随着我国经济发展进入新阶段，迈入大学校园的"00 后"青年出现新的社会消费的现象。00 后大学生作为一个特殊的消费群体受到越来越多的关注，他们有着不同于社会其他消费群体的消费心理和行为，消费观念的超前和消费实力的滞后，都对他们的消费有很大影响。了解大学生的消费情况，清楚大学生消费水平、消费支出项目，从而合理引导大学生理性消费十分必要。因此，我们决定在我校大学生中进行一次消费调研分析，了解我校大学生的消费情况。

1. 问卷调查的情况

我们组成了一个 10 人调查小组，实施本次调查。设计的大学生消费情况调查问卷包括大学生月消费额度、生活资金来源、家庭收入情况，用于饮食、通信、证书考试培训、恋爱交友等支出金额。在校园内，面向在校大学生，采取简单随机抽样的方法抽取 500 个样本单位，通过访谈获取 500 份调查问卷，经过审核整理，确认收回有效问卷 480 份。从抽中的样本看，接受调查的同学毕业生占 27%，新生占 40%，其他年级学生占 33%，性别比例趋于均衡，且分布在不同的专业，样本具有代表性。

2. 调查数据的统计和分析

1）月消费水平

统计结果表明，我校大学生月消费额集中在 1000～1500 元之间和 1500～2000 元之间，低于 1000 元的较少，占了 5% 不到，超过 2000 元的比例相对较少，仅占 15.6%。样本平均值为 1428 元，考虑到我校所处城市的物价水平相对于大城市来说较低，这一数据应当说是趋于合理的。家庭对学生的经济供给增多，构成大学生消费的一种特殊的奢侈格局，主要表现在旅游、电脑或手机等方面的消费上。

2）饮食与衣着支出情况

调查的样本数据显示，饮食方面支出集中于 600～1000 元，这说明饮食消费占据大学生月消费额的多数，大学生群体的消费支出主要用于正常的生活消费，应该说符合这一群体的消费特征。吃饭穿衣仍然是支出的主要方面，价格、质量、潮流是吸引大学生消费的主要因素。访谈时了解到，他们也乐于为丰富多元的文化体验付费，在"吃、穿、用"上的消费也各有讲究。在购买商品时，大学生们首先考虑的因素是价格和质量，他们也会考虑服饰文化，甚至赋予了服饰精神与文化的意涵，会倾向于汉服、Cosplay 服装等特殊服饰体会文化、彰显兴趣。

3）通信与交友支出情况

大学生都拥有手机，每月的月话费介于 50～100 元的占到 70% 以上，手机月消费主要是套餐的费用，通话费用支出较少。另外，访谈中还了解到近一半的同学每月会有一定的游戏和网络支出费用，主要用于购买游戏装备和网络直播打赏等，少部分用于专业课程学习；也有个别同学迷恋网络，用于游戏、直播、音乐等方面的网络支出费用偏高；月消费额较高的同学支出主要是恋爱消费、朋友聚餐、购买衣物等。数据结果显示，现代大学生比较注重交友与人际关系，也十分注重生活的品质。

4）社会兼职打工情况

调查数据显示，随着在校时间的增长，有过社会兼职打工经历的人数所占比例逐步增多，三年级学生 60% 有过此方面的经历。同学们的求职目的主要是增长社会经验、锻炼专业技能；打工的方式以寒暑假、五一、十一长假为主；工作岗位主要是学校提供的勤工助学岗位，个人在社会寻找的短期务工如导购、网络服务、导游、保险推销、市场调研、家教等。少部分同学由于家庭经济收入情况偏低，为增加个人收入，在学校提供的岗位兼职的同时，还在校外选择其他打工方式。由此来看，大学生参与社会实践的热情较高，社会阅历得以锻炼，这在增加大学生收入的同时，也促进了个人能力的提升，对就业帮助较大。

5）生活资金来源及家庭收入

调查数据显示，50% 的被调查者生活费是由家庭提供的，40% 的被调查者部分来自家庭，部分是自己兼职打工赚取的，还有 10% 的同学都是靠自己赚取的。这种情况是当代中国大学生的普遍情况。由于教育制度、社会制度的不同，我国尚未建立像西方国家一样的勤工助学机制，但很多大学生具有自主创业和自主自强的精神，随着社会兼职机会逐渐增多，他们可通过兼职来提升自己的自理自立能力，同时减轻家庭负担。

6）证书考核培训费用支出

访谈中发现，由于就业单位对学历、技能的要求，大学生在专升本考试、职业资格证书考试等方面的投入较大，许多同学会不惜重金参加一些培训班，报考一些资格证书，为自己就业积累知识资本，在购买资料等消费项目上，出手大方，家长对此项消费的投入支持力度高。需要说明的是，由于这项支出的不确定性，我们没有将其包括在月消费支出额中。

3. 调查结果的分析

1）消费结构存在不合理因素

第一，大学生的生活消费主要组成部分以生活费用和购买学习资料、用品为主。在生活费用中，饮食费用又是重中之重。但是，在被调查的同学中，多数不注意饮食的营养结构，很少喝牛奶，有的以素食为主，有的不吃蔬菜，有的只选择廉价的饭菜。

第二，存在攀比心理。调查中了解到为了拥有一款手机或者换上一款最流行的手机，有的同学情愿节衣缩食，甚至牺牲其他必要开支。男同学为了一双名牌运动鞋，女同学为了一套名牌化妆品或者一件名牌衣服，不惜向别人借钱满足自己的欲望，也就是说部分学生不懂得量入而出，而虚荣心的驱使又极易形成无休止的攀比心理。

第三，恋爱支出较多。部分谈恋爱的大学生每月大约多支出 200 元左右，有的高达 800 元(比如送名贵礼物给对方)。他们经常难以理性把握适度消费的原则，甚至会出现有些女生的恋爱支出超过男方的情况。

第四，理财意识差，储蓄观念淡薄。在调查中了解到，同学们对理财的认识较少，一学期结束后，大部分同学的消费已经超出计划范围，甚至有些同学还需要向别人借回家的路费，略有剩余的同学也想着如何把剩余的钱花完，只有极个别同学有储蓄的意识。

2）不合理因素的成因分析

当前大学生在消费上出现无计划消费、消费结构不合理、攀比、奢侈浪费、恋爱支出过度等问题，既与社会大环境的负面影响有关，也与家庭、学校教育缺乏正确引导有关。

第一，今天的大学生生活在"没有围墙"的校园里，全方位地与社会接触。当某些大学生受到享乐主义、拜金主义、奢侈浪费等不良社会风气的侵袭时，如果没有及时得到学校老师和父母的正确引导，容易形成心理趋同的倾向，当学生所在家庭可以在经济上满足较高的消费条件时，这些思想就会在他们的消费行为上充分体现。

第二，父母在日常生活消费的原则立场是子女最初始的效仿对象。有些父母本身消费观念存在误区，又何以正确指导自己的孩子呢？

第三，学校教育环境对学生消费观念培养的重要影响作用。由于对大学生的消费心理和行为了解不够全面和客观以及课程设置等因素，与人生观、劳动观、金钱观、国情观等重要思想观念紧密相关的消费观的专题教育不够，校风建设范畴中普遍缺少倡导大学生勤俭节约生活消费观的内容，在校风建设上没有较好地注重塑造和强化学生良好的消费意识和消费行为，培养学生良好的消费习惯。

4. 结论与建议

1）引导大学生增强独立意识，培养和加强理财能力

现今的大学生需要懂得如何在激烈竞争的社会中生存，那独立理财能力就成了重中之

重。理财不是简单的收支平衡，个人盲目的冲动不是独立，可以通过举办一些理财课程讲座(个人理财、股票投资、基金投资等)，提高大学生的理财能力，引导大学生独立地行动和理性地思考，使他们具有正确认识、运用金钱及金钱规律的能力。

2) 引导大学生克服攀比情绪，形成良好消费风气

攀比心理的形成不可避免，学校应当通过一些社团活动、主题班会、思想政治工作，教育大学生树立适应时代潮流的、正确的、科学的价值观，逐渐确立正确的人生准则，给自己理性的定位。使他们明确大学生的确需要竞争意识，但并不是所有的事物我们都需要争，生活上次于别人，并不可耻，要在学业上竞争高低。一旦良好的消费习惯得到培养和加强，就会对良好校风的塑造起促进作用，并形成校风助学风的良性循环。因此，应该把大学生良好消费心理和行为的培养作为校园文化建设的重要组成部分。在校园文化建设中设计有关大学生健康消费理念的活动专题，并且持之以恒，以大学生良好的消费心理和行为促进良好生活作风的形成，进而促进良好学风、校风的巩固与发展。

3) 家庭、社会、政府共同关注，形成良好的环境与机制

家庭作为大学生经济来源的主渠道，应当根据家庭经济状况、大学生合理的消费水平，为大学生提供适度的资金，避免铺张奢侈；大学生的生活离不开社会，社会各界应当关注大学生消费群体，利用舆论等引导大学生合理消费，避免片面诱导；大学生能否自立，根本上取决于国家的政策制度，政府应当继续推进改革，进一步改善用人机制、高校的奖助学金管理机制，为大学生提供一个自立自强的平台。

4) 学校加强管理与引导，形成理性消费的校园环境基础

高校是大学生生活学习的环境，校园文化、消费群体习惯等对于年轻的大学生有着巨大的影响。高校应当重视大学生的消费问题并采取措施，尽量引导学生避免奢侈浪费，不提倡学生穿名牌、用名牌的高消费行为；为贫困学生尽可能多地提供勤工助学岗位，建立专门的机构负责向大学生介绍社会兼职工作，严格管理奖助学金的发放等；多渠道、全方位构建文明的校园环境，形成理性消费的环境。

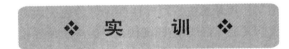

❖ 实 训 ❖

1. 实训目的

(1) 通过实训，让学生掌握统计调查报告撰写的技巧，提高学生的文字表达能力，进而提高学生的综合素质；

(2) 培养、提高学生的团队合作协调能力。

2. 实训内容

在完成"关于在校大学生计算机使用情况的调查"的基础上，以小组为单位完成 3000 字左右的统计调查报告。

3. 实训步骤

(1) 学生分组，每组 5～6 人，汇总统计调查、统计分析的相关数据；

（2）每组提交一份统计调查报告；

（3）每组将统计调查报告制成幻灯片进行介绍，与大家进行交流讨论，并进行答辩；

（4）各组互评与教师点评。

4. 实训评价

统计调查报告技能训练评价表见表 9－2－1。

表 9－2－1 统计调查报告技能训练评价表

	内 容	分值	教师评价
考评标准	调查报告格式正确规范	20	
	统计分析方法应用得当，图表应用恰当	30	
	结论与建议合理	20	
	ppt 制作精美，汇报内容全面	20	
	成员积极参与，具有团队合作精神	10	
合计		100	

注：实际得分＝自我评价×20％＋他人评价×30％＋教师评价×50％。

参 考 文 献

[1]　杜树靖，余声涛. 统计基础与实务[M]. 北京：科学出版社，2016.

[2]　魏淑甜，岳海涛，温洪芝. 统计基础与应用[M]. 北京：企业管理出版社，2019.

[3]　由建勋. 统计基础[M]. 2 版. 北京：高等教育出版社，2018.

[4]　曹印革. 统计学原理与实务[M]. 北京：电子工业出版社，2019.

[5]　朱艳，李明，张明齐. 统计学原理与实务[M]. 南京：南京大学出版社，2019.

[6]　梁俊平. 统计学实务[M]. 5 版. 北京：电子工业出版社，2019.

[7]　贾俊平. 统计学：基于 Excel[M]. 北京：中国人民大学出版社，2017.

[8]　http：//www. stats. gov. cn/国家统计局.